連続講義

精神分析家の生涯と理論

大阪精神分析セミナー運営委員会 編

福本修――フロイト
中村留貴子――アンナ・フロイト
鑪幹八郎――エリクソン
飛谷渉――クライン
館直彦――ウィニコット
松木邦裕――ビオン
横井公一――サリヴァン
富樫公一――コフート
吾妻壮――米国精神分析
特別対談　狩野力八郎×松木邦裕

岩崎学術出版社

はじめに

今回、『精神分析家の生涯と理論』をテーマにして開催した大阪精神分析セミナーの講義録を、セミナー開講二十周年を記念して刊行することになりました。私たちの大阪精神分析セミナーの成り立ちの経緯を紹介したいと思います。

二十数年前、あるセミナーからの帰路、地下鉄御堂筋線車内でした。私はこのセミナーを企画していたメンバーの一人と一緒で、大阪には精神分析を学ぶ場がないので、精神分析のセミナーを大阪で立ち上げるという話を聞いていました。その時、突然に運営にかかわる代表を引き受けるよう依頼されたのです。

私はその当時、力動精神医学とはあまり縁のない医科大学の医局に所属しており、やっと精神病理学的な研究を学位論文にまとめたところでした。その縁で、大阪で開催された国際会議で指定討論を引き受けていた会場で、仲間の横井公一先生と喋っていた時に、偶然小此木啓吾先生から「二人は仲良くって元気でやってるのね。横井さんは今度アメリカに行くのね」と声をかけられ、二人して驚いたのをよく覚えています。

依頼を受けたのは、その直後のことでした。なぜか小此木先生が代表を大矢にと指名されたとのこと。精神分析は私の領域ではないので、引き受けるには、かなり躊躇しました。家内の「小此木先生のご指名なら、やってみたら」の一言に背中を押され、お引き受けしたのです。私は名前だけの「代表」ですから、話は気がつかないうちにドンドン進んでいきました。開講を予定していた前年の二月でした。小此木先生が関西に立ち寄られるので、某日新神戸駅前のホテル・ロビーに来るようにとのこと。そのホテルは、その前日に新聞でも大きく取り上げられた山口組幹部への発砲事件があった所です。今さらなにをビクビクする必要があるのかと思いながら、かなり緊張して指定された場所に他のメンバーと共に向かいました。時間通り正確に小此木先生が来られて、『面接』を受けました。さっそく「なぜ大阪でセミナーを企画したの？」との問い。当時の大阪は東京と福岡の中間地点にあって学ぶ場のない谷間であり、精神分析を学ぶには東京か福岡に出向かないといけない。そこで学びの場を大阪に作りたいと私たちの意志を伝えました。うなずかれた小此木先生は「で、名称はどうするの？」と次の質問。あれやこれやと候補を挙げるうち、いつの間にか《大阪精神分析セミナー》と名称が決まりました。でも、私たちには、精神分析に関して、なんの縁もコネもないことを小此木先生は十分にご存じでした。「具体的なことは、東京は狩野君、福岡は松木さんに相談しなさい。大阪でのことはちゃんと言っておくから。云々」という温かいお言葉をいただきました。いつの間にか面接は終わったと思いきや「じゃあ、僕は○時に△で約束があるので」と、すぐに新幹線で帰京されました。時間管理の厳格さは、治療構造論を提唱されているがゆえだと感心したものです。

それからは、開講までに講師の先生へのお願いやメンバーの募集、会場の設定など、準備に追われました。そして一九九八年九月、小此木啓吾先生を講師に迎え最初のセミナーを、大阪国際交流センターで開講しました。もちろん、Freudのご講義で、予定は午前の二時間。午後は三時間の症例検討を予定していました。ランチの際、小此木先生は「午後の最初の三十分間をくださいね」と耳打ち。症例提示をお願いしていた岡達治先生は、意味深な笑みを浮かべて了承されました。午後の一部予定変更をフロアに伝え、午後のセミナーが始まりました。次々と淀みなく、博識に満ちたお話が続きます。時間管理はなんのその、予定をはるかに超え、三十分を残して小此木先生の午後二時間半の講義が終わりました。三十分間とは症例提示の時間だと気づくのが遅すぎました。でも、あの時のライフル射撃のような小此木先生のご講義の様子は、今でも忘れられません。あたかもFreudが乗り移ったかのようで、とても印象深い内容でした。その時にはじめて、岡先生の意味深な笑みの理由が分かったのです。

あの時から、二十年という年月はあっという間に過ぎ去りました。毎年、秋から翌年の祇園祭や天神祭の頃まで、八月と十二月を除く年十回、開催しています。年末に企画会議を開き、それぞれの運営委員が持ち寄った候補テーマをもとに話し合い、年間の基本テーマを決めてきました。

二十年間という年月を重ねられたのは、熱心に参加いただいたメンバーの方々、運営を手伝い支えてくれた若い人たち、何よりも、小此木啓吾先生や西園昌久先生のご支援とご鞭撻があってのことであり、今の日本の精神分析を支えて発展へと導いてきてくださった講師の先生方のご指導とご協力のお陰です。いつも会場探しにはとてもご苦労をおかけしています扇喜美子さんをはじめ、関係各位に深く御礼申し上げます。お陰様で、私たちのセミナーが関西で精神分析の基礎を学ぶ場となりましたことを嬉しく思います。改めて皆さま方には感謝を込めて御礼申し上げます。

本書は、横井公一編集長のご尽力の下、各先生方のご講義を逐語で起こして、加筆訂正いただいた講義録なので、臨場感ある興味深い内容になっていると自負しています。

最後になりましたが、刊行にあたり岩崎学術出版社の長谷川純さまには大変お世話になりました。謹んで御礼申し上げます。

大阪精神分析セミナーを代表して
大矢　大

目次

第1講　フロイト――その生涯と精神分析

福本　修

はじめに

岡達治（司会）　今期の基本テーマは、「精神分析家の生涯と理論」というテーマを掲げております。精神分析で、フロイトの生涯とその実践・理論が極めて密接に関わり合っているというのはご存知だと思いますが、フロイトのみならずその後の分析家たちも、自分自身の臨床、生涯と密接な関係にあると思われます。今年はそのあたりのことを踏まえ、一年間代表的な分析家を取り上げながら、その生涯と理論について深めてゆきたいと思います。本日は、「フロイト、その生涯と精神分析」ということで、東京から福本修先生にお越しいただきました。

福本　このシリーズの初回でのフロイトのお話ですが、十年以上の経験のある方が多く、臨床心理士も多いということで、お聞きになる方によっては、おさらいということになるかと思います。まず第一部でフロイトの生涯と業績というお話と、第二部ではフロイトの症例研究のお話をしたいと思います。

I　フロイトの生涯と業績

第一部のフロイトの生涯と業績に関して、具体的にどのようなものからそれが窺えるかというと、論文や文献です。ただ周辺記録を見ても莫大な量になります。面接記録などは、彼が終了したと思うものは廃棄していたので、実際に彼が書いたものはないのです。彼の活動は長期にわたりますから、ある程度彼の理論を把握するためには、区切りをしないとわかりません。テーマで区切るということもあるでしょう。しかし、同じ著者がさまざまなテーマから問題を経験しつつ展開していった一八五六年から一九三九年までの生涯は、一方向に進んでいったものですから、その流れを考えなくてはいけません。第二部では症例研究という形でハンス症例を取り上げて、フロイトが具体的にある一例をどう理解したか、歴史的な症例にどういう意味があるのか、読み方があるのか、ということを考えていく機会になればと思います。

1　主題の変遷――キノドスの区切り方

ドイツ語を読むのは大変ですが、英語の訳は非常に的確です。日本語はそれに比べると議論となる部分がかなりあります。また、フロイトがどんな人であったか、注釈書があります。もともとはフランス語で書かれたJ・M・キノドスの英訳の「リーディング・フロイト」の日本語版を作っております（『フロイトを読む』岩崎学術出版社、二〇一三）。それがスタンダードな切り方をしていますので、そこからフロイトがどういうことを述べていたかを考えていきたいと思います。

（i）精神分析の発見（第一期　一八九五〜一九一〇）——自己分析＝精神分析、ではないこと

精神分析の発見ということで言えば、一八九五年からが精神分析のきっかけとなります。それが『ヒステリー研究』です。そして、この本には「イルマへの注射の夢」というのがあります。この夢というのは、イルマという女性の口を開けさせて注射をするかしないかという話です。この年はアンナ・フロイトが生まれてくる年なんです。イルマの夢の中での妊娠のイメージと、フロイトの奥さんとの六番目の子どものアンナ・フロイトとも関係しているということです。

キノドスの年代の切り方ですけれども、まず精神分析という言葉が一八九六年に登場します。フロイトは一八九五年以前には神経学をやっていたのですね。ヒステリーにしても、催眠とか暗示とかそういう研究をしていた。そして夢解釈の発見というのは一九〇六年までの十年間で、つまり、一八九九年とか一九〇〇年、二十世紀始まりの年と夢解釈はとても意味を持っています。ここが精神分析の始まりだと言う人もいます。フロイトは『ヒステリー研究』の中でも、セッティング、たとえば患者が自由に話すとか、患者がカウチに寝るとか、そういった治療構造を作る途上にいます。フロイトは自己分析で自由に連想して夢の解釈に至り着いたでしょうが、患者が比較的自由に話しているのは、問診への答えです。そういう意味では、臨床的な意味での精神分析というのはもっと後の、一九一〇年頃に完成したとされています。一九一〇年頃にはねずみ男とかハンスとかの症例が出てきて、臨床的な意味で精神分析と呼ぶようなプロセスになったということです。この期間の中にドーラのケースがあった。そのことの意味合いは、つまり、転移は臨床の中で生まれるものであり、それを理解すると治療の契機になるものであるということです。こういうことが言われるようになるのは、『夢解釈』が書かれた後になるのだけれども、臨床的な意味で古典的な精神分析が出来上がるのはこの頃です。古典的なフロイディアンの時期です。臨床家としては、フロイトはずっと古典的なフロイディアンですけれど。

(ii) 成熟の年月（第二期　一九一一～一九二〇）――性欲動理論の完成と限界の露呈

次の時期として、成熟の年月、一九一〇年代のことをキノドスはこう呼んでいます。この時期はどんな感じかというと、リビドー研究が盛んになってきて完成していく。メタ心理学の論文を何本も書き、しかしそれを途中で完成させるのを止めてしまう。というのは、また違う構想が出てきたからです。そして新たな展望が開けてきます。

(iii) 新たな展望（第三期　一九二〇～一九三九）――快原理の彼岸と構造論的対象関係論

新たな展望として、「快原理の彼岸」、「死の欲動」が出てきます。さらには集団心理学と自我分析の「自我とエス」。自我の構造とは、内部構造の全く違う展望を言うのです。これが現在の対象関係論に結びついていきます。

終わりの方のものと前の方のものを比べたら、理論としてずいぶん違うな、ということになりますが、同じ人が前の説の限界を超えるために、かなり違うことを、全否定をしているわけでも全く別のことを言っているわけでもなく、それを延長して展開する。それがフロイトのすごいところです。しかしこれは仕事の範囲での説明であって、個人的にどういう経験があったかはここには入ってこない。理論水準での話です。

ですから理論の変遷もあるし、いろんな出版物があるわけです。臨床的なものもあれば、症例を読んで書いた本とか、普通の小説を読んで書いた本とか、概念を書いた本とか、フロイトにはいろいろなコンテンツの本がありますが、では、フロイト自身は自分のやってきたことをどう解釈しているかというと、こういう言葉があるのです。

「私は、神経症の患者を治そうと、神経科医として専門的な活動を始めました。年上の友人の影響のもとに、また、自分自身の努力によって、私は、心的生活における無意識や、本能的欲動が果たす役割その他についての、新しくて重要な事実をいくつか発見しました。これらの発見の中から一つの新しい科学である精神分析が育ちましたが、これは心理学の一部門であって、神経症治療の新しい方法だったのです」（ＢＢＣインタビューより、一九三八年)。

こういった言い方で、フロイトは自分の仕事を振り返っています。これで解るように、彼は「神経科医として専門的な活動を始めた」のです。自然科学としてのベースがあり、解剖学、あるいは神経生理学、こういったもののベースがあります。ただこの自然科学というのは、ゲーテ的な、ややロマンチックな、たとえばリビドーというようなアニミズム的な生命力的なものというか曖昧な部分があるわけで、その上で医師として初めて神経症的なものに相対してきたというわけですね。

2　フロイトの生涯(一八五六〜一九三八)

それでは、この「年上の友人の影響の下に、また自分自身の努力によって」というところの話をざっとします。フロイトはモラヴィアのフライデルベルクで生まれました。父親のヤーコブ・フロイトは一八一五年から一八九六年の期間を生きていました。父親が亡くなったのは夢解釈をしている最中、あるいはフリースと文通している最中だったことは有名です。そして母親であるアマリー・ナサンソンは一八三五年から一九三〇年まで生きて、九十五歳で亡くなりました。長生きの家系で、フロイトも癌がなければ九十歳を越えて生きた可能性があります。基本的な特徴としてユダヤ人の家系であり、父親は羊毛商人だった。そして、父親がアマリーと結婚した時が四十歳だった。母親と二十歳離れてるわけです。アマリーはヤーコブの二番目か三番目の妻と言われていて、詳しいことは分かっていません。アマリーが二十歳の時に、なぜ年の離れた人と結婚したのかという事情もあるんですけど、今回は省略します。父親は再婚で、先妻の子どもたちがたくさんいます。それから、フロイト自身が八人兄弟の長男です。こういったことで、世代間のつながりの複雑さや特殊性が言われています。つまりアマリー、フロイトの母親と同じくらいの年の異母兄弟がいるわけです。そして、いとこなのか異母兄弟なのか、そういう混乱がありました。

フロイトが三歳の時に、父親は仕事がうまくいかなくなって、一家はウィーンに来ました。

(i) 精神分析以前のフロイト

自然科学への関心・臨床への転向（神経学・失語症）

彼は学校にははじめは行ってなくて、途中から行き始めました。以後ずっと首席だった、そういう頭脳の人です。それから一八七三年にウィーン大学の医学部に入ります。最初は生理学の基礎教室に入っていました。それから臨床に転向しますが、基礎医学の期間が長かったのです。なかなか志望を絞らなかったらしいのですけれども、神経学自体の研究は四巻の論文集になるほどあります。

そして臨床に移ったのですが、神経症とか失語症とか脳性麻痺とか、脳のダメージ、神経系のダメージなどを直接研究したのであって、いわゆる高次系の意思とか感情とか思考とかそういうものを研究したわけではありません。まだ、現代の脳科学に直結して考えるのは難しい時代です。ニューロンという神経の単位や、ニューロンのネットワークに意味があるとか、ようやくそういうことがわかってきた時代です。いわゆる神経伝達物質の知識はありません。ここでひとつ注意しておくべきことは、当時の精神医学というのは今で言う精神医療とは違うのです。フロイトは統合失調症を診ていたわけではなく、要するに神経科医です。錯乱とか統合失調症の患者について言及はしていますが、実際に普通に今の精神科医が経験するような、精神科病院で患者に接する、治療経験は、ユングと違ってありません。おおまかな知識はあったと思いますが。

コカインのエピソード・催眠への関心（シャルコーの元への留学）

フロイトは基礎医学をずっとやろうと思ってたいたのですけれど、そうもいかなくなってきてしまったのがマルタ・ベルナイスの登場です。婚約はしていましたけれど、結婚するには基礎医学では経済的にやっていけないということもあって、臨床に転向したのです。といって、すぐに結婚したわけではありません。フロイトはいろいろ勉強したり、留学したりしていました。マルタはすごく待たされた。そして、コカインのエピソードがありました。御存じの方もいると思いますけれども、当時、局所麻酔の麻酔薬として使えて、鬱とかに効くと言われていました。麻酔作用の方はすぐに眼科医などが活かしましたが、向精神薬としては危険とされてしまった。フロイトは向精神薬として用いて、成功したと思ったら、そうはいかなかった。

それから一八八五年には、フランスのシャルコーの所に政府のお金で行っていますから、優秀だったということでしょう。神経科医たちが疾患として説明できない症状を持った人を、フランスでは催眠法で治しているらしいと知ります。シャルコーも神経科医として成功した人です。当時の写真を見ると、ナポレオンみたいな服を着て、堂々としています。学生とか医師にヒステリーを臨床講義している絵がありますが、後々シャルコーの様子を画家が描いたんでしょうね。この絵はよく見かけますけれども、この絵の有名な指摘として、ヒステリーの女性がいて、シャルコーに寄りかかっている。この女性の視線の先に、背中を向けた女性がいる。そして何をしているのかというと、ヒステリーの女性が視線の先の女性を真似ている。つまり、ヒステリーというのは模倣しているんだというのを証明しているという説もあり、暗示によって、ヒステリーだと、首をそらすとか、そういう発作が起きるんだということが描かれていると言われています。ただ、催眠というのは誰でもかかるものではない。被暗示性の問題も考えることになります。フロイトはパリ留学時代のことを、マルタ宛に詳細に書いています。従来、息子が編集したフロイトの書いたものの一部のみが刊行されていましたが、マルタからの手紙も含めた『婚約書簡』が、全五巻で出版されつつあります。

開業（一八八六～）と神経症研究・ブロイアー期とカタルシス法

フロイトは開業して、神経症の研究を行なうことになります。患者のところに往診して、その中には、さまざまなよくわからない問題をもった人が混ざっていました。この仕事を通じて出会うのが、ヨゼフ・ブロイアーという内科医です。彼はアンナ・Oという患者を引き受けて、カタルシスつまり溜まっている情動が発散されるとその症状も発散される、という原理を見出します。フロイトはブロイアーからそれを学び、一時期傾倒していました。ジョーンズの分類によるブロイアー期とはそういうことです。ブロイアーと共著の『ヒステリー研究』にアンナ・Oも偽名で出ていましたが、後々誰であるのかが解ってきてます。最後は社会福祉に貢献して、記念切手にまでなった女性です。

ヒステリー研究（一八九五）

さてフロイトですが、一八九五年に『ヒステリー研究』を書きます。症例としてあがっているのは五例です。アンナ・Oはブロイアーの患者です。エミー・フォン・N婦人は金持ちの未亡人で、フロイトは催眠をかけたり、マッサージをしたり、言われたとおりにいろいろなことをやっています。このフォン・N女史が「私にいろいろしゃべらせてください」と言ったのが、自由連想の始まりだと言われていますが、むしろ患者に言うことをきかされたことが、今から見るとこの症例の特徴ですね。と言うのは、後からいろいろわかっていて、この人はすごく若い時に六十三歳の大金持ちと結婚して、そして予想されるとおり金持ちの夫は死んで、莫大な遺産を相続しました。その後、いろんな人といろいろとあって、若い男性にあれこれ世話もさせていたらしく、フロイトは治療したつもりでも、この人からすると、パトロンになって世話をさせるような関係の一部だったようです。

ミス・ルーシーという人にはなかなか催眠が効かず、フロイトは思い出させようとして、彼女の前額に力を入れて押すとかしていました。外傷的な場面を想起すると、症状が消失したり、意識化されたりする、そういう症例として語られています。カタリーナという症例もさまざまな受け取り方のできる内容で、フロイトは一回会っただけですが、話していると外傷的場面が想起されることになり、症状は解消するという関わりをもった症例です。

エリーザベト・フォン・Rは長い記載のある症例で、暗示や催眠をせず、分析的設定に近い中で話を聞きながら、理解なり解釈なりを進めていく流れになった症例です。しかしフロイトは患者の母親に患者の秘密を伝えてしまい、中断を招きます。この『ヒステリー研究』の考察には、転移などさまざまな言葉が散見されますが、周辺的な形で出てくるだけです。ですから、ここはまだ精神分析ではないので、精神分析以前とされます。

フリース期――「フリースへの手紙」「心理学草案」

その後、フリースという人との交流が出てきます。二人の写真を見ると、ほとんど双子という格好です。このあたりではブロイアーとうまくいかなくなってきていて、フロイトが思うほどに応えてくれないことに、憎しみというか攻撃性が向きます。その一方でフリースはすごく理想化されたと言われています。後年、フリースへの手紙が全部出てきました。これはフロイトが存命中に出てきて、フロイトは買い戻そうとするけれども、みんなが価値を認めて、フロイトには渡さなかったことで、今日読むことができるわけです。その中で重要だと言われているのは、「自己分析」という言葉を使ったことです。特に夢の中に出てきたことを考える時に、夢の分析の仕方が重要になってくるし、その解釈の仕方も大切だとなってくるわけです。ちなみにフロイトは「自己分析」という言葉を、医師の教育分析をする時にも使っています。訓練分析の位置づけが、自己分析の指導、というものだったのかもしれません。それから神経学の名残という形で、「心理学草案」で神経症をニューロンの形で説明しようとした。これはこれで面白いことではあるけれども、当時の限界という面もあります。

(ii)　精神分析へ――「夢解釈」の形成

この時期が、精神分析が成熟してくる時期です。特にフリースと会ったからというだけではなくて、父親が亡くなったことも大きな引き金になりました。それからさまざまな神経症理論についても考えていました。強迫神経症について、それから誘惑説です。性的外傷が原因として大きいのではないかとか、性的活動を抑えるとリビドーが不安に転化されて、不安ヒステリーが起きるというような、性欲との絡みでいろいろなことをフロイトは考えていました。自分の体験とのつながりを確認していく中で出てくる漠然とした考えだけではなくて、フリースを相手に書いていくことで考えが深められていきます。それにフリースがどういうコメントをしたのかが全く残っていないのが、残念なところです。邦訳があり、何百通もやりとりがあって、時間経過も知られているから、どんな感じだったのか、それがどう変わっていったのかを窺うことができます。

また、イルマへの注射の夢は、『夢解釈』の本では詳しく書いてありますが、文通では実際にはあまり書いていないことがわかります。フリースは耳鼻科の専門家だったから、鼻と神経症を結びつける考え方やさまざまな奇妙な理論、男性の生理のサイクルといった神秘学的なことも書いています。フロイトは自分の患者をフリースのところに送って治療してもらったり、自分も治療してもらったりした中で、フリースが治療の後にガーゼを置き忘れたことがあって、実はそれが腐ってきていたのですが、出血もあれば臭みもあるということで別の医者に行って、鼻から届く何かを引っ張ってもらうと血がどっと出てきて、それを見てフロイトが失神したことも、克明に書かれています。そういう中で、理想化による否認やその裏返しとしての攻撃性が見えてきて、ライバル心は高まっていき、最終的にはフリースと決別していきます。そうした中で最終的に、フロイトは自分の関心があるものが、自分の中で体系的に出来上がっていくのです。

「夢解釈」について——フロイトにとっての冥界・自己分析的夢分析とその限界

『夢解釈』の本は、彼の主著と後々まで本人が見なすものですが、ここにはさまざまな構想が混在しています。実はあの本は何年にもわたって、何度も書き足されています。いろんな類型論や、さまざまな人の加筆で共著のようになり、否定意見も入っていましたが、最後に、弟子たちが離れて、また単著に戻ったという事情もあります。

構成として、エピグラフで、ギリシアから取ってきた言葉ですが、「天の神々を動かす能わざれば、冥界を動かさん」と書いています。それから全七章です。「夢解釈」というと普通、夢事典みたいな、この夢を見たらこういうことですよと書いてあるものを連想させるような題名です。

しかしこの本が違うのは、夢を見た人は何をどう連想するかを書いている点です。そしてフロイトがどこまで自覚的かは措いておくとして、仮に連想の助けがあっても、最終的に夢の臍という言い方で、どこから来たかわからない、それ以上突き詰められないところがあると書かれています。では「冥界を動かさん」とは、フロイトにとって何であったのか。これは、今日の話にはダイレクトには繋がりませんが、父親を亡くした喪の作業としての夢のことを書いています。実際に心動かされて思い出して書いているけれども、果たして父親のことだけなのかということもありますね。

また、夢解釈はフリースがいたからできたというところはあるけれども、フリースによる夢解釈は、ほとんど反映していません。もちろん何か言ったことを取り入れている可能性はありますが、あくまで「自己分析」です。そして、ここに自己分析の限界があります。自己分析では何時間考えてもいいし、途中で止めて、また全然違うことをやって、そして「ああ、そういえばあれはこう思える」とか、いくらでもできます。しかし実際の面接ではそうはいきません。また、自分で気づける限界があります。夢は、確かに無意識の世界に対する「王道」として、特殊なアングルから心の内側がわかるということはあるけれども、その後の臨床では心的活動はそれが唯一ではないということがわかってきます。

旧来の夢解釈と症状としての解釈

それから『夢解釈』の第二章には、普通の夢解釈はどうだったかが書かれていますが、大体は象徴読解、いわゆる暗号解読方式です。例として、聖書のヨゼフがファラオの夢を見た、「七頭の肥えた牛が来た。その後に七頭の痩せた牛が来た。後からきた痩せた牛は、はじめに来ていた肥えた牛を食らい尽くしてしまった」と。これは、エジプトの七年の豊作による備蓄を、七年の飢餓が食いつぶす夢とされます。夢はお告げのようなものであり、特定の個人の特定の状況に関連してではなくて、民族全体の何かとして捉えられています。ですから夢を見た人の心に何があったかということにはあまり関係ない形で、象徴《シンボル》の次元で捉えているということです。

それに対して、症状を解釈するという特殊な捉え方があります。奇妙な内容なのだけれど、実際に何が夢で起きたのかを注意深く見て、各部分がいったい何と繋がって出てきたのか、日常生活との関連を知るために連想を採る。そして全部の連想を聞いて、その全体から理解していく。この例が「イルマの夢」です。フロイトの同僚のオットーがイルマの口の中を開けさせると、嫌なものが見えるという話で、フロイトの連想の細かいことまで書かれています。さまざまな人物が出てくる、医療過誤の夢でもあります。フロイトはこれを、どういう欲望を達成しようとしている夢か解釈しますが、本人には盲点で他人が見ると解る、フリースとの繋がりも夢は語っています。

夢解釈の方法

夢には意味があるということは、逆に言えば、夢には偽装されている潜在内容があるとも考えられるわけです。そうすると夢は翻訳されたものであり、解釈はそれを元に戻すということです。しかし、文脈を無視することはできないので、要素を連想する。ただ、翻訳というモデルにも問題があります。禁止やその連想から、これ、というものが出てきますが、最終的にどこまで遡れば、この夢の本当の意味と言えるのか。実は、その夢を語る文脈や語る相手、アクセントのずれなどが重要で、特定の夢内容そのものに意味があるということではないと、今では理解されています。ただ連想を採るだけではなく、ある程度の手ごたえというか、どういう情緒でどういう感じがリアルなのかがあって初めて、その時の理解に達します。

夢と欲望をめぐる命題の展開

フロイトの理屈では、夢と現実との照合性を示せないといけないという命題というか主張があります。フロイトの直観としては、夢はある欲望の成就である。人文書院版のフロイト著作集では「願望充足」と訳されていました。しかしそれは偽装されているのです。普通の人は、夢を見ても、何を意味しているのかわからないし、自分と関係あるとは思わないし、そこに自分のしたいことが反映されているとは思わない。それは偽装されて在る。何が偽装されているのかというと、抑圧された欲望が偽装されている。しかも、抑圧された欲望は幼年期の欲望なのだ、と特定されていく。そして最終的に夢というものは、ある抑圧された幼年期の欲望の、偽装された成就の試みであり、成就されていないけれども成就しようとしている、と理解すると辻褄が合う——『夢解釈』の理論はこういう捉え方で展開していきます。

「夢の作業」

そこで、夢のなかでは一体どのような作業がなされているのかというと、それはいわゆる防衛的な操作と繋がります。そうした夢の作業の中で、夢の中の情動が重要になる。そして「オイディプス王」の物語が、フリースとの手紙の中にも出てくるし、『夢解釈』の中にも挙げられていて、いわゆるエディプス・コンプレックスと言われる考えを提出する。フロイトが見つけたというか、自分にも当てはまるところがあると思ったのですね。フロイトは『夢解釈』という本の中で書いていて、いったいどうして、どういうふうに思いついたのかは不明だったのですが、一九五〇年代になってフリース宛の手紙が公開され、こういう繋がりがあったのかとわかったわけです。以下にフリースへの手紙の中から、抜粋します。

「僕は母親への惚れ込みと父親への嫉妬を僕の場合にも見つけました。そして今や僕はそれらを、[…]早期幼児期の一般的な出来事と見なします。もしそうならば、悟性が運命という前提に対して唱えるあらゆる異議にもかかわらず、オイディプス王が持つ、人の心を捉える力が理解できます。聴衆の誰もがかつて萌芽的には、そして空想の中では、そのようなオイディプスだったのです」（一八九七年十月十五日付フリース宛書簡）。

フロイトにこういうことが理解されたのは、自分のお父さんが亡くなって、自分の記憶を振り返っていく中で、自分には母親にある種の執着が、父親には嫉妬やライバル心があったことを思い出して、エディプス王の物語の持つ力と同じで、自分の中にそういうものを感じる。それがコンプレックスとして纏め上げられていったということです。

それから、最後の章（第七章）「夢事象の心理学」はかなりメタ心理学的な、概念の再構成みたいな話になります。あまり立ち入りませんが、「退行」は今でいう退行とは違います。あるいは一次過程、二次過程といった捉え方も出ています。

フロイト以後の夢機能の概論①——患者の内的世界・内的対象関係の表現

フロイトは欲望の成就と言ったけれども、それとはちょっと離れて、その後の考え方では、夢は基本的に寝ている時に内的対象関係、患者の内的世界を表現するものだと見なされます。起きている時にも内的世界はありますが、それは無意識的空想で意識されていません。症状や行動で出てきている。眠ると、行動は寝ているだけだけれども、心の中では封印されていたものが広がる。それが即、内的空想そのものとは言えないかもしれませんけれども、そういうものがあると確認されます。

フロイト以後の夢機能の概論②——患者の治療者との関係・象徴機能の反映

また、夢は面接場面では治療状況を反映します。さまざまな理論家や学派の夢の位置づけと関連しますが、現実を否認するとか、万能感とか、消化できないものを排泄するやり方であるとか、考え方はいろいろと出てきます。

そして、夢を見ること自体がひとつの機能であるという考えは、フロイト自身にも後々出てきます。フロイトでは、夢の機能の失敗は、外傷による打撃であって、実際には夢を見ることは高度の達成です。そこで、夢に原始的なアイコンが出ることから夢を見ること自体があたかも精神病的であるかのように捉えられていたけれども、実はそうではなくて、夢を見ることができるとは、高度な機能に繋がっていく。それができない、あるいは壊れたとなると、その後のビオンのアルファ機能の話に繋がるのです。確かに夢解釈は、精神分析的な概念をさまざまな形で提示しているし、神経症圏のいろいろな葛藤、防衛とかほとんどここに含まれています。それは達成された象徴的な機能なのです。

(iii) 精神分析の成熟と変遷

第二期に進むと、「シュレーバー症例」「トーテムとタブー」「技法論文」「ナルシシズム概念の導入」「メタ心理学論文」「狼男」などの著作が出ています。第一期の充実として、神経症の理解を進めたかというとそうではなくて、いろいろ神経症に収まらない問題があり、治療的な試みをしたり、この当時は未開人と幼児と神経症者をイコールで結ぶという乱暴な捉え方から、未開人と幼児とをエディプス・コンプレックスで結ぶ考えを出したり、精神分析のやり方を捉える技法の理論を記述したりします。フロイトはだんだんと、ナルシシズム論や自我欲動論のように、また違う土台を導入していきます。

フロイトは「ナルシシズム概念の導入」という論文で、自分の新たな理論の正当性を主張します。かえって話が紛糾することになりますが、彼は導入するんですね。彼は第一次世界大戦で患者が減って、時間の余裕があって、さまざまな心理学の概念を整理しようとメタ心理学の論文を書く。あるいはその前の時期に診ていた患者を「狼男」として書いた。第一次世界大戦のヨーロッパは、何百万人が殺されているけれども、フロイトにも経済的困窮や、身近な人の死などがあった。反復強迫や死の欲動の概念化は、外傷神経症との接触といった外的な出来事に影響を受けていると考えられます。

戦争神経症と心的外傷

戦争神経症と心的外傷については、さまざまな形で言われています。実際に、外傷とは怪我です。間近での爆発で身体的に損傷もするし、物理的・精神的衝撃で神経系全体のバランスもおかしくなってしまう。象徴機能もできなくなってきて、夢自体が成り立たなくなります。ユーチューブで第一次世界大戦の兵士のビデオクリップを見ると、不随意運動のように、ちゃんと前に歩けなかったり、前を見られなかったりしています。一見ヒステリーの痙攣に似ているけれども、実情は高度なショックで神経系のバランスが崩れてしまったんですね。そしてこういったものが影を落としつつ、フロイトは「終わりなき分析と終わりある分析」や「モーセという男と一神教」を書いていくのです。

主題の展開の見取り図

ですから、この四十年五十年にわたる彼の仕事を、さまざまな形で切り取る軸があります。よく言われるのは、無意識・意識・前意識という第一局所論から、超自我・自我・エスの第二局所論へ移っていったことです。それに関していえば、特に無意識の内容に性的な意味を考えたところから、自我と超自我の役割や自我の機能がさまざまに働くこと、あるいはリビドーと攻撃性の二大欲動、メランコリーやマゾヒズムに関して研究をしました。彼の論考は症例研究の範囲から、人文領域全般、文化論へと広がっています。臨床に即して言えば、まずカタルシス法が催眠から出てきました。話して溜まっていた思いが軽くなるという発散的なモデルから、自分の中での受け止め方や考え方が変わっていくパーソナリティの再編成に移っていき、患者も積極的に自己探究をしていかなければならなくなります。カタルシス法では、患者が発散して楽になるのは一時的なことですが、それが長期的で持続する変化を目指すことに変わっていく。精神分析の理論そして実践が変わってきています。

「小箱選びのモティーフ」（一九一三）

それからもっと違う切り取り方をしますと、「小箱選びのモティーフ」という小話的な論文があります。三姉妹が出てくる「小箱選び」は、これは洋の東西を問わずあります。金の箱と銀の箱とか、舌切り雀にもそのモティーフがありますね。要は、残されたものに価値があるというモティーフです。あるいは、三人の姉妹という形で出てきて、男にとって不可避の、女性との三つの関わり方を示します。つまり、最初の女性とは自分を生んで世話をする母親です。第二の女性は、自分の伴侶として性的に関わる女性です。最後は、自分を受け止める、すなわち死の抱擁を与える、死としての女性です。フロイトは、「母の肖像が一生のうちに変化していく三形態、すなわち、母はそれ自身、ついで、男が母の似像に従って選択する愛人、最後に男を再び受け入れる母なる大地である」と言っています。それで、フロイト自身の生涯と理論的展開を考えてみると、フロイトは第二の対象選択の場面とリビドーの話、つまり「男が母の似像に従って選択する愛人」の二番目のところから理論を始めています。自分として対象化しやすいところからしていって、それから死の話を始めた。これは癌になる前に書いていますけれども、彼はもうすでに五十七で、「年老いた男は、人生の初めに母から受け取った愛を女から得ようと手をさしのばすが、空しい。運命の女性の内、ただ三番目のものだけが、口を閉ざす死の女神だけが、彼をその腕の中に抱き取るだろう」と書いています。つまり三番目の女性としてあるのが、死であるということです。それでは母としての、生むもの、育てるものとしての存在については、どのように言っているのかということがあります。

フロイトと母親

一九三〇年まで生きたというフロイトのお母さんとの関係は、どうだったでしょうか。フロイトはエディプス・

コンプレックスで父親と息子の関係を詳しく述べましたが、母親のことはあまり言っていません。「ねずみ男」の症例では、面接記録には出ていたけれども、理論では詳しく言ってません。母‐息子の関係について述べたところで、唯一の葛藤がない理想的な関係、と述べているくらいで、直接的な考察はしていません。その一方で女性については、ペニスを持っていない存在、あるいは道徳的な発達が遅れているなどと、発言していました。ところが一九三〇年、フロイトの母が九十五歳で亡くなったことが一つの試練になります。彼はそこから、女性の性についてや女性性の問題を考え始めて、母‐娘関係と母‐息子関係は違うものではないかと言い始めます。実は母親の関係の中にさまざまな問題と価値があって、前エディプス期は重要ではないかと、お母さんが亡くなってから言い出しました。弟子たちからの影響はありますが、ある意味、第三の女性から第一の女性へと戻ったということが、晩年にあります。

フロイトによる人生の総括

フロイトの人生の総括ということで、先ほどのBBCの続きがある。フロイトは、神経症の研究をしたと言っています。「このわずかな幸運を手に入れるために、私は大きな犠牲を払わなければなりませんでした。人々は私が言う事実を信じてくれないし、私の学説を味気ないものだと考えたのです。世間の抵抗は強くて、容赦のないものでした。ようやく私は弟子を持つことができ、国際精神分析研究協会を設立できました。けれどもまだ戦いは終わっていないのです。八十二歳の時ドイツが侵略したので、私はウィーンを去りイギリスへ来ました。自由の中で生涯を終えたいと願っております」（オーディオにてフロイトの肉声を流す）。八十二歳は、フロイトがBBCの招きに応じて述べたときです。「自由のうちに死ぬことを希望している」ということです。聞き取りにくいかもしれませんが、英語が母国語ではないのと、癌手術後の人工顎で腫れているんです。母の死後、女性性と母‐娘関係を取り上げ始めましたが、彼には時間が残っていませんでした。しかし、三人の女性と言いましたが、四人目の女性と言ってもいい存在が現れました。それが、アンナ・フロイトです。フロイトの死後、アンナ・フロイトはフロイトの遺志のひとつを受け継いでいきます。ここまでで、大まかに第一部の「フロイトの生涯と理論」を話して一区切りにしましょう。

Ⅱ　症例研究

症例ハンスをとおしてみたフロイトの精神分析

前半は主に『夢解釈』に関して、精神分析的な理解の基本をお話ししましたが、後半は症例研究の形で理解していきたいと思います。取り上げるのはハンスという子どもの症例です。皆さんも読んだことがあるでしょう。どんな印象を持っているかを思い出しながら聞いてもらったらいいと思います。一般に五大症例と言われて残っているのは、ドーラ、ねずみ男、狼男、シュレーバー、そしてハンス。他にも、フロイトの症例はいろいろとあります。書かれた症例の中では、子どもが登場することや、症状がきれいになくなることから、彼にとっては明るい症例になっています。

今回はこのハンスの例でお話しします。ハンスというといろいろな捉え方がありますが、フロイトの全体の流れでいうと、このなかに「小さなエディプス」という言葉が出てきて、エディプス・コンプレックスをそのまま証明する臨床素材であると捉えられています。つまりハンスは、母親を巡って父親とライバル関係となり、そこでの葛藤が恐怖症という形で出てきて、しかし父親コンプレックスを解消することで症状も解消された、といった流れで理解されます。エディプスという言葉は、『夢解釈』で出てきますが、この土台として据えられているのは、リビドー論です。対象は、フロイトの記述ではリビドーの対象です。コンプレックスの形式の中身は、親が去勢をすると脅かすとかそういうことしかなくて、別に親らしいことをする人だとは書かれていないのです。なぜかと言うと、親は欲望の対象でしかなく、人物として描かれていないのです。ですから、この「対象」は、その後の対象関係論とは繋がりのない対象です。対象は、遊びの中ならば、お姫様とか王子様とか何かの役になって、寓話や物語のレベルでキャラクターになります。単に好きとか嫌われているだけの話ではなくなります。対象の側に、主体性があるからです。

実際の親子関係には、現実の関わりがあります。ところがエディプス・コンプレックスの理論の中には、親はこういうことをしてくれる人とは基本的に書いていなくて、子どもの側の欲動だけがあり、親に何を求めているかだけがある。実際には、生きた親がいるわけですから、その部分は上手く描写されていないところがあります。

このハンスの症例は、父親自身が報告者であり、ある意味で治療者でもあります。ですから、最初のスーパーヴィジョンケースだとか最初の家族治療のケースだとか言われたりしますが、特殊なのは、発症する前からフロイトがハンスを知っていたことです。彼は、子どもの様子の観察記録を極力集めてくれと、自分の周辺の研究会に出ている人たちに観察の報告を求めていました。

実の父親はマックスという音楽評論家で、フロイトの精神分析に興味があって研究会に出入りしていました。そして生まれたときから、息子の様子を書いていました。そういうことで、父親の発症前から観察がなされた例だった点は珍しく、その後の経過も手紙や手記として残されています。ハンスは途中で父親に連れられてフロイトに一回だけ会い、それを転機にして症状が消えていきます。さらに特殊なことには、二十歳前のハンス自身がフロイトに会いに行き、それをフロイト自身が「後日談」としています。ハンスはフロイトのことを全く覚えてなかったけれども、その頃には全く健康になっていたと書いていて、非常に美しく完結した症例として書かれた、というのが、一応の標準的な理解です。

ところが、その後いろいろな事実がわかり、さまざまな論じられ方が出ています。そういう中で改めてこの症例がどう理解できるか、どういうふうに考えるかが今日のお話ですが、まずハンスの論文がどんなものだったかというところからお話しします。元の論文は、結構長いです。手紙の地の文やハンスと父親とのやりとりが全部書かれていますから。そのぶん、生き生きとしてわかりやすい面もあります。それからフロイトがどう考えて注釈しているかがあり、最後は総括しています。

(i) 緒　言

最初に「緒言」が書いてあって、発症前の様子が記録されています。それは、子どもがいかに性的なことに興味を持つか、特に「ちんちん」を巡って、お母さんにはないとか動物にはあるとか、そういう話をしています。それと、妹が生まれたことをどう経験し、想像しているかが書かれています。

(ii) 病歴と分析

次に「病歴と分析」ですが、一九〇八年の一月のはじめ、ハンスは外に出ると不安がって泣き、通りで馬が自分に嚙みつくのではないかと恐れるようになりました。その前の年の夏から、ママが居なくなったらと不安がることがありましたが、一月初めのある朝、泣きながら、眠っている間にママがどこかに行ってしまったと思ったと訴えます。一月七日には、散歩に出ても泣いて戻り、翌日以降も「馬がぼくに嚙みつかないかと怖い」、「馬が部屋に入ってくる」と引き続き怖がりました。この動物恐怖が、一日二日のエピソードではなくずっと続くことで、父親は心配になってきます。最終的にフロイトは父親と打ち合わせて、ハンスに対して、馬に対する恐怖心は馬鹿げたことであると話します。そして、おちんちんをいじることや、お父さんとお母さんの関係、子どもはどこから出てくるのかといった、性に関する啓蒙があると馬鹿げた考えがなくなる、と見立てます。

一時期、親がかまったことでハンスの症状は若干軽減しますが、今度はインフルエンザに罹ったり扁桃腺をとったりして、「白い馬」と言い出します。ハンスは「ちんちんに手をやるせいだ」と自分から言ったり、「もうしてないよ」と言ったりしますが、これもハンスの関心なのか、親がそう言っているからなのかわからないところがあり、症状としては一進一退です。それで父親はハンスに、「馬鹿げたこと」を取り除くためにフロイト教授の所に行くことを提案します。父親は引き続き会話を記録しています。この会話はあとで振り返りますが、ハンスは前夜の大きなキリンとくしゃくしゃのキリンの経験を語ります。「夜、部屋の中に大きなキリンとくしゃくしゃのキリンがいて、僕がくしゃくしゃのを取り上げたので、大きい方が叫び声を上げたの。それから大きいキリンが叫ぶのを止めて、それから僕はくしゃくしゃのキリンの上に跨ったの」。

父親は面食らって彼を問いただします。そうするとハンスの方は、父親が会話を逐一記録していることに目を向けます。「お父さん、なにそれ書いているの」と。「いや、これはフロイト先生に伝えるためだよ」と父親は答えますが、その通りです。父親はその日の内に、大きいキリンは父親ないしは大きなペニス、くしゃくしゃのキリンは母親ないしはその性器だろうという解釈をハンスにします。そしてフロイトに手紙で、「したがってこれは、女性にペニスがないという先の啓蒙の結果ということになります」と書きます。フロイトは父親の才気あふれる解釈を認めて、これは反抗的空想ではあるが、父親の抵抗に対する勝利と満足に結びついていると解説しています。つまりフロイトは、ハンスの空想をここでエディプス・コンプレックスに結びつけているわけです。彼はさらにハンスがその後に禁止された侵入を空想したことをもって、「解釈の確証」と判断します。翌日に父親はハンスの前でわざと、彼の母親に「大きなキリンさん」と声をかけ、それに対してハンスは「どうして？」と聞き、「で、ハンナ（妹）はくしゃくしゃのキリンなの？」と言いました。

三月三十日に父親と子どもは、フロイトを訪問します。やって来た親子の前でフロイトは、父親の眼鏡と口髭に注目して馬と結びつけ、ハンスに対して「君がまだ世の中に生まれてくるずっと前から、私はハンスという坊やがお母さんのことを愛するあまりに、お父さんを怖がらざるをえなくなり、私の所に来ることになるだろうということをわかっていたんだよ」と言います。つまり、男の子は母親に愛着するけれども、父親という存在に気づいて、それを馬として恐がっているということを言っています。

四月二日には、父親はハンスが本格的な改善に向かったと報告します。ハンスは馬におびえた様子を見せましたが、「パパがそばにいると怖くなくなる」と言います。パパの力が自分のためになるということを認めていこうとしているわけですね。父親はそれを、「もしそうなれば、自分が父親になるだろうという私への敵対的な欲望」だと解釈し、抑圧が一部は解除され、もともとの結びつきに戻されたと理解します。「分析によって、白い馬のいくらかはすでに『パパ』として認識されており、それはもう嚙みつかないのです。ただ、別のものはまだ嚙みつくものとして残っています」。父親恐怖の症状になっていたものは改善しつつあります。

そして父親との四月五日の会話で、ハンスは馬が転倒するのを実際に見たことがあり、以来馬が転倒するのと嚙みつくのとを恐れているのだと伝えます。「僕が怯えたのは、馬が足で『騒動』を起こしたからなんだ」。地団太踏む、あるいはばたつかせたと。父親の記録を読んだフロイトは、恐怖症の諸特性は総じて、不安がもともと馬には全く関わっておらず、二次的に馬へ移されたことに由来していると論じ、父親の尋問には「恐怖症が勃発することになった現実のきっかけを知ることができた」と成果を認めています。そして考察を進めて、馬遊びをするようになったハンスは父親に「同一化している」と判断します。ただハンスは、目撃した乗合馬車に関連したことをまだ怖がっていました。

四月九日の会話で、彼は足の『騒動』が「うんこ」や「おしっこ」に関連していること、パンツを見ると唾を吐きたくなること、ママがトイレをする時に一緒に入りたがったことなどを、教授に手紙を書く父親のために喜びながら口述します。父親は連想の方向性を見失って、ハンスがいろいろなことを言うからわけがわからなくなって、

「おちんちん」に結びつけようとするがうまくいかない、ということが起きます。

四月十一日、ハンスはまた朝早く両親の部屋に行って、追い返されます。その後彼は、「僕、浴槽の中にいてね。すると錠前屋さんが来て浴槽のネジをはずしたの。それから大きな錐《きり》をとって、僕のお腹に突き立てたの」。父親はこの空想を、「僕はママとベッドの中にいる。そこへパパがやって来て僕を追い払う。パパは大きなペニスで、僕をママから追放する」とエディプス・コンプレックスとして翻訳して、パパ・ママ・ハンスがそういう関係なのだと理解します。それについてフロイトは、「われわれの判断はまだ先延ばししておきたい」と述べています。というのは、フロイトには父親に伏せている、ハンスが「排泄物コンプレックス」を通過していくだろうという見通しがあったからです。「うんこ」をどうしたらいいかが残っていたわけですが、乗合馬車への恐れをたくさん詰まった腹に対する恐れと繋げることを経て、妹や新しく生まれる子どもへのハンスの敵対心が見てとられます。乗合馬車は母親です。同じ日の昼食の時、ハンスは前年の夏の滞在地に浴槽がなかったことを思い出します。話は浴槽でのママの振る舞いに及んで、ハンス曰く「ママが手を放して、頭から水の中に落ちるのが怖いんだ」と言います。父親は、「でもママはおまえを愛していて、手を離したりしないということは分かっているんじゃないのか」と言います。ハンスは、「そう思ったんだ」と返します。父親は、これもハンスの妹ハンナに対する敵意として解釈します。ハンスはこれを肯定しますし、フロイトも「父親はとても正しく言い当てたようである」と賛成しています。

妹ハンナのテーマは、四月十四日になって前景に出てきます。ハンスは馬への恐れを弱め、ハンナについて「箱の中で一緒に旅行した」とか、挙句には馬に跨ったとか、ありえないことをいろいろ言います。彼はハンナに対して、ママがお尻をぶったら泣き叫ぶのが我慢ならないという気持ちと、好きだから何でも話してあげるという気持ちを表します。ハンナは前からこの世にいたというハンスに対して、フロイトは父親をからかうことができるようになっていると評しています。

四月十七日には、あれこれ聞いてくる父親に対して、ハンスは「僕が今話してること、全然本当じゃないんだよ」と言います。父親は「じゃあそのうち、何が本当なんだ？」と聞くと、ハンス「どれも本当じゃないよ。僕ただ冗談で話しただけだよ」と明かします。この会話は、ハンスがママを絨毯たたきで叩きたいと言ったところで中断となっています。

それから四月二十一日の記録では、グムンデンという場所で遊んでいた時に、友達のフリッツルが転んだことを確認します。ハンスは父親に強い言葉をぶつけています。「パパがフリッツルみたいに石でぶっ倒れればいい」ということですが、父親は「ここ数時間、彼は特別の情愛をもって私に接している」と述べます。

そして翌四月二十二日には、父親はハンスがしている人形遊びについて尋ねます。ハンスはグレーテと名づけたゴム人形に、開いている穴から小さなポケットナイフを差し込み、人形の両足を引き裂いてナイフを出して、「ほら、ここにおちんちんがあるよ！」と見せます。それは「ママが持っていたナイフ」でした。父親は、「このナイフは、もしかして小っちゃい子どもじゃないかって考えたのかい？」と尋ねますが、ハンスは否定します。話題は小さい子どもに移り、ハンスはパパも自分も卵を産んだことがあると言い出します。彼は父親に「子どもができるのは女性だけで、ママたちだけだよ」と言われて、四月二十四日には両親から「子どもはママの中で成長し、……『うんこ』のように世の中に出される」という啓蒙を受けます。この頃には、ハンスの恐怖症状は相当改善していて、怖いのは積み込んだ馬車だけになっています。

四月二十六日、ハンスは空想上の子どもたちについて父親に聞かれて、「とても子どもたちを持ちたい」けれども、「そう願っていない。僕は子どもたちを持ちたくないんだ」と二つの気持ちを述べます。四日後、父親が「どうしてお前の子どもたちはまだ生きてるの？　男の子に子どもができないのは知っているだろう」と質すと、ハンスは「知っているよ。以前は僕、ママだったけれど、今はパパなんだ」とパパの位置を占めます。パパはおじいちゃんとなって、おばあちゃんすなわち自分の母親と結婚すればいいという案を出したりします。エディプス・コンプレックスの父親を押し出すけれども、じゃあ父親はその上のお母さんと結婚すればいいと、逆にエディプス・コンプレックスをどうやって逸脱するかという案を出しているということになりますね。

五月一日にはハンスは、自分の空想上の子どもたちのお尻を叩いてやりたいと話します。その午後、彼は思い切って市立公園まで出かけます。彼は、「コウノトリの箱の馬車だよ！」と乗合馬車を指さします。

五月二日、ハンスは配管屋の空想を語ります。「配管屋さんがやってきて、ベンチでまず僕のお尻を取り外して、それから僕に別のをくれて、次におちんちんだったの。配管屋さんがお尻をお見せって言ったので、僕は後ろを向かなくっちゃならなかったの」。父親は彼に、おまえはパパになりたいのだろうと確認しました。ハンスの「ばかげたこと」が消えて、正常な問いの欲動が残りました。ハンスは父親に「僕、パパのものでもあるんだよね」と尋ね、父親は母親だけのものではないという意味に解します。フロイトは「ハンスの最後の空想によって、去勢コンプレックスに由来する不安もまた克服され、苦痛な予感は幸せをもたらしてくれるものへと変化した」と総括しています。

ⅲ 考　察――「小児性欲」理論と恐怖症

長い経過の中の主要部分を抜粋、圧縮していますので、初めての人にはちょっとわかりにくいかもしれませんが、前に読んだことのある人でしたら、「ああ、こんな経過だったな」と思い出してもらえれば結構です。今の要約は、主要な部分をある目的をもってピックアップしており、これからの話に繋がっていきます。

フロイトは最後に、理論的な総括を付け加えています。それがフロイトが報告している主題です。それまでの分は全部、ほとんどは父親が書いたことで、フロイトは若干コメントをつけただけなのです。フロイトはまず総括でどんな問題を論じようとしているかを説明します。『性理論三篇』で展開した小児性欲の理論を裏付けられないだろうか、こういった観察による恐怖症の性質をどのように理解できるか、それから性的な啓蒙をしたことが治療的にどのように働くか、ということです。彼としては、性理論を、つまり子どもが性に対してどう考え、感じているかという性理論を、直接観察して確認したのです。

ハンスはまさに小さいエディプスであり、父親を『あっち』へと取り除いてしまい、美しい母親と二人きりになりたい、その傍で寝たいと思っている。しかし、それが叶わない状態なのだというわけです。その当時のフロイトの説明では、何が起きたかというと、性的興奮すなわちリビドーが不安に転化して、抑圧によってリビドーとして利用できなくなっている状態です。自分の中の不安が対象を求めることができなくなっているということですね。その不安は、「偶然に観察した事故」によって対象と結びつきます。フリッツルが馬遊びの最中に転倒したことを契機に、フリッツルから父親という連想を経て、父親との形態的な結びつき、口ひげや母親の妊娠 - 分娩というコンプレックスを通じて、馬恐怖になった、とされます。フロイトは馬の象徴的な意味として、「父親に対する敵対的で嫉妬に満ちた感情と、母親に対するサディズム的で、性行為の予感に対応した衝動」を巧みに表現した、恐怖症が選ばれたのだと言っています。

ハンスの症例については、さまざまな読解ができます。特に自我心理学的な読み方でいくと、エディプス・コンプレックスのお手本として読めます。しかし、父親を介して治療をすることに意味があるのだろうか、父親にとってのフロイトはまさに父親のようなもので、そこに介入したことが大きな転機ではないだろうかと、いろいろな議論があります。

クライン派の分析者であるメルツァーは、ハンス症例がどういうものであるかについて、『こころの性愛状態』で、この論文はあらゆる精神分析の中で最も楽しいものであると言ってます。ハンスは大きくなって、素晴らしいペニスを手に入れ、父・母を賞賛している様子は、読者に賛成や勇気づけられる共感を生み出している、と総評しています。

実際、四、五歳の男の子はこういうふうに、健康な時には「クレヨンしんちゃん」のようなものであると思っていいでしょう。親をいろいろとおちょくったり、お母さんにちょっかい出したり、お父さんを馬鹿にしたり、いろいろしますね。ハンスも元気な時は、「僕の言っていることは全部嘘だよ」と言って父親を当惑させます。そういう意味では、いかにも子どもらしい。彼はオペラ監督になって、音楽の道に進んである種の父親との同一化を果たしています。むしろ父親を超えた業績をあげている人です。

ところで、フロイト自身もこの論文で述べていますが、子どもの性教育との関連で、ハンスがまだ発症する前にヘルベルトという本名で、こういう男の子がいて性的関心がある、と書いています。実は後日談だけではなく、フロイトはハンスについて、さらに別の場所でも書いているのです。「素人分析の問題」という一九二六年の論文です。「二十年ほど昔に、初めて実験的に子どもの精神分析を行ないましたが、その最初の子どもはその後健康かつ有能な若者になり、重度の心的外傷にもかかわらず思春期を申し分なくやり過ごすことができました」と。健康かつ有能な若者になったのはいいでしょう。しかし、重度の心的外傷にもかかわらず、とポロっと書いているのは、一体どういうことなのでしょうか。フロイトがエディプス・コンプレックスを語る時に、これは誰しもが通る外傷的なものである、と去勢の脅威を含めて現実的試練という意味で言っているのならば驚くことはありませんが、心的外傷と言うと、前に彼が言っていた誘惑説を連想させます。しかも、誘惑説の時は誘惑ですが、ここでは外傷という言葉を使っています。

分離不安と外傷

それはどういうことでしょうか。フロイトの記述は実際は父親の記述ですが、それを見るとハンスは発症の前に、お母さんがどこかに行ってしまうと、はっきりした分離不安を表しています。それは一体何なのでしょうか。これは不安夢ですね。その不安夢についてフロイトは、ハンスの症例の中で、不安夢の内容は母親を失ってもう母親に甘えることができないというものである、母親への情愛はしたがって途方もなく高まっていたに違いない、と書いています。それは馬がどうといったことでは言えない、と述べています。この不安夢についてフロイトは、これは真の懲罰夢・抑圧夢であり、子どもは不安で眠りから醒めたのであり、夢の機能が破綻していると、そこまで書いているのです。

夢の機能が破綻する、とフロイトが言ったのは、外傷神経症の後ですね。一九二〇年代の悲惨な状態の、戦闘後などの心的機能に関して言っているのであって、それをここで言うのは、言葉が重過ぎるか、そうでなければ何なのか、ということになります。実際ハンスは、その後もすごく不健康なわけではありません。

クライン派（ヒンシェルウッド）の視点から

さまざまな読み方のひとつとして、ヒンシェルウッドという『クリニカル・クライン』を著した人がこのハンス少年の症例を論じていますので、少し述べたいと思います。彼に言わせれば、ハンス少年についての大きな議論は、馬が何を表現しているかという象徴内容を解釈していたけれども、もっとやり取りの中に背景で動いている無意識的空想を読み取るという、クライン派的なことを言っています。彼は症例から四箇所を選んでいますが、ここではそのうちの二箇所についてお話しします。

その一箇所は「くしゃくしゃのキリン」云々です。三月二十八日のことです。詳しく見ますと、「夜、部屋の中に大きなキリンとくしゃくしゃのキリンがいて、僕がくしゃくしゃのを取り上げたので、大きい方が叫び声をあげたの。それから大きいキリンが叫ぶのを止めて、それから僕はくしゃくしゃのキリンの上に跨ったの」。父親は面食らって、彼を問いただします。ハンスは、「うん」って紙切れをくしゃくしゃに丸めて、父親に渡して言います。「こんなふうにくしゃくしゃだった」。父親は、「では、お前はくしゃくしゃのキリンに跨ったんだよね、どんなふうに？」とハンスに質問していきます。「くしゃくしゃのキリンってどういう意味？　キリンを紙切れみたいに丸めることができないのは、お前だってわかっているだろう」。するとハンスは「うん、わかってるよ。そう思っただけなんだ」、「この世にはいないんだよ。くしゃくしゃのキリンは床に横たわって、僕はそれを取り上げて、手でつかんだんだよ」。父親は驚いて「なんだって！　キリンのような大きなものを手でつかむことができるのかい？」ハンスは言います。「くしゃくしゃのキリンを僕は手でつかんだんだよ」。父親は「その間、大きいキリンはどこにいたんだい？」ハンス「大きいのはね、ずっと離れて立っていたんだよ」父親「お前はくしゃくしゃのキリンに何をしたんだい」、ハンス「ちょっとだけ大きいキリンが叫ぶのを止めるまでずっと待っていて、叫ぶのを止めたので、くしゃくしゃのキリンの上に跨ったんだよ」。父親「どうして大きいキリンは叫んだんだい？」。ハンス「僕が小さいキリンを取り上げたからだよ」。こういうやり取りをしている時に、ハンスは父親がこれをいちいち書いていることに気がつきます。そして「どうしてパパは書き留めてるの？」と尋ねます。父親「お前のこの馬鹿げたことを、お前から取り去ってくれる、フロイトという教授に送るためだよ」。ハンスはそれにこう言います。「ああ、だったらママがシミーズを脱いだということもパパは書き留めていて、それも教授に送るんだね」。ハンスは父親をからかっていると思いますが、父親はまじめに答えて「そう、だけど教授は、キリンをどうしてくしゃくしゃにできるのか、これじゃ理解できないよ、話聞いてても」と言います。

こういうやり取りを通してヒンシェルウッドは、ハンスが生き生きとした空想を繰り出しているのに、父親はなかなか理解できないのでハンスは困っていて、父親が細かにこれを記載していることを、次のように感じているのではないかとコメントします。父親はとにかくフロイトに報告したいと思っています。それに対してハンスは、むしろ記録されているのを嫌がっているのではないか。というのは、紙をくしゃくしゃにして跨って見せた、これは前夜の思い出というだけではなく、いま記録しているその行為自体に対する反応ではないか、とヒンシェルウッドは解釈しているわけです。

そして母親の裸にもコメントしています。着ているものを取られるとか、裸のところを報告されるとか、そういう感じで自分が質問されている、とハンスは感じていないだろうかと言っています。実際ハンスがキリンの話をするまで、午後中ずっと尋問しているという記述もあります。

もう一つの場面は、「錐と浴槽」です。四月十一日のサマリーに書いてある通り、父親はこれを両親の寝室での出来事ではないかと解釈していますが、それに対してヒンシェルウッドは、父親がしつこく侵入的に聞いてくること自体が錐ではないか、ハンスの腹に突き立てられる、これは父親の質問ではないかと理解しています。ハンスのことを理解できていない父親がげんなりするような質問をしている。その後ナイフを出してくることも、父親との関わりではないかと述べています。

最終的に四月二十六日の、恐怖症がかなり改善しているところでどんなやり取りをしているかというと、父親はハンスに「自分の子どもたちの話をするのはどうしてだ」と尋ねました。するとハンスは「どうしてって？　だって僕、とても子どもたちを持ちたいからだよ。でも僕、そう願ってるわけじゃないんだ。僕、子どもたちを持ちたくないんだ」。子どもの名前をいろいろと挙げられた父親は、質問してそれにハンスも答えています。さらに父親が問い質していくと「これは作り話」と答え、父親「お前、自分がママだと考えたんだな」、するとハンスは「僕、実際ママでもあったんだよ」と言います。こういったハンスの言葉の中に含まれたアンビバレントな、「したい」とか「したくない」も、父親が彼の空想の、自分にも子どもがいるとかを認めないで押し切っているからではないか。最後の、配管屋さんがお尻を取り外すとか、おちんちんの別のものをつけるとかは、ハンス自身の考えを奪って何かを押しつけることではないか。ヒンシェルウッドは、そういうやり取りで、非常に迎合的な形である種の治癒が生じたのではないか、と指摘しています。これは一つの仮説的な捉え方です。

ここからは私のコメントです。そういう次元で、父親が性差別的だったり、フロイトに喜んでもらおうという動機がものすごく強かったりは確かにありますが、それでもこの後ハンスは本格的な回復をしていきますし、父親といることをそこまで嫌がっているでしょうか。それはそれで、ハンスにとって自我強化になって良いものが出てくるということもあるとすると、ここですべての問題を父親にだけ結びつけるのは難しいと思われます。そう考えるともう一人がいます。ハンスも実際にこう言っています。「僕、ママでもあったよ」と。ママは一体どこで何をしているのかということです。ママは、フロイトの記載を見ても、あるいは父親の報告を見ても、出てきません。

実際には、一九〇六年の十月に妹のハンナが生まれています。ハンスはこのママの妊娠におそらく気がついていたでしょうし、自分の想像上の子どもたちを作って遊びだすのも、妹が生まれてからです。実はその子どもたち、彼が作ったデルタ・オルガ・フリッツ、こういう名前が出てきますが、オルガはお母さんの本名です。つまり、歳関係が逆転していて、お母さんが生んだのに、自分がお母さんを生んだかのような話になっています。ハンスがママでもあるということは、そういうことかもしれません。では、ハンスがこう言ったのはどういう意味なのか。「僕、とても子どもたちを持ちたいんだよ。でも僕、そう願ってるんじゃないんだよ。僕、子どもたちを持ちたくないんだ」。

これを言い出したのは、妹が生まれて二、三カ月くらいの、自分の子どもたちと遊んでいた頃の無邪気なハンスではなくて、一年数カ月経ったハンス、そして恐怖症を発症した頃のハンスです。この一年半に、無邪気な気持ちが何か変わったのでしょうか。そして、「ハンスがママでもあるんだよ」とあることからすると、もともとこの子どもを持つことへのアンビバレントはママのものではないでしょうか。「ママは子どもを持ちたいんだ、でもそうじゃないんだ、ママは子どもなんか持ちたくないんだ」。

要は、子どもが二人できた状態で、母親は一体どういう関わりをハンスに、そして妹ハンナにしていたのかが、懸案事項として出てきます。実際ハンスとは悪い関係ではないですね。「おちんちんとってもらいますよ」とは言っているけど、ハンスが来るとすぐにベッドの中に入れてあげたり、トイレにハンスが入ってくるのを許容したりしています——それが良いことかどうかは別にして。では何が問題なのか、一番最初のキリンの場面をもう一回見てみましょう。「夜、部屋の中に大きなキリンとくしゃくしゃのキリンがいて、僕がくしゃくしゃのを取り上げたので、大きい方が叫び声を上げたの。それから大きいキリンが叫ぶのをやめて、それから僕はくしゃくしゃのキリンの上に跨ったの」と。その後のやり取りですが、父親の解釈では、大きなキリンは父親あるいは大きなペニス、長い首でくしゃくしゃのキリンは妻、ないしは女性器だと。したがってこれは女性にペニスがないという啓蒙の結果であり、それに対する反応で言っている、となります。

普通に考えてキリンが性器で、妻が何と言うのはあくまで例え話で、それが丸められるとは、変な話です。このサイズから言って、もっと自然な解釈がありえます。ハンスが持ち上げることのできるくしゃくしゃとは、赤ん坊の妹のハンナで、その側にいた大きなキリンは母親でしょう。つまり、ハンスが赤ん坊をいじめたから、母親である大きなキリンが叫び声を挙げたのでしょうか。要は、彼の攻撃性によって赤ん坊はくしゃくしゃになっているのでしょうか。しかし、そのハンスがママでもあったとしたらどうでしょう。ママは叫び声をあげる、赤ん坊に跨る母親で、赤ん坊はくしゃくしゃのキリンのように床に横たわっているという解釈はどうなのでしょうか。ここで、赤ん坊は床に横たわっていると描写されているわけですが、そこに〝ぐったりとして〟横たわっていると形容詞を付け加えると、これはいったいどういう扱いの結果なのか？　という方向に理解が踏み出します。

たとえば、ママがハンナをお風呂に入れていて、ママが手を離したらどうなるでしょうか。あるいは、ママがお尻をぶったら、ハンナは泣き叫ぶでしょう。これはどういう場面のハンスの観察かということで、母親と赤ん坊の位置は、一体どうなっているのでしょうか。この、父と息子の、明るく解決した話だったものの影には、それがあります。

ハンス症例——後日譚

二〇〇四年に、ある出来事が起きます。これまで伏せられていた関係者へのインタビューが、年月を経て制限が解除され、そこから出てきた話があるのです。マックス・グラーフというハンスの父親は、フロイトから「舞台上の精神病的人物」という原稿を預かっていました。それを発表した一九二四年に、すでにフロイトと自分の関係を少し述べていて、自分がフロイトに興味を持ったのも、自分の奥さんがフロイトの治療を受けていたからだと言っているのです。ただこの時点でのマックス・グラーフは、ヘルベルト・グラーフ、つまりハンスの父親であるということは明かしていません。彼は、たまたまフロイトに興味を持って、フロイトのサークルにいて、芸術的な仕事だからフロイトの舞台に関する原稿を預かっていた、それをこういう機会に発表します、ということになっています。ところがグラーフは、一九一〇年頃には活動しなくなり、一九一三年には名簿から除外されています。精神分析やフロイトとの関わりは、なくなっていたということです。それ以前には、フロイトはハンスをめぐって、自分の研究会で討論していました。そのことも会議録として残っています。そこでフロイトはハンスについてのコメントとして、トイレにまで母親についていくというのは許されるべきではなかった、その他のことは本質的に体質の問題である、つまり親の教育がどうということではないと述べています。この記録は紆余曲折を経てアメリカで一九五一年から刊行され始め、最終巻の第四巻が出たのは一九七五年です。途中でお金がなくなり非常に時間がかかりましたが、その中にマックス・グラーフのコメントもあって、自分が名前をつけた息子のヘルベルトの話を書くついでに、一度婚約破棄したけれども、結局妻と結婚することになったと書いています。それは制限解除の前から知られていたわけですね。ということで、この夫婦関係、親子関係は微妙でした。

ハンスが自らフロイトのところにやって来た時、すでに両親とも離婚して、再婚していた。ハンスが来たのはそういう状況の中でだったことも知られていました。二〇〇四年のデータが出たことで新たにわかったのは、ハンスのお母さんが、オルガという人としてフリースの手紙にも登場していたことです。それは一八八七年の六月二十二日付の書簡です。引用しますと、「僕は夏でも、なお新しい症例を二つ引き受けなければなりませんでしたが、二つともかなりうまくいっています。最後の症例はほとんど純粋な強迫観念を持った十九歳の少女です。ところで強迫観念は、僕の思弁によれば比較的高い心的年齢に遡り、したがって最初から子どもが年長になればなるほど子どもを一層大事にする父親ではなく、すこし年長の同胞を指し示します。その同胞に対して、子どもは最初に小さな女にならなければならないのです。さて、神はこの症例においては子どもが十一カ月になる前に親を死なせるほど親切でしたが、二人の兄弟――そのうちの一人は患者より三歳上です――が、銃で自殺しています。」変な言い回しをフロイト自身がしていてわかりにくいですが、要は十九歳の少女がいた、そしてその少女はどうやら年上の兄に性的いたずらをされたらしい。それから父親は、そういうことをする前にもう死んでいて、兄弟の一人は銃で自殺している。この女性がハンスの母親だと考えられるのは、彼女の夫でありハンスの父親であるマックスが、妻の家族歴として、父親が小さい頃に亡くなり、兄が銃で自殺したと言っていることがあります。ということで、確証はないけれどもほぼそうだと言えるわけです。フロイトは、ハンスに対して「生まれる前から知ってる」と言っています。それはそうでしょう、母親が結婚して母親になる前から会っていましたから。自分の患者の子どもがハンスだったというわけです。このオルガの家には、お姉さんもいました。彼女は五人か六人兄弟の五番目だったということですが、実は姉も自殺企図をしており、さまざまな遺伝負因があるかもしれない家系なのです。ではマックスは妻のことをどう言っているかというと、次のように書いてあります。

「私の妻は、」つまりハンスのお母さんですね。「非常に面白くて、非常に知性があり、非常に美しい女性です。彼女は間違いなくヒステリー女性ですが、若かった私には判断できなかったことです。顔の表情はヒステリックな瞬間でさえ魅力的で興味を引きました。私はこの女性と結婚する前に、フロイト教授のところに行きました。彼は私に『彼女と結婚しなさい、楽しめるよ』と言いました」と。英語で書いてあります（You'll have your fun）が、フロイトが言ったのはおそらくドイツ語でしょうね。「実際には私は楽しみませんでした。が、私が若すぎたからかもしれません。もしも私がもっと年長だったら遊ぶことができたことでしょう。私はキャリアの始まったところで、もっと進みたかったし、才能ある人間としての野心がありました。私はすでに二冊出版していました。他方、彼女は人と関わりたくなく、そういう場面でどう振舞えばいいかわからず、落ち着かず、気分がよくないので、社交場面に出て行くのを避けるようになっていました。だから、美しい若い女性がいるけれども、一緒にアパートに閉じ込められるのです。それが理由の一つでした。もう一つには、彼女は私の書き物に突然嫉妬を駆り立てられ、原稿を引き裂いてしまったのです。手短に言うと、一年して私は教授のところに行きました。そして、彼に言いました、『教授、この結婚はうまくいっていません』。彼は非常に驚き、私は新たな努力をしました。私は子どもが状況を変えるかもしれないと考えました。しかし、そういうことは起きず、それでも私はこの結婚に、子どもが大きくなって、彼らの発達を妨害することなく容易に去ることができるようになるまで、十八年半留まりました。もっと早く去ればよかったのではないかという疑いを持ったのは、後になってからのことです。どうすればよかったのか私にはわかりません……」

ということで、このマックスにしてみれば、フロイトの助言がなければ結婚しなかったかもしれないし、子どもが生まれる前に離婚していたかもしれない。そうしたらハンスも生まれなかったでしょう。フロイトに尋ねて、フロイトに判断を委ねたこと自体が自分の選択ではありますが。特に奥さんの方は、後々のインタビューで語るようにフロイトに恨みを抱いて、フロイトを痛烈に批判しています。奥さんの方はもっと話がややこしいのです。息子のハンス本人は一九五九年のインタビューで、母親は「子どもを持てばいい」というフロイトの助言のせいで、結局結婚はうまくいかなかったと何度も言っていた、と述べています。

それからハンス自身も、最初の奥さんは神経病みでいろいろありました。ハンスは一九二二年に、あのフロイトに実際に会いに行きました。それが実際どうだったかというと、インタビューでは「私はフロイト教授に連絡して、面会を申し入れました。私は彼の所に行き、彼の仕事場に入りました。彼は私を見て、もちろん誰かわかりませんでした。私はハンス少年ですと言いました。非常に感動的でした。彼は私の所に来て抱きしめ、『お帰りなさい』と言いました。そして私たちは長い間話し合いました。私が何をしてきたのか、何をするつもりなのかを尋ねて、彼は『治療がよく働いたに違いない』。少なくとも、私の前では彼は極めて正常に話していました。そして、私は家に帰りました」と、ハンスは非常に友好的に捉えたわけです。

では、父親自身はどうかというと、こう残しています。「当時、私はフロイトに数年間会っていませんでした。

それは精神分析が本当に国際的な学派となった時です。フロイトが息子をあれほど友好的に迎え入れてから、私はフロイトに接触しました。というのは、私自身息子について彼と話したかったからです。私がフロイトの所に行った時、彼は非常に非寛容的で、偏狭な態度で私に会いました。私は彼と友好的な会話を持つことができず、彼に尋ねました。『本当のことを言ってください、あなたがこんな調子なのは何が問題ですか？　あなたの私への振る舞いは変わってしまいました』。彼は言いました。『そうだ。君は分析の集まりから去ってしまった。会費を払わなかった。以来参加しなかった』。それは本当でした。会費が未納かどうかはわかりませんでしたが、そうだったかもしれません。しかし、私はもう会話が昔の友好的なトーンで行われることはないのがわかりました。私は別れを告げ、その後は通りで時折フロイトを見かけるのみでした。私はいつも彼に丁寧に挨拶しました。私の彼への評価は変わっていなかったからです。しかし彼はいつも横目で、疑い深い目つきで私を見ていました。もちろん、彼は私に挨拶を返しましたが、それは、他人にする時のものでした」。

ということで、非常に頑なな、ドーラを拒否した時と同じようなフロイトの反応でした。マックスつまり父親の書いたエピソードで、フロイトは憤り強く嘆願を拒否したモーセのようだった、とされています。その後どうなったかと言うと、ハンナ、妹は、父親が言うには美しくてやさしくて賢い娘だったということですが、再婚しそれもうまくいかなくて、三十代後半に自殺しています。ハンスの奥さんのリゼは、アルコール依存で薬物乱用し、不倫関係を持ったとボーダーライン的な感じで、非常に自己破壊的な生活をして、一九六〇年に自殺しています。ハンスは、再婚相手とはうまくいったとのことです。

ということで、制限解除された情報を見たアメリカのアナリストたちは、結局は幼児虐待があったのではないか、少なくともハンナに対しては、ハンスがいろいろ垣間見て報告したのは、母親の具合が悪いことではないかと言っています。しかし、これを虐待症例や兄妹の話にもっていくのは、かなり単純な読み方です。何を根拠にして読んでいくかということがあります。メルツァーはメルツァーの取り上げるところがあり、ヒンシェルウッドにはヒンシェルウッドの取り上げるところがあり、またヒンシェルウッドの読み方を確認する時に、ハンスは絶望している、と父親との関係を形容しています。そこが、私が疑問として取り上げたところで、父親との関わりの限界のある中であっても、ある意味楽しげにしているというところは大いに見えているからです。

ⅳ まとめ

すると結局、関係性がどうなっているかが理解を左右します。情緒的な結びつきがどうだったかが、解釈を決定的に右にも左にも大きく変えることになるし、そういう結果を見落としていれば、ハイライトするものも出てきます。ですから症例報告は、こういう理論的なものがあると実証するためなら、そういう場面を抽出してくることになるし、それは意図しても無意識的にもさまざまな形で起きます。そうすると改めて症例を読む時、理論の説明の一部として〝そうですか〟と見るのはいいですが、現場で何が起きているかを考える時には、〝自分がどう考えているか〟や何をピックアップするつもりでいるかを抜きにして、ただエディプス・コンプレックスが――と言っても仕方ないのです。それでは逆に、実証データが出たからといって、それから常に確定的なことが言えるのかというと、そうでもないわけです。

ⅴ 総 括

論文であれ症例描写であれ、人によってどこをピックアップするかは異なり、人によってはあるものをすごく近く感じるかもしれないし、あるものを遠くに感じるかもしれません。そこになんらかの真理が含まれているでしょうが、そこをどうまとめていくかも課題になります。結局、それを見て、それぞれが責任を持って判断しなくてはならない、ということです。ですから、今ハンス症例を学生が教科書として読むとしたら、ある種のわからない部分をどう自分が解釈するのかが、非常に大切になるでしょう。これは別にフロイトの症例だけではなくて、クラインでも誰でも同じです。クラインの症例にも実はそういう話がありますが、それはまた別の機会にお話しします。

～質疑応答～

質問者　ハンス少年のお父さんの関わりの、本当はお母さんを意識しながら、ハンスと父親を通しての視点として書かれているあたりは、フロイトが考えているお父さんとの関わりの視点というのが大きく影響してるのでしょうか。もうひとつは、僕らの感覚からしたら、日本人的な感覚かもしれないんですけど、母親との関係のほうがむしろ優先するかなと。母親的な視線で対象を見てしまう感覚もありますが、父親が出てくるのは、文化性というか家父長制という制度とかそういう視点から、まず父親との関わりを大きく捉えているのでしょうか。

福本　精神分析自体が、だんだん発展していったので、そもそも親が子どもにどれくらい影響するのか、子どもは子どもでどれくらい考え方や性癖や空想があるのかが、まとまった発達理論として整理されていなかった時期のことです。それを最初に父親との関係を軸にして整理した、ということですね。ただ、そうすると抜けているものがあって、そういうものがだんだんと母親との関係として出てきたということです。それで、今のわれわれだと文化の差もあるでしょうし知識もあるから、最初からそういう視点があるけれども、最初は父親と母親といても、母親との結びつきも実際には見ていても、理論では現れる前の段階ですね。

ハンスに関して言うと、お母さんとの関わりは大きいけれども、フロイトにとって彼の母親は、一度治療の終わった患者ですから、お父さんは、その患者に見つけてあげた「だんなさん（夫）」というところがあって、どっちの肩を持っているのかわからないところがありますね。最終的には両方共と切れてしまいますが。だから治療者は、親にも関わり、子どもにも関わり、配偶者にも関わり、ということをしていると最後はとんでもないことになってしまう、という難しさでもあります。

二〇一三年九月二十九日　開講

（編者付記）本講義の後半は、福本修著『精神分析の現場へ――フロイト・クライン・ビオンにおける対象と自己の経験』（誠信書房、二〇一五）に収録されました。

第2講　アンナ・フロイト――その生涯と児童分析

中村　留貴子

はじめに

本日は「アンナ・フロイトと児童分析」というテーマです。アンナ・フロイトについてはすでに皆さまもよくご存じと思いますが、私の理解するアンナ・フロイトについて聞いていただければと思っています。

今年全体のテーマは「その生涯」ということも含まれていますが、アンナ・フロイトは八十七歳（一九八二年）でお亡くなりになられましたので、かなり長寿の人生を全うしたと言えます。私が生まれた年を考えますと、四十年くらいはアンナと同じ時代を生きていたことになります。ついこの前までご存命でした。小比木先生は晩年のアンナにロンドンでお会いになったのですが、当時彼女は八十歳過ぎぐらいだったと思います。ロンドンのお宅をお訪ねして、彼女と人生をともにした家族同然の女性と三人で談笑してきたということで、小此木先生は日本に帰ってからもしばらくは興奮冷めやらずで、会うと彼女の話ばっかりしていたということがありました。たしかにアンナは存在していたという実感、臨場感があったのだと思います。小此木先生の反応にも表れているように、精神分析の歴史の中でアンナ・フロイトはやはりとても重要な存在と言えます。藤山先生がどこかで「フロイト以後の精神分析を牽引する二人、偉大な二人のメラニー・クラインとアンナ・フロイトが、共に素人の学位のない女性であった、ということはとても意味深い」と指摘しておられましたが、精神分析の一つの象徴として存在しているように思います。

I アンナ・フロイト（Anna Freud, 1895–1982）

一八九五年十二月三日生まれ　ウィーンにて、マルタとフロイトの六番目の子どもとして出生
一九二三年　児童の精神分析的試みの開始、フロイトの癌
一九二七年　『児童分析入門』
一九三六年　『自我と防衛機制』（父への誕生日プレゼントとして）
一九三八年　ロンドンへ
一九三九年　第二次大戦　フロイト死去
一九八二年十月九日（八十七歳）没

アンナ・フロイトは、一八九五年に六人兄弟の六番目として生まれました。ハイスクールを卒業後、英国で教師の見習生を始めました。最初は学校の先生を目指して勉強を始めますが、その頃に、ちょうどフロイトがハンスの分析をしていて、フロイトにおけるハンスの経験が後の彼女の理論にかなり影響した可能性が考えられます。アンナが生まれた年、フロイトは「ヒステリー研究」を出版しますが、これも象徴的と言うか、彼女も広い意味ではヒステリー性格の傾向を持っていたでしょうし、陽性の意味でエディプス的固着も強く、しかも能力がありましたの

で、そうした背景の中で後の偉大な貢献がもたらされたのではないでしょうか。ものを書くということは、ある程度は自己愛的に、自分の中から生みだされる何かを、苦痛を伴うこともありますが、最終的には喜びや達成感を持って受け止められるようでないとうまくいかないということがあり、ものを書かない（書けない）自分自身を振り返ると、書く能力と健康な自己愛が足りないからだとしばしば思うわけです。ちょっと話が逸れました（笑）。

アンナは二十二歳の時にたしか結核に罹患しますが、教師になることを諦めきれずにおりました。その頃にはすでに分析グループに参加していて、そこではけっこう皆にかわいがられ、水曜会にも出席するようになり、やがて教職の道を中断して、児童ホームのボランティアに参加するようになります。二十三歳の時にＩＰＡ（International Psychoanalytic Association：国際精神分析学会）ブダペスト大会に初めて参加をしています。そして、この頃、彼女はフロイトによる分析を受けることになります。パイオニアの時代ですから、フロイトの側に立って想像してみますと、可愛い娘に教育分析を受けさせたいと思った時、「他の人には頼めない、やっぱり自分がやるしかないだろう」という発想だったのではないかと思いますが、そこにはいろいろな困難や葛藤が生じたことと推測します。当時は今とは時代が違いますし、悩ましいところですけれど、いずれにしてもアンナは精神分析に傾倒していきます。また、彼女は母親との関係があまり良くなかったらしく、小さい時からとてもお父さん子だったみたいですね。そして、父親に同一化し、精神分析の道に入ることになり、三十二歳の時に『児童分析入門』を書きます。すごく若いですよね。三十歳頃に児童分析の基本に関する研究と教育を開始し、四十一歳の時に『自我と防衛機制』を出版します。この『自我と防衛機制』は、父親であるフロイトへの誕生日プレゼントとして出版したと言われています。父親への同一化が強かったであろうことや、いろいろな経緯からだろうと推測しますが、生涯結婚することはありませんでした。しかし、ずっとともに人生を過ごした家族同然の女友達がいました。なので、一説には同性愛が疑われたりすることもありますが、そこは定かではありません。

そして、四十三歳の時、一家でロンドンに移住し、その翌年にフロイトが亡くなります。この頃からアメリカ精神医学会がアンナとハルトマンの自我心理学に興味を持ち、熱心に招聘するようになりました。ニューヨーク精神分析研究所にハルトマンが所属し、精神分析的自我心理学の実践と研究、普及に心血を注ぐわけですが、アンナも五十五歳の時に初めて米国を訪問し、講義をしています。それから何回か米国に行き、IPAはもちろんのこと学生たちに向けて、自我心理学について講義をする活動が続きます。やがて、五十七歳の時、アンナはハムステッド児童治療コースというクリニックを開始します。このハムステッドにおける彼女の研究活動が非常に重要だったと思うのですが、アンナはクラインのように臨床例を特にまとまった形では発表していません。日本でも「アンナ・フロイト著作集」が一九八二年に出版されていますが（岩崎学術出版社）、クリニックにおける本当に緻密な観察記録と、それに対する自我心理学的な考察が中心になっています。

一九四五年、ちょうど五十歳頃から有名なクラインとの論争が始まりますが、六十四歳の時にクラインが亡くなり、その直前に最終的には二人は和解します。アンナはハムステッドでの児童の観察と研究に生涯を捧げ、その間アメリカに行ったり、IPAにおける教育やPsychoanalytic study of the child誌の編集に長年携わるなどの指導者的地位を保ち続ける生涯でした。ですので、その生涯は、言わば精神分析と結婚したというような感じですね。ハイスクールまで優等生で、二十代の頃にはプロポーズされたことも何回かあったようですが、結婚には気持ちが向かず、精神分析と共に生きたのだなと改めて思います。

Ⅱ　歴史的位置づけ（アンナ・フロイトの功績）

アンナ・フロイトの功績は、フロイトからフロイト以後への精神分析学の発展に中心的に貢献したこと、国際精神分析学会（ＩＰＡ）の研修に携わったこと、長年ＩＰＡ副会長を務め、指導者的役割を果たしたことに加えて、児童分析を開拓したこと、精神分析的自我心理学の道を拓いたこと、とたくさんありますが、今日は児童分析ということがもう一つのテーマですので、彼女が児童をどのように理解していたのかという点に触れたいと思いますので、「自我と防衛機制」に表されている発達的研究について最初に振り返ってみたいと思います。自我心理学とは、すべての心的な現象や機能の中心に自我の働きを置いて考えることだと思います。フロイトによる防衛理論を精神発達という軸に照らし合わせて体系化したことの功績が指摘されています。

Ⅲ　自我と防衛機制の発達論的研究（精神分析的自我心理学）

１　『ハムステッドにおける研究』（一九六九）

アンナ・フロイトの発達論には重要な部分がいくつかありますが、膨大な児童の観察を通して、正常な児童の発達という視点を体系化したことが非常に大きい意義を持つと思います。思春期の心理療法などの場合でもよく思うことですが、普通の思春期の精神発達を知らないと、精神病理をとらえることが難しいことがあります。普通の人はどういうふうに精神発達を遂げていくのかについてつぶさに述べたところが一番重要ではないかと思っています。

(i) 退行と進展の波の繰り返し

正常な児童の発達というのは、退行と進展の波の繰り返しであるとアンナは言います。いつも行きつ戻りつを繰り返しながら、緩やかに精神発達が進んでいくという視点です。その意味では、大枠としてフロイトの精神発達論を踏襲していますが、段階説的な発達論とも少し異なる部分があるのかもしれません。進展した部分と退行した部分が混在しているという状態もあるでしょうし、この観点は臨床的には大切と思います。

(ii) 自我機能と欲動の成熟が相関的に進む

加えて、アンナは、自我機能と欲動の成熟とが相関的に進むという視点を取り入れました。たとえば、口唇期段階では投影（苦痛を与えるものを吐き出す）と取り入れ（良いものを自分の中に取り入れる）という基本的な防衛機制が最初に獲得されることで、それによって自己保存に必要なメカニズムが形成されると考えられています。肛門期段階になると、肛門期的な放散するか貯め込むかという欲望に対応して、分離または隔離（isolation）や反動形成、打ち消しなどによる欲動との距離の確保が必要になります。さらにエディプス段階になると、分離不安やエディプス的不安を刺激されることに対応して、抑圧、否認、美化などが必要になってきます。そんなふうにして、欲動の発達と自我の防衛機制、自我機能の発達が相互に絡み合いながら一つずつ身に付いていくという考え方で、精神発達と自我の発達を体系的に整理しました。このような観点は、その後のE・H・エリクソンによるライフサイクル論などにもつながっていくことになります。

(iii) 環境および対象関係への適応

環境や対象関係への適応、人格構造内の葛藤の統合、そして精神構造の組織化の過程がエディプス期を通過することによって進展すること、などについても整理しました。この環境や対象関係への適応という視点は、H・ハルトマンの考え方に繋がっていくところです。ハルトマンは、人間はもともと適応するための自我の能力を持ってこの世に生まれてくると捉えています。したがって、普通の「平均的に期待される環境」の中で育てば、適応するための能力は自然に育っていくという考え方です。環境が平均的でなければ、何らかの病理的な現象がもちろん生じるわけですけれども、環境とか対象関係に適応しようとする能力も、発達とともに変化していくという視点を取り入れたのがアンナ・フロイトと言えます。

(iv) 人格構造内の葛藤の統合と精神構造の組織化の過程

フロイトは、人格の中心的な基本型として自我というものを概念化し、超自我とエスと外的現実のそれぞれの要求に対して自我がどのように対応するのか、それと連動してどのような葛藤が生じ、自我がどのように調整し、精神内界の安定を保つのかといった、精神的な機能の主体として自我を想定した自我論を作り上げました。それをさらに明確にして、発達という視点を取り入れて自我の働きを体系化し、整合性を高めたことが、アンナ・フロイトの功績だと言われています。

2 『自我と防衛機制』(一九三七)

自我そのものが発達していくという観点を取り入れていますので、その自我の発達に伴って精神構造がどのように変化して行くかという視点で発達をとらえていることが前提です。防衛機制とか防衛活動のあり様が、いつも観察の中心的な視点になります。余談ですが、フロイトはアンナが『児童分析入門』を書いたことがよほど嬉しかったらしく、それについて語っているところがあります。「私は少なくとも、私の娘アンナ・フロイトが児童分析の研究を生涯の課題にしまして、私の怠慢を多様な仕方で補ってくれたことを大変うれしく思います。大人の神経症を治療していて、われわれがいつも決まって患者の幼児期、早期幼児期に含まれているような内容に大人の分析の中で連れ戻されて、そこで発見したいろいろな防衛機制というものを、実際の子どもの観察ということを通してこのように実証してくれたことは大変意義が大きい、歴史的な意義が大きい」と述べています。さらに、「いわば歴史的証拠から推論していたことを、生きた対象について確認しえたことに意味があります。成人のために仕上げられた治療の技法は、子どものためには大いに変更されなくてはなりません。子どもは心理学的には成人とは違った対象でありまして、まだ超自我を所有しておりませんし、自由連想法は広い範囲に及ばず、現実の両親がまだ存在していています関係上、感情転移はある別な役割を演じます。われわれが成人の場合に打ち勝とうとして闘っていたところの内的抵抗は、子どもの場合にはたいてい外的困難に置き換えられています。両親が抵抗の担い手になっているので、たびたび分析の目標、あるいは分析そのものが危機にさらされます。従って子どもの分析に、両親の分析的影響の一部分を結びつけることが必要となります」とスピーチしています。これは、アンナ・フロイトの功績を一言で説明してくれたようなお話なのですが、よほど嬉しかったのでしょう。

結局、防衛機制というのは、私たちが心の安定を図ること、あるいは外的現実や対象に適応するために用いる手段ということになるわけですが、それはどういうふうに分析過程の中に現れるのかという点についてもアンナは整理していますので、それを次に述べたいと思います。

(i) 分析過程における防衛活動の現れ――抵抗、感情に対する防衛、永続的現象、症状形成

防衛の働きというのはまず抵抗として現れます。自我は分析に対して積極的に抵抗します。エスに対する防衛のすべてが分析中は抵抗の形で現れます。抑圧を想定していただければ分かりやすいと思います。二番目には、感情に対する防衛、治療者に向けられる感情そのものを防衛する必要性から、いろいろな防衛手段が用いられます。三番目には、永続的に続く防衛現象というのがあり、たとえばW・ライヒが受身的女性的人格状態において描写した「性格の鎧」など、強固でちょっとやそっとのことではなかなか変わらない防衛活動です。防衛そのものが永続的に続くので、防衛はそのままパーソナリティの一部として組織化されており、したがって本人には違和感がなく、慣れ親しんだやり方になってしまっていますので、それを客観化したり放棄したりすることには大変な難しさを伴

うことになります。四番目は症状形成です。症状形成を本能衝動と超自我由来の抑圧との間の妥協形成の産物としてとらえる視点ですが、そのような場合も症状形成は防衛の産物でもあるわけです。一定の本能症状に対する一定の防衛手段の結果として症状が形成されるということです。このような分析過程で現れる防衛の活動についての観察がまず大前提にあり、そこに発達的な観察に基づく研究が加わり、代表的な十種類の防衛手段をアンナは整理しました。

(ii) 十種類の防衛手段――抑圧、退行、反動形成、投影、摂取（取り入れ）、分離（隔離）、打消し、衝動の自己自身への向け変え、衝動の逆転、昇華

防衛機制そのものについてはすでによくご存じだと思いますが、十種類の防衛について違う角度からの分類もアンナは試みています。つまり、最も早い時期、つまり自我と超自我が未分化の時期に現れる防衛と、自我とエスの分化が始まった時期に現れる防衛、自我と超自我が分化した時期に現れる防衛、という分類も一方で行っています。最も早い時期の自我と超自我が未分化な時期というのは、自己愛的な欲望が優勢で、防衛活動そのものもまだ不鮮明です。自己愛的世界に立てこもっている状態と思っていただいていいでしょう。自我とエスの分化が始まる時期の防衛には投影と取り入れが最初にあります。それから否認も少し入りますね。そして、自我とエスの分化の後半には抑圧機制が入ります。五歳前後の段階で最終的に確立するとされていますが、抑圧という機制はどの防衛機制にも部分的に関与している防衛機制ですが、五歳ぐらいのいわゆる三層構造と呼ばれる精神構造、超自我・自我・エスが一応分化した精神構造が確立した時に、抑圧が最終的な完成をみると考えられていています。エディプスを通過した段階で自我と超自我が分化した時期には、最終的に最も高次の防衛機制とされる昇華が獲得されるとしています。

①　多様な防衛機制を用いた事例

アンナは、防衛機制が発達と共に変化していくことを描写するために、ある大人の事例を挙げていますので、それを次に紹介したいと思います。防衛機制は五歳くらいまでの段階で概ね獲得され、最終的に昇華を獲得しますが、防衛機制はいつも一つだけで働いているということはなく、いろいろな防衛機制が相互に絡み合いながら、大人になればなるほど複雑化していくということを例証するための事例です。多様な防衛機制が絡みあいながら、しかし一定の脈絡をもって形成していく過程を描写しています。

事例は子ども施設で働いていた若い女性です。三人兄弟の真ん中の子どもだったそうで、幼児期には兄と弟に対する羨望に悩んだという記録があり、なおかつ、下に何人か兄弟がいたようで、母親が絶えず妊娠していたので、いつも嫉妬心をかきたてられていたという幼児期記憶を持っている女性です。羨望と嫉妬が重なり、母親に対してもいつも激しい敵意を向けていました。内的にも外的にも敵意に苦しんでいました。しかし一方では、そういう不信や敵意に劣らず、母親に対する愛情も強く、依存も強かったので、わんぱく時代（前思春期、児童期後半と思われる）の終わりには憎しみの衝動に対する防衛的葛藤が生じ、憎しみが生じると母親の愛情を失うことを恐れ、意識的には愛情を失う恐れが憎しみにとって代わり、憎しみが浮かぶと分離不安が起きる、というような葛藤的な状態になったということです。同時に、自分の憎しみに対して、母親が自分を罰するのではないかという恐れも湧いてきたが、それを自分の中に取り入れて自己批判を始めるようになったということです。思春期にありがちな自己批判のあり方ですね。そして、非常に自虐的に自分を批判するようになり、分離不安と、良心の結果生まれる自己批判との間で非常に葛藤的になったという女性です。

思春期になって彼女は、そのアンビバレンスを解決するために感情の一部を外に移し変える、置き換えるという試みを始めます。つまり母親に代わる第二の女性対象を見出し、その女性に憎しみ感情を向けるという対象選択をするようになり、それによって母親対象を確保すると同時に、愛情を失う不安にも耐えるという思春期を過ごします。やがて、そういう自分の憎しみを他者や自分に向けたりするだけでは物事を処理できなくなり、劣等感で自分を深く責めるようになります。大人になった彼女は、徹底して自分を不利な立場に置き、他人から要求されると自分の願望を諦めて尽くし、自分が損をする立場に立つ、つまりマゾヒスティックなパーソナリティが形成されたということです。非常に自虐的で、いつも自分を責めて相手に合わせるという、言わば陰性のパーソナリティが形成されてしまいました。

しかし、やがてこの方法も十分ではなくなり、抑うつ状態となってアンナ・フロイトの所に来たという経緯だったようです。アンナの所に来た時には、さらに第三の防衛機制として投影を頻繁に使うようになっていました。愛する女性対象に憎しみを感じるのは、自分が仲間たちから憎まれ、軽蔑され、迫害されているからだ、と確信するようになり、パラノイア的傾向に至ったということです。自分の中の憎しみ感情はそもそも向こうからやって来たもので、彼らや彼女たちが私を憎み迫害するから、私の中に憎しみ感情が現れるのだという解決の仕方にたどりつきます。自分が罪意識から救済されるために、自分が犠牲者になりかわるという防衛を使っていたということです。

この事例の記述には、私たちがアセスメント面接をする際に留意したい視点が含まれています。今現在の状態を把握するだけではなく、それがどういう経緯で、どんな変遷を経て、今この状態があるのか、もともとの願望、葛藤、不安、自我機能は何だったのか、という視点を持つことで、私たちはクライエントをより縦断的、立体的に理解することが可能になると思います。問題は必ずしも一つだけではなく、最初はどこからスタートし、それに対してどんな防衛や工夫を試み、失敗したり成功したりすることを通して何層にもわたる防衛の仕組みが出来上がり、そして現在があるという理解の仕方です。

十種類の防衛機制を一応挙げておきましたが、それは発達とともに一つずつ獲得されていくわけで、私たちの中にはこのすべての防衛機制が大なり小なり働いていると考えます。ただ、この中のどの防衛機制がより頻繁に使われているかによって精神発達における固着点が推定されるとともに、それによってパーソナリティ傾向や発達水準が理解しやすくなるととらえていただいたらいいのではないかと思います。

② 空想による現実否認を用いた事例

正常な発達についてつぶさに観察したことの成果ですが、アンナ・フロイトの防衛機制についての研究でもう一つ重要なのは、いわゆる「発達に伴う健康な防衛機制」という観点を取り入れたことでしょう。一九八〇年代半ばくらいまでは自我心理学がアメリカを介して日本に輸入されて、私の若い頃は自我心理学が中心でした。その頃、この発達に伴う健康な防衛という表現がよく使われていました。発達の進展は対象喪失とその克服、そして新たな機能の獲得の繰り返しでもあるわけで、その都度心的な危機状況があります。こころのバランスを崩しやすい発達の時期というのがあり、その危機的な状況を通過するために必要な防衛機制というのがあって、それはいわゆる病理的な防衛活動とは区別した方が良いという考えです。後の児童分析におけるアンナ・フロイトの基本的な考え方にも関係しますので、後でまた触れるかもしれませんが、彼女が発達を保証するために必要な防衛機制として挙げた代表的なものが、「幼児期における身振り、言語、空想による現実否認」というものです。この例としてアンナが挙げているのは七歳の男の子の例です。彼の空想は「皆を怯えさせている一匹のライオンを自分が手なずけていく」というものです。空想の中で彼は、誰もが怖がって近づこうともしないライオンが彼にだけはなついて、彼の言うことは何でも聞くという万能感に浸っています。この男の子の分析の結果、ライオンは父親の置き換えであること、恐ろしい父親に対する恐怖心を空想の中では手なずけているという役割関係にすることによって、父親に対する恐怖心を否認し、防衛しているのであろう、という理解が導き出されます。父親よりも自分は無力で幼いし、勝ち目はないという現実を否認しないことには、この父親に対する恐怖心を乗り越えることができない、つまり怖がってばかりでは発達できない、だからどこかで恐怖心を否認して、自分は全然父親なんて怖くないし、僕だって能力があるのだ、という非現実的で空想的な否認に浸ることによって、現実生活に横たわる不安を彼らは辛うじて通過することができるのだ、という理解です。

しかし、こういう健康な防衛としての現実否認を病的な防衛と識別することは難しい場合もあります。その識別は、一方では現実を認識し、現実検討を維持する能力も示すことができるかどうかにあります。つまり、知的には空想と現実の識別が可能で、でも空想に浸っていてもいいということになれば、非現実的な空想に浸ることができます。この視点は、神経症的な水準と境界例や精神病の病態水準の識別にも有用です。神経症的な人でも転移神経症が頂点に達した時には、一時的に空想的妄想的な認知に陥ることはあります。転移空想というのはだいたいにおいて主観に彩られていますが、「～のような気がするとか」、「～と思ってしまう」などの感覚で生じていることもあれば、「先生はお母さんだったんですか？」などのような誤認として体験されることもあるでしょう。一方では現実の母親ではないことを認識しながらも、母親のように感じてしまうという表現なのかどうか、そのちょっとした言い回しとか語尾に空想や否認の水準が秘められていることが多いと思います。

大切なのは空想と現実の間を行きつ戻りつできるということです。それが健康な防衛機制としての否認には必要になります。たとえば、児童の臨床でプレイルームに導入してもほとんど遊べない子どもがいますよね。「自由に遊んでいいのよ」と言っても、見渡すだけでちっともおもちゃに手を出そうともしない。そんな場合は、自分の中の恐怖心、不安、葛藤に圧倒されて遊ぶことができない、おもちゃに空想を託すことができない、ということが起きていると考えるのだろうと思います。

③ 思春期に特有の防衛機制（禁欲、知性化、愛他主義）

さらにアンナ・フロイトは思春期にも健康な発達を促進するための防衛機制があるとしています。その代表は知性化と禁欲主義、愛他主義でした。しかし、時代背景と言いますか、現代の思春期を見ていると禁欲主義という言葉はあまりピンとこない感じもしますが、私自身が思春期の頃は、禁欲主義というのがぴったり来ていたと思います。精神分析の勉強を始めて禁欲主義について学んだ時、自分の息苦しかった頃を思い出し、ああそうだったのかと腑に落ちるものがありました。今の子どもたちを見ていると、私の見方が一面的になっている可能性はあるのですが、禁欲的に戦っているという印象があまりないように感じることがあります。しかしそれでも、やはり思春期的な心身の戦いはあるのだろうと、臨床に携わっていると感じます。

一方、知性化は欲動の興奮と関係していて、思春期が恐れているのは「欲動の内容ではなくその強さの程度である」と説明しています。欲動が強ければ強いほど、それに匹敵する強烈な知性化が必要になります。知性化にはアイソレーションも含まれるでしょう。つまり自分では扱いかねるような強烈な情動からできるだけ距離を置いて、知性化や観念で物事を処理しようとする傾向が一時的に強くなりますが、それは思春期を乗り切るために必要な防衛機制ととらえるわけです。このような一時的な経験はたくさんの人が共有できるのではないかと思います。たとえば文学にのめり込む、議論好き、頭でっかち、俗的なものへの嫌悪など、この時期特有の一時的な現象がありますが、大なり小なり誰もが身に覚えのある経験ではないでしょうか。昔の私の事例ですが、十三日の金曜日がくると異常に興奮して、「先生今日何か起こりますよね。くると思うでしょう?」みたいなことを盛んに聞いてくる中学生女子のクライエントがいました。そして、ホラー映画に関する蘊蓄を長々と語るのでした。それは、自分の中に起きている強烈な分離不安、将来を考えた時の不安や希望のなさ、出口の見つからないもどかしさ、などの恐怖心をかき消そうとして、それよりもさらに怖い観念や空想、知識を用いて制圧を試みるものでした。

もう一つの思春期における重要な防衛機制としてアズイフ（as if）性にもアンナは触れています。アズイフ性が、特にアイデンティティを形成していく過程で一過性に特徴的に高まることがあります。自身のアイデンティティを模索しつつ、しかし定かなものは得られないでいる段階で、彼らはあらゆるアイデンティティに一時的に同一化し、あたかもそれが本当の自分のアイデンティティであるかのように錯覚し、振舞うことがあり、このようなアズイフ性もまたアイデンティティ形成の過程では必要とされるだろうと述べています。

もう一つ、アンナが挙げている興味深い事例をご紹介します。防衛組織の複雑さについても同時に説明している事例です。中学生くらいの女の子が、クラスの中に同姓の少年がいて、姓が同じだということで彼に親近感を持ちます。その少年は比較的人気者でかっこよかったので、空想の中で特別な結びつきがあるという錯覚に陥ります。しかし、初めてダンスパーティでその少年と踊った時に、「不器用なんだね、ダンスが下手なんだね」と言われてしまい、彼女の女性性がすごく傷ついてショックを受けます。その結果、彼女は二度とダンスパーティには行くまいと決め、その少年から関心を撤去してしまいます。でも、興奮した欲動はなんとか処理しなければならないので、彼女は勉強に没頭する道を選びます。そして、あまりにも没頭した結果、非常に優れた成績をとるようになります。学校一の成績を取るぐらいになりますが、そうなった段階で、かつて自分が傷つけられたと思っていたその少年が自分に尊敬の念を持っているということを知ります。結局、彼女はすごく求めていたものを回り道して獲得したことになったわけです。この場合、彼女が避けたのは不安とか罪悪感ではなくて、他の少女たちとの競争に負けたために生じた深刻な不快感を何とかして防衛する必要があったことと、有り余るエネルギーをどこかに使わないとバランスが保てないということとが重なっていたことになります。それが逆説的に皆の称賛を浴びることにつながりました。こんなふうにして、知性化は思春期の発達を支えると説明しています。

3　発達ライン

アンナ・フロイトの精神発達論について、もう一つ触れておかなければならないのは、いわゆる「発達ライン」というとらえ方です。これもすでによくご存じだとは思うのですが、発達ラインには四つのラインがあり、幼児的な依存から成熟した愛情関係へと進んでいくライン、身体的な自立へと向かい、二次的自律性を獲得するライン、対象世界における自己中心性からの脱却というライン（自己愛から対象愛へ）、自己愛的満足から遊び、遊びから仕事へというラインです。

正常な子どもでも、あるラインのここは年齢よりもむしろ発達しているが、この側面はちょっと年齢に達していないというように、四つのラインは決して並行して進むわけではなく、全体的な整合性や調和が保たれていないこともよくあるのですが、それぞれのラインが相互に絡み合いながら発達していくというとらえ方をします。正常な場合はもちろん、アンバランスをかかえながらも漸次発達していきます。このようなラインで考えることによって、正常な発達と異常な発達の識別がより可能になり、治療方針も立てやすくなるとも述べています。

以上で、アンナ・フロイトが児童の発達というものをどういうふうにとらえていたかについてお話をさせていただきました。後半では児童分析について振り返ってみたいと思いますので、ここまでで何かご質問とか、ご感想でもありましたら……。

質問者　先生のお話を聞いて、まだまとまってないのですが、防衛機制ですね、私は子どものセラピーをしていますので、お話しされた健康な防衛機制を使った、ちょっとした言い回しとか語尾の中に使われるようなことを本当によく経験するのです。私もしょっちゅうお母さんと呼ばれたり、おばあちゃんと呼ばれることもあるんですけれどね。確かにこれはいい傾向で、そこでの彼らの防衛が緩んで、妄想的な非現実的な空想が起きてきたということで、そこで「お母さんかな、お母さんじゃないかな」とかそういうふうなやり取りで、自分はセラピストでお母さんでないということを相手に分かるように言ってるんですね。ままごとの中でもそうです。自分の中の恐怖とおもちゃが、または自分の中の恐怖とセラピストが一緒のもので、とても怖いものだということ、そんな解釈をしながら「とても怖く思っているんだね」と言いながらやっていく。これは、彼、彼女たちの健康な防衛機制を使っているということですよね。病的な防衛機制ではないですよね。

中村　防衛機制というのはすべからく適応のために用いている側面と、しかし何かに蓋をしたり置き換える側面と、両面性を持っています。つまり、防衛が働いているので、真実に直面したり気づくことができないという側面と、しかしその防衛を用いることによって、辛うじて他者と関わり、現実に適応したりしている側面があって、そのバランスだと思うのです。基本的には、たとえば空想による否認が大人になっても続いているとすれば、それは健康な防衛とは言いにくいかもしれませんね。要するに、空想と現実世界の両方を生きて楽しむことのできる柔軟性、境界識別の能力が大切なのですね。なので、思春期に特有の防衛機制、エディプス期の子どもたちに必要な防衛機制、いずれもその発達段階では自分で扱いかねるような何かに対して必要とされる防衛機制という意味で理解していただければと思いますが……。

質問者　そこの見極めをセラピストがしていくことが重要なことになるわけですね。

中村　そうですね。アセスメントではその見立ても行っているところがありますよね。また、防衛機制については程度問題ということもあって、あまりにも一つの防衛だけが際立っているような時にはバランスがどうしてもとりにくくなりますよね。いろいろな防衛機制がシステマティックに用いられているというのが成熟した心的活動だと思うのです。

質問者　じゃあ、最終的にはその蓋をしている部分もやはり出していくということが……。

中村　そうですね、それがなんらかの損失や不利益につながっているとか、症状化につながっているのであれば、やはり防衛されているものへのアプローチ、理解、取り扱いは避けられないのではないでしょうか。

質問者　ありがとうございました。

Ⅳ　児童分析

1　『児童分析入門』(一九二六)

後半に入りたいと思います。アンナ・フロイトの児童分析に対する考え方について触れていきたいと思います。児童分析についてはたくさんの文献があるのですが、代表的な一九二六年刊行の『児童分析入門』を中心に、そこで彼女が強調していることをいくつか挙げてみたいと思います。

(i) 成人の自由連想に代わるものとしての自由遊び

第一に、大人の自由連想に代わるものとしての自由遊びを選択したことが、大人の神経症にフロイトの精神分析が限定されていた段階から、画期的に精神分析の対象を広げ、窓口を開いたと言えます。クラインも同様の立場です。プレイルームに入っても遊ぶことなく動けなくなってしまう子どもなどは、大人の面接でいえば、自由に話ができない、質問されないと話せない、といった面接の難しさ、コミュニケーションの難しさを抱えているクライエントさんたちと同じだということですね。自由に遊ぶことのできる子どもたちをよく観察してみると、先ほどお話ししたような空想世界を持ち、漂い、楽しんでいることが見てとれますよね。あまりいい例えではありませんが、街中とかで四、五歳の子どもたちが他のことで忙しくしているお母さんの回りでウロウロしている光景に遭遇することがあります。手持無沙汰そうなんだけれども、なんだか意味不明な動き(手足を振ってみたり体を動かしたり)をしたり、ぶつぶつと何かを言っていたり、その辺を歩いてみたりとかしています。しかもけっこう楽しそうな風情です。そういう時の子どもって半分はなんらかの空想世界、その子の世界に漂っているようで、その具体的な内容は分からないとしても、その子の心情が伝わってくるように感じて、思わずしばらく見とれてしまうことがあります。言語で内面を語ることができないので、行動とか遊びでそれを表現する。それを自由に展開してもらう設定の中で、子どもの精神内界を理解していくという手法を取ったことが、児童分析発展の前提にあります。

子どものアセスメントでは、とりあえず自由に遊んでもらうというのが私たちのやり方として一般的になっていると思います。最初に「今日はどうして来たの」とか「ここはどんな所だと思った」とかは一応契約のために聞きますが、自由に遊ぶことを保証された空間で、まずはどのように遊ぶことができるのか、その遊びになんらかの意味やストーリーがあるのかについて観察し、理解しようとするのではないでしょうか。

アンナ・フロイトは読めば読むほど緻密だなと思います。『児童分析入門』の中で結構なページを割いて繰り返し強調しているのは、これが正常な発達の範囲のものなのか、それ以外に何か、病的な何かを想定したほうが良いのか、という鑑別が非常に難しいということです。一節を挙げてみます。「治療を引き受けるかどうかにあたって、児童分析者はだいたい二つの考えの間で迷う。一方では、この問題は避けがたいもので、実際人生の一部分とさえいえるもので、発達段階に付きもののもので、一過性で、次の成熟段階に進むことによって脱却できるものなのだろうか、とまず考える。もう一つは、しかしそうではなくて、非常に自我が不適当な解決策を選んでいて、これをこのままにしておくことは、この子の人生が全体的に歪められるとか、後々に悪い影響が残っていくような危機的な状況にいるのではないか、と思って、この二つの考え方の間で悩みまくる。」と述べています。この点が、児童においてもアセスメントでは非常に重要だということです。面白いことにアセスメントにはロールシャッハ・テストが有効だとも書いてあります。分析者だけでは捉えきれないものにロールシャッハが有効だということに触れていて面白いです。そして、全体的に発達を妨げる環境的な因子については、「危機的なものを想定した方が良い場合があり、それにも二通りのケースがあって、一つはその子の内的葛藤があまりにも激しくて、それはたいてい環境に起因するものなのですが、それがあまりにも葛藤水準が激しすぎるのでうまく対処ができない場合と、もう一つは圧倒的な力で環境から圧迫を受けていて、正常な発達の方からずれるように、環境から力ずくで押し込められている場合がある。この二つの場合は健康な発達の範囲ではなく、インテンシブな（強力な、厳密な、集中的な）分析が必要な場合になるわけですが、しかしこれは簡単に見定めることは難しい。」と繰り返しています。この考え方は、現代の私たちが思春期の心理療法あるいはアセスメントにおいて、今でも気をつけていることの一つです。それが通常の発達の範囲の中で生じている一過性のものなのか、それとも大人になってもずっと持続するであろう病理性を孕むものなのかという判断が、実は思春期においては非常に重要で、前者の場合にはある程度の分析的かかわりを提供することで、まもなく自分の力でそこから抜け出していくことが少なくありませんが、後者の場合には長期的な見通しで治療を設定し、アプローチすることが求められます。

これらは、先ほどの健康な防衛という概念にも繋がるところですが、発達を進展させるために必要とされる防衛活動を想定していますので、普通の正常な発達というものに精通している必要があることに繋がってきます。たとえば、私が経験した例ですが、「死にたい」と言っている十八歳の女子高校生が来所しまして、自殺念慮があるので面接の担当者は少し怖くなり、「すぐに他機関に紹介した方が……」と同僚の私に相談してきましたので、「もうちょっと話を聞いてみないと分からないのでは……」とアセスメント面接を勧めました。その結果、彼女はものすごく頭の良い優等生で、優秀な成績を納めていて、適応も悪くはない様子でしたが、将来なりたいものがなかなか決められないことに悩んでいて、なおかつ母親との関係も良くないらしく、加えて失恋もあったらしく、それやこれやが重なって、一気に将来に対する希望が無くなってしまったということが分かりました。この例で考えてみると、もう一つの判断基準は今まではどうだったのかということですね。過去にはどのように機能していたのかいなかったのか、あるいは、これまでの人生でその人が最も機能していた状態はいつ頃でどのようであったのか、それはいつどのようにして破綻したのか、などを理解することで、現在の状態が一過性のものなのかどうか判断できることが少なくありません。その女子高校生の失恋について確認したところ、かなり情緒的に関わっていた真面目な恋愛であったことが分かりました。それならば、「一時的なアイデンティティ危機の可能性もあるのでは……」ということになり、継続的な心理療法に入り、ほどなくしてなかなか良い展開を見せ、自殺念慮もなくなったようでした。危機的な状況が表面には見えているとしても、かつてはどうだったかということ、この危機的状況はその年代で陥りやすい心的葛藤状態としてとらえることのできる範囲のものなのかどうかということ、を検討してみることが必要になると思います。

一方、ご存じのように、アンナはクラインと長年にわたる論争を続けました。パイオニアの時代の人々の情熱とエネルギー、真剣な戦いに畏敬の念を抱きますし、論争の内容にも興味がありますが、このセミナーではクラインのお話もあるようですので、今日はクラインについては詳細には触れず、アンナ・フロイトを中心に、彼女が考えていた児童分析についてお話をしたいと思います。

(ii) 治療効果を持続させるためには、父母の協力と指導が必要

彼女は、治療の効果を持続させるためには父母の協力と、そのための指導が必要であるとしました。もともと教育者を志していたことも関係するのかもしれません。教育的配慮をすごく考えたようです。たとえば、毎日分析をやったとしても、一日五十分間会うセラピストと、二十四時間物理的に時間を共有している親とではその影響力が全然違うので、たとえば分析でなんらかの刺激を受けたり、多少の気づきや変化が生じたとしても、家庭に戻れば元に戻ってしまうのではないかという考えからの提案です。今日の児童思春期臨床で一般的に行われている並行親面接などは、おそらくこのようなアンナの発想から始まっているのではないでしょうか。「平均的に期待される環境」という概念がありましたが、そういう環境をなるべくクライエントに提供するために、そして子どもの面接の継続維持のためにも、親にも協力してもらうことは必要で、さらに親に対する治療的教育も必要であるという考え

方です。臨床場面では、子どもの病理よりも親のそれの方がより深刻なのではないかと思ってしまうことが時々あります。クライエントが圧倒的に時間を共用している現実の親、つまり環境ですね、そこでもなんらかの変化が起きないかぎり、分析的な変化や効果は持続しないのではないかと考えていました。環境が養育的に変化することによって、子どもの側にも良い変化が起きることはよく経験することです。そのような臨床的経験と教育者的アイデンティティが強かったこととが重なって、彼女はこの点を強調したのだろうと思います。

(iii) 子どもへの教育的配慮

またアンナは、子どもに対する教育的配慮の必要性も強調しました。発達途上にある児童は大人に同一化し、援助を求めているという理解から、セラピストたるもの、子どもの興味に積極的に順応し、信頼を得て、児童が自分もこういう大人になりたいと思うことができるような魅力的な地位を占めるべきであるとしました。児童はまだ自発的な治療動機を持たないし、セラピストが実際に役に立つ存在であることに気づくことができないので、「私は役に立つ」ということを子どもに対していかに示すことができるのかが重要だと言います。かなりのアクティブ・テクニックというか教育的なアプローチですね。「魅力的な地位」と言われてしまうと、そんなふうに自分がいられる自信はないなと思ってしまいます。そしてこの点が、クラインから徹底的に批判されたところだったと思います。親の積極的な治療への参加が必要だということ、治療者はモデルにならなければいけないという二点が、クラインとまったく意見の異なるところでした。

アンナがそのように強調する背景には、超自我にまつわるとらえ方の違いもあったのではないかと思います。基本的に、アンナはフロイトのモデルに従って理論構成をしていますので、超自我はエディプス期を通過することで初めて完成する、それまでの超自我はまだ外在化されている親が引き受けているものであるとしました。肛門期段階やエディプス期の初期には特にそうですが、超自我というのはあたかも自分の外側にある、外からなんらかの規制を受けているという体験であるのに対して、それが内在化された超自我になるのはエディプス期を通過し、抑圧の構造が完成してからのことであるとしました。それに対して、クラインは早期エディプス・モデルという概念に代表されるように、フロイト的な意味合いでの超自我ではないけれども、超自我の前駆体が最早期から存在しているとします。そういう考え方の違いもあって、児童分析に対する立場の違いが生み出されていったと考えられています。

アンナ・フロイト的に考えると、超自我が形成されないと転移神経症が生じにくいと言えます。転移神経症は自分の中にある無意識的なイメージや表象、感情、欲動、不安が治療者に投影されて、あたかも自分の心の中の表象が治療者そのものであるかのように錯覚してしまうということです。そのような投影というメカニズムは、心の中に抑圧という構造があって、無意識的あるいは前意識的な、意識外に封じ込められている何かが相手に映し出されることによって生じると考えます。転移神経症という場合の投影は抑圧の構造が存在することによって初めて可能であると考えるかどうか、ここは人によって考え方が違うのですが、アンナは少なくともそう捉えていたわけです。したがって、超自我が形成されるまでの子どもの場合には、転移神経症は起きにくく、分析的な作業は困難になると考えます。彼女は、だからこそ魅力的なモデルの提供が必要であり、転移神経症を起こす能力が低いので、その感情転移を引き起こすような積極的な働きかけの必要性を考えました。大人の面接であれば、そう書いているのですが、治療者は空白のスクリーンでいなければならないと言い、そこにクライエントが自由にいろいろな絵を描いていくかのような関係性を考えているわけです。でも、子どもの場合はそれが難しいので、こちらからある程度色を提示してあげなければいけないわけで、子どもが興味を持ち、魅力的だと感じ、憧れるようなものを提示することが必要だと強調しました。そして、そのような方法で陽性転移を維持することが必要不可欠だと言います。そういう陽性転移を維持し続ける中で分析を行なっていくというのがアンナ・フロイト的児童分析と言えます。

なお、日本におけるプレイセラピーがいつどのように導入されたのかについては、私も正確には分かりませんが、一般的に行われているわが国のプレイセラピーは、少なくとも最近までは、大体においてこのようなアンナ・フロイト的な考え方に基づいて実践されてきたのではないかと思います。とりあえず楽しく遊ぶとか、場合によっては、暴力的な男の子に対しては身体を目一杯使った遊びに付き合い、エネルギーを発散してもらうというようなプレイセラピーも時々見聞きします。それがプレイセラピーと言えるのかどうかという考えもありますが、要するに子どもがプレイルームを楽しい場と感じて、セラピストと一緒に遊ぶことに興味を持てる設定で進めていこうとします。ラポールを築くとか、関係を築く上ではある程度は必要なことなんですが、分析的なプレイセラピーにおいては、自分の感情や空想、それにつながる不安や葛藤、あるいは問題の本質はどこにあるのかを知ること、などを考えていくことが大切と思います。分析的には、何が起きているのか、なぜ起きているのかということについて考え、理解していくことに重点が置かれます。ただ、アンナによる児童分析の考え方は、現在のわれわれの臨床に大きな影響を与えていると言うことはできると思います。並行家族面接を初期に積極的に実践したのはいわゆる慶応グループでした。並行家族面接は、乳幼児期のケースではもちろん、思春期青年期の前半期まで必要な場合が多く、青年期になれば、大人と同じような一対一の関係だけで進めていくことが可能になると思います。いろいろな学派や考えを安易に融合させることは避けなければいけないと思いますが、並行家族面接の機能に関して最近思うことは、ウィニコットのいう環境の取り扱いと立て直し、保障というような意味合いもそこには大きく含まれているということです。より治療的な、そして養育的な環境、発達促進的な的な環境の提供こそ、並行家族面接者たちが日々苦心して取り組んでいる課題と思います。

V　アンナ・フロイトとクライン

アンナ・フロイトは常にクライエントである児童の置かれている現実的な環境、情況を見据えながら、面接技法上の工夫や修正をしていく必要を主張しました。並行家族面接にしても、陽性転移を積極的に築くことにしても、大人の分析とは違った面接技法の修正が必要であるというのが彼女の基本的立場です。それに対してクラインは、簡単に言ってしまえば、一切の修正は必要なく、現に転移神経症も起きるという立場で、そういう二人の論争があまりにも長く続くので、最後にはウィニコットが仲介者となり、お互いの領域には侵略しないという淑女協定が結ばれて論争が終わったという歴史があったようですね。

ただ、この二人の論争は、そこから生み出されたものが少なからずあったのではないかと思います。お互いにそれぞれの技法の修正や適用がさらに進み、新しい境地や見解が開拓されていったというようなことが起き、それぞれの理論が洗練されていったことと思います。

クライン派のことはクライン派の先生にお任せすることにして、今アンナ・フロイトの、この極めて教育的配慮に満ちた技法の修正について考えると、思春期の心理療法や精神病的水準のパーソナリティ構造の人たちと接する時、アンナ的発想を部分的に私たちは現在も行っていると思います。もちろん学派によっても異なる部分はあるでしょうが、彼らが安定して面接に通って来るためにはどういう設定が必要か、それに応じて家族にも対応するべきか会わない方がいいのかなど、セラピーを取り巻く治療的環境を私たちはいろいろとマネージメントし、工夫しながら、治療関係の維持と安定を目指しています。

さらに、アンナ・フロイトはこういう考え方をするので、児童分析に当たっては準備期が必要だと最初主張していたようです。分析を始めるための準備期というのが児童には必要だと考えていて、その理由としては、まず児童には病気に対する洞察がない、治療を受けようとする自発的な決心もない、治療への意思が欠如している、ということがありますので、すぐに分析的な設定には入れにくいと考えたようです。児童を治療的な設定に導入するために、児童の気分に順応し、彼と同じように感じ、分析者が児童にとって関心のある思い出になること、分析者が児童とって役に立つ存在であることを証明すること、分析者の能力を吟味させて、ここには利益があるということを悟らせること、そういう準備期間が必要だと述べています。こういう準備期間をすることで初めて児童分析の設定が可能になると言いましたが、これもクラインからは否定されました。長年の論争の結果、アンナも譲歩し、児童によってはこの準備期間が必要でないこともあると、最終的には修正していくことになります。つまるところ、普通の発達の範囲内で考えられる病理と、もっと深刻な病態との違いということになるのでしょう。後者の場合は、準備期間が必要、前者の場合はすぐに分析的な作業に入っていくことが可能ということになるのでしょうか。なお、アンナによる児童分析の考え方は、施設に収容された子どもたちの発達的な観察が大前提ですので、それと類似の設定で、分析も行われていたのではないかと推測します。

VI　おわりに

1　自我心理学的な心理療法に対する批判

アンナ・フロイトの貢献に始まる自我心理学的な理解と心理療法に対しては、現代では批判されることが多いわけですが、最後に批判についても目を向けておきたいと思います。批判の主な理由は、抵抗とか防衛解釈に偏りすぎる、防衛機制だけを集中的に見ているので、関係性を見ていない、ということです。個人の中の日常における自我の働き、防衛の働きというところばかりに関心が集中し、クライエントとセラピストの交流、関係性というものが見過ごされやすいのではないか、という批判です。あまりにも自我心理学的に物事を語っていくと、どうしても機械的になり過ぎるのではないか、何でも自我の機能で説明してしまうということによって果たして何が生み出されるのだろうかという疑念もあります。

それらについて考えてみますと、たしかに私が自分の精神分析的経験を論文にしたりする時には、そういう書き方になっていたことが多いなあとふり返ることができます。自分が主として依って立つ学派の書き方になりやすいということもありますが、それでは自我心理学時代の人たちに生きた交流は本当になかったのかというとそうでもないだろうと思います。人によっても違うでしょうが、面接室の中では、いろいろな水準で、いろいろな角度から、いろいろなことが同時並行的に起きているわけですが、それらのうちのどの文脈で自分の経験を語ろうとするのかという時に、一つの理論、考え方を軸にまとめることは多いと思います。なので、紙面で語られることがすべてではないと思います。自我心理学以降、クラインもウィニコットも自分なりに勉強してきましたので、今ではそのように言えるのかもしれないとは思いますが、自我の仕組みを理解すること、関係性を扱うこと、分析的なかかわりを可能にする環境を整えること、どれもが大切で、どれも切り離すことができないという立場から、クライエントとの間で起きていること起きていないことについていつも考えることができる、そういう実践を心掛けたいと思っています。

２　現代における自我心理学の貢献

とは言っても、やはり私は自我心理学はまずは必要だと考えています。というのは、構造的に物事を理解し、観察すること、見立てを組み立てること、無意識を推しはかること、立体的で縦断的なパーソナリティの在り様を把握することにおいては、アンナ・フロイトが体系化したような精神発達と自我の働きを踏まえることはものすごく役に立つと思います。セラピストの客観性や公平性の維持にも貢献し、構造的な思考を助けてくれると思っています。自我の働きを中心とした精神内界の構造を把握することは、交流を促進する上でも有益です。セラピストはともすると主観的に偏ったり、自己愛的にとらえてしまったりすることが避けられませんので、それをもう一歩外側から俯瞰するような自分がいることが望ましいと思います。もちろん機械的で完璧なものを良しとしているわけではありませんし、そもそもそんなことは不可能です。観察している自分、感じている自分、考えている自分がいるわけですが、その時には一つの枠組みを持っている方が理解が進みやすいでしょう。自我の機能について考えることはその枠組みの心強い一つにもなり得ると思っています。

私自身の学びのプロセスからそう思うのかもしれませんが、自我心理学的な枠組みがベースにあって、そこにいろいろ関係性についての理解、環境の働きについての理解が重なり合うことで、より全体的に分析的に考えることができるようになるというのが、現在の私の中心的な臨床感覚です。そういうふうにいろいろな理論をまぜこぜにすることには賛成できないと言われることもありますが……。今日は主としてアンナ・フロイトによる自我心理学の貢献について聞いていただきました。理論の基礎として、力動を理解する枠組みとして、力動的フォーミュレーションのために、立体的なアセスメントを行うために、無意識の理解に道を開くために、より深い交流が可能となるために、現代においても精神分析的自我心理学は生きていると考えています、というところで終わりにしたいと思います。

～討　論～

大矢大（司会）　中村先生どうもありがとうございました。いろいろなお話を聞かせていただいて、フロアの皆さんがたもお話をもう少しお聞きしたいと思うのですが、いかがでしょうか。

質問者　先ほどの質問とも関連するのですが、子どもがセラピストに「お母ちゃん、お母ちゃん」と呼びかけると、セラピストは「セラピストよ」と現実に引き戻す対応を返すという技法をとるというお話がありました。もうひとつの方法として、お母さんとして応じる関わりもあると思うのですが……。先生は、後者の方ですか。なぜそうするのか、そのお考えを言葉にしていただけましたら嬉しいです。

中村　ケース・バイ・ケースではありますし、一概には答えられませんが、病理の深刻なケースであれば、セラピストがお母さんとして応じてしまうと、子どもの中に現実と空想の混同が生じてきてしまうことも心配します。なので、そういう場合には、「お母さんのように思えたのね」と返すかもしれません。しかし基本的には、むしろその空想を積極的に引き受けるというよりは、肯定も否定もしないで、その空想の向こう側にあるものについて一生懸命考えてみる、一緒に眺めてみることを心がけると思います。やはり、病態水準、パーソナリティ、プロセスの中で考えることになると思います。

質問者　小此木先生のご著書でプラスの直面化ということを言っていて、精神病水準の方の転移を扱う場合には、現実を常にきちんとおいて、空想だとして転移を扱うという関わりをしていますが、先生はそのお立場でいらっしゃいますね。ただ、対象関係学派の方たちは、できるだけ転移という状況を活かし続けて交流する、という立場を取っておられるというのがおもしろいな、と思いました。ありがとうございました。

中村　そうですね、それは学派によって違いますね。ただ、面接の頻度、その臨床場面のキャパシティ、転移の様相などによって、やはり個別に判断したいと思います。なかなか一概にどうするのがいいとは言いにくいと思います。現実見当識を維持することに協力する方が望ましい場合もあれば、それよりも心的現実の共有が優先することもありますし、その都度その都度の情況に応じた介入、解釈を考えたいですね。

大矢　解釈についてですが、病態水準によっては解釈を控えるとか、知能を考慮した解釈のありようとか、そういう分析以外の配慮も自我心理学の立場、ということになるということでしょうか。

中村　それは学派によって異なる部分と違わない部分があるのではないでしょうか。臨床家は、クライエントに伝わりやすい言葉、表現、内容をいつも考えていると思います。

大矢　時間になりましたので、中村先生、どうもありがとうございました。（拍手）

二〇一三年十月二十七日　開講

（講師付記）これは講義の録音記録に加筆修正したものです。話し言葉というのは書き言葉と違い、自分でも何を言っているのかよく分からないところがたくさんあり、もどかしい限りでしたので、当日の流れや雰囲気を変えない範囲で修正させていただきましたことをお断りさせていただきます。

第3講　エリクソン——その生涯とライフサイクル論

鑪　幹八郎

はじめに

紹介にあずかりました鑪です。前回は、中村留貴子先生のアンナ・フロイトのお話でしたが、エリクソンはアンナ・フロイトに分析を受けていますね。そういう流れで聞いていただきたいと思います。

I　エリクソンという人

エリクソンは一九〇二年、ドイツのフランクフルトで生まれました。生まれる前にお父さんと別れています。子どもが生まれる前にお母さんを捨てて行った感じです。後で、エリクソンは死ぬまで父親捜しをすることになります。最晩年になって、可能性がある人が二人見つかります。しかし、その時にはもうどうでもいいことになり、問題にしませんでした。

エリクソンは三歳の時から、ドイツの南西のカールスルーエという町で育ちました。お母さんはエリクソンの主治医であった小児科医ホーンブルガー（Homburger）と結婚し、彼は養子となります。この養子体験はエリクソンの一生のテーマとして、彼に影響を与え続けます。この感じをよく表しているエリクソンの彫った版画があります。船の上に怒った少年が前にいて、後ろに仲のいい男女が座っている。彼は自分のことをステップサン（継子）と言っていました。彼は、人と繋がりにくさを自分でステップサン・コンプレックスと呼んで、それを一生抱え続けました。人との関わり、所属感に、希薄なものがあったりする感じです。彼には、お母さんが再婚した後にできた二人の妹がいましたが、家族はイスラエルに移ります。

ギムナジウムを出てから、画家、ことに版画家を志望し、修行します。その頃、黒い森（Schwartzwald）を越え、アルプスを越えて、オーストリアのウィーンやイタリアのフィレンツェなどを訪問しています。当時は、流浪の旅（Wandervogel）というのは若者たちにとって、アイデンティティ探しのモラトリアムでもあったようです。

エリクソンは偶然の機会で、フロイトに近づくことになります。フロイトの所には外国からたくさんの人が学びに来ていました。分析を受けたり、訓練を受けたりしていました。家族連れで来ていた人も多くあました。子どももいます。その子どもたちの教育が問題でした。アンナ・フロイトとバーリンガムが塾を創立し、教育するということになります。バーリンガムはアメリカの宝石商の富豪ティファニー家の夫人です。創立した学校は小さな塾のようなところでした。アンナ・フロイトの意向で、子どもたちを精神分析的にケアをする。必要なら精神分析をするということでした。アンナ・フロイトとしては、子どもの精神分析という新しい領域の開拓でもありました。

この学校にピーター・ブロスが雇われます。ブロスはカールスルーエで、エリクソンと一緒にギムナジウムで学んだ級友です。ブロスも後に思春期の精神分析的研究で有名になります。当時、ウィーンに出てきて、大学で物理学の研究をしていました。この学校で理科を教える教師として雇われました。そして絵の教師として、エリクソンに声をかけたのです。エリクソンは、絵はうまいけれど、職業画家として成功するところまではいきませんでした。ちょうどその頃、友人のブロスに誘われたのです。そしてこの塾で絵の先生として雇われることになりました。二十八歳でした。その前に、マリア・モンテッソリーの教育法を学んでいます。感覚訓練を中心にした児童の教育です。これはエリクソンに大きな影響を与えています。エリクソンのモラトリアムも随分長かったことが分かります。

アンナ・フロイトは子どもの精神分析の領域を開拓するために、人材を求めていました。そこでアンナ・フロイトの下で、子どもの精神分析のトレーニングを受けることになったのです。このようにして、フロイトのサークルに偶然に近づくことになったのです。校長でもあるアンナ・フロイトに、訓練のための精神分析を受けることになります。その意味でエリクソンはフロイト直系の分析家ということになります。これは後に、プラスとマイナスに影響します。

後にエリクソンがアイデンティティの研究の中で、「モラトリアム」「アイデンティティ混乱、拡散」というアイデアを出していきますが、この時代の自分の体験が反映されていることは明らかです。また、青年期の混乱や長引く「自分探し」を、「モラトリアム」としてとらえているのも、職業画家になり切れなかった自分の体験に根差しているところは大きいと思います。

一九三三年三十一歳で訓練を修了し、国際精神分析協会のメンバーとして承認されます。その足で、エリクソンはデンマークを経由して、アメリカのボストンへ渡ります。デンマークは母親の出身の国です。彼としては、ここで定住できるなら、したかったのではないでしょうか。しかし、それはできませんでした。アメリカでは初めての子どもの精神分析家として重宝されました。こういう形で、彼のアメリカでの経歴が始まります。

アンナ・フロイトとエリクソンの二人の写真もあります。この頃二人の関係はよい雰囲気だったと思われます。しかし、やがてアンナ・フロイトのフロイト後継者としての、強い信念による自我心理学の本流を進むという姿勢に対して、エリクソンはもっと自由な自分の感性を大事にしていくようになり、次第に対人関係的、関係論的な視点が大きく取り入れられて行くことになります。それと共に、アンナ・フロイトとの関係は困難な方向に進んでいきました。

Ⅱ　エリクソンのアメリカ

ボストンはアメリカで最も古い町であり、有名なハーバード大学、ＭＩＴなどがあり、知的にアメリカをリードしているような学者もたくさんいました。心理学者にも、ハーバード大学のローゼンツヴァイクやマレー、リースマンなどと親交が生まれました。また、三年後には、少し南にあるエール大学で文化人類学の人たちとも親交が出来ていきます。文化人類学者たちと、アメリカ中西部のラコタ族（いわゆるスー族といわれていたアメリカ先住民）の調査や、後に西北部のユーロク族の調査も行いました。後に私もエリクソンの調査した場所を訪ねたことがあります。私は、これを『リッグスだより』（一九八二、誠信書房）という本の中に記録しています。

1　サンフランシスコへ

一九三九年、アメリカ市民になります。アメリカに着いて六年です。この時に、エリクソンは名前を変えます。それまではエリク・ホーンブルガーでした。ユダヤ系の継父の名前です。これをエリク・ホーンブルガー・エリクソンにしました。これが現在のエリクソンの名前です。エリクソンというのは、北欧の海賊の英雄の名前です。この名前を持つ人は、スウェーデン、ノルウェー、デンマークには多くあります。ホーンブルガーはミドルネームとして、真ん中に「Ｈ」として残しています。金髪のエリクソンは顔つき、背の高い体つきが北欧系なので、名前にふさわしいということかもしれません。しかし、ユダヤ系の人や反ユダヤ系の人には、複雑な気持ちを起こさせることもあります。これらは日本に住む私たちには分かり難いことですが、エリクソンの心情は複雑だったろうと推察できます。彼が有名になってから後のことですが、ニューヨークタイムズの読書欄で、「エリクソンは自分の出自のユダヤ系であることを隠そうとしている」ということが大きく取り上げられたことがありました。エリクソンはこのことにたいへん戸惑っていました。アメリカの中にも、現在も「反ユダヤ主義」が残っています。

さて、子どもの精神分析をやっていて、子どもの事例も、このあたりから増えていきます。この年にサンフランシスコに移ります。東海岸から西海岸ですから、かなりの距離です。また風土も違います。しかし、エリクソンはこの場所は好きだったようです。

これからの十年はエリクソンの臨床的な学者としての生産的なものが蓄積される時期でした。この時期、サンフランシスコ地域の精神分析協会の会長になったりしています。精神分析の仲間も増えました。

2　カリフォルニア大学バークレイ分校時代

マクファーレンというカリフォルニア大学バークレイ分校の研究者と「積木遊びの研究」を一緒にやっていきます。この大学も、アメリカ有数の優秀な大学です。彼は一九五〇年にバークレイ分校で教授になります。この年『幼児期と社会』（一九五〇）を出版します。この本はアメリカでベストセラーになり、多くの人に読まれました。大学生たちの知的な糧にもなりました。いよいよエリクソンの時代が来るかに思われました。その後、アメリカではマッカーシズムと青年の異議申し立て運動、いわゆる学生運動がおこってきます。エリクソンに関連があるところを少し話します。

第二次世界大戦が終結すると、共産主義を政治的な信条として国家を樹立したソ連、また中国、そして占領されていた北朝鮮が、資本主義のアメリカとはっきり対立し、アメリカはこの政治信条に反対し、韓国を支援します。これは主義、信条の戦争でした。アメリカは資本主義の国ですから、韓国を支援して、ソ連と中国の共産主義国が支援する北朝鮮が韓国と戦うということになりました。これは停戦という形で終結して、北緯三十八度を境にして、北と南に国を二分しました。これが今日の北朝鮮問題です。アメリカは軍事的にも、経済的にも膨大な支援をしました。数万人のアメリカ軍人が戦死しました。そして米国内には、思想としてのマルキシズム、共産主義運動を支持する思想運動に対して、強烈な反発が起こってきます。この代表が上院議員のジョセフ・マッカーシーです。これを今日、マッカーシズムと言っていることはご存じの通りです。特に、この反共産主義運動の激しいところは、ニューヨーク、カリフォルニア州でした。

エリクソンもこれに関与することになります。カリフォルニア大学は州立大学ですから、教員はすべて反政府、反米国ではなく、共産主義者でもないという宣誓書に署名をさせるということが始まります。大学では教授就任や職員の就任については、前もって宣誓書にサインをして就職します。それは私たちが国立系の大学、研究所などで就職する時の宣誓書と同じです。しかし、エリクソンは二度目の宣誓書に反対しました。それは二重の宣誓、思想的な圧力だと主張しました。思想の自由を保証されている大学であり、すでに宣誓して大学に勤務しているのに、なぜさらに政治的思想的な圧力をかけるのか、「これは専制政治の手法であり、次の世代を教える教授としては、やってはならないことである」というのが、エリクソンの理由でした。そして、なったばかりの教授職を辞めてしまいます。たった一年でした。

これはエリクソンにとっては、精神的にものすごく苦しいことだったと思います。彼が一番なりたかったのが大学教授なのです。エリクソンは大学の教育を受けていません。高校卒が大学教授になったのです。辞めることには相当悩んだと思います。彼にとって人生の大きな節目でした。

大学を辞める時、なぜ辞めるのかという宣言文を"Psychiatry; Journal of the Study of Interpersonal Processes"

に出しています。この研究誌は、ご存じのように、サリヴァンが創設者のひとりであり、長年編集長をしていました。エリクソンが深く関係していた"Journal of American Psychoanalytic Association"ではなく、また"International Journal of Psychoanalysis"でもありませんでした。エリクソンにとって、サリヴァンの考えや対人関係学派の考えには、相通じるものがあったのではないでしょうか。

3　ストックブリッジ時代

そしてエリクソンは一九五一年 Austen Riggs Center（リッグス・センター）へ移ります。エリクソンを熱心に誘ったところは、もうひとつメニンガー・クリニックがありました。ここは精神分析の研究では優れた場所でした。リッグス・センターよりも、ずっと有名でした。しかし、東部ニューイングランドの緑の多い場所がよかったのでしょうか。また、ボストンの近く、ハーバード大学に近いということが魅力の一つだったのでしょうか。ここでエリクソンは一九五一年から一九七七年まで仕事をします。たくさんの優れた仕事をして、国際的な有名な研究者になります。

また、リッグス・センターは、ボストンからずっと西のストックブリッジという小さな町の森の中にある研究的な意識の高い精神病院です。病院といっても、別荘のような感じの大きな建物です。すべて個室の五十―六十ベッドをもつ、解放病棟のみの病院です。すべての入院患者さんは精神分析的治療を受けます。外来はありません。毎年、全米病院の質の高い医療を維持している病院ということで表彰されています。私もそこで一九七九年から一九八一年まで、スタッフ所員として仕事をしました。ここでエリクソンにも会いました。

エリクソンは、七七年にリッグス・センターを引退して、ハーバード大学の教授になります。その後、またサンフランシスコへ移り、そしてまたボストンに戻り、最晩年は、メイフラワー号の着いたケープコッドのハーウイッチに住みました。私がリッグスで過ごした時には、エリクソンの家がまだありました。夏には避暑地として利用していました。一九九四年死去。享年九十二歳でした。エリクソンの生涯については、フリードマン著『エリクソンの人生』（みすず書房、二〇〇三）が出ています。すぐれた伝記です。また、娘のスーさんが父エリクソンについて書いた“In the Shadow of the Fame”（Blackstone Audio Inc. 2005）も出ています。

Ⅲ　エリクソンの臨床の場

リッグス・センターは重症神経症、人格障害、解放病棟で生活が可能な統合失調症の人たちを対象とする開放病棟だけの精神病院です。非常に難しい急性期の統合失調症の人は入院していません。しかし、症状は変化するので、時々大変なことも起こりました。私がいたころは五十人、今はちょっと増えているようです。

受け入れは、身体検査、心理検査、生活史など念入りにチェックし、患者と面接して治療計画を立て、問題、精神状態の予測の検討を全スタッフ会議でやって、誰が治療を担当するか決まります。長期的な入院で、二年か三年です。最近は保険などの関係でずっと短くなっているようです。ケアは非常に手厚いものです。週に五回の面接、毎日分析という形でした。

治療者がケアをする人は二人ないし三人です。それを毎日分析というのが基本です。さらに、治療者の休暇、学会出張などの時の患者さんの支え（インターリム面接と言っていました）の面接があります。長いと休暇が一カ月を超えるときもありますので、その間面倒を見るわけです。それを二人から三人ぐらい抱える。この五ケースぐらいを毎日やると相当な時間ですが、大変贅沢なやり方ですね。それ以外に、毎月の担当事例の経過報告会、研究発表会、内外の研究者の会議、患者さんの病状変化の処置への緊急会議、自分の研究の発表など、時間には余裕があるようで、毎日は忙しく過ぎていました。治療スタッフは精神科医か、臨床心理士が、当時二十三人でした。そのうちの十名はフェローと呼んでいた医師になって、レジデントを終わった人たちと心理学の学位を取り、免許を取った臨床心理の人たちのポスドク（postdoctoral training）の人たち。看護師、ソーシャルワーカー、事務関係者、メインテナンスの職員、など合計すると、入院患者さんと同数か、もっと多いぐらいでした。そういう意味では、理想的な環境で仕事と勉強をさせてもらいました。病院の二階と三階が治療室で、そこには二十五ぐらいの個室オフィスがあります。治療スタッフはすべて自分のオフィスを持っています。私もそうでした。そこで治療の仕事、研究の仕事をします。研究の質も高く、しょっちゅう招待者の研究発表や講演、また自分の研究発表にアメリカ全土、欧州に出かけていました。また、国の内外の研究者が来ました。

次はエリクソンの言葉です。「病院では、十分に配慮された冒険を重ねて、患者たちが表現し、働く能力を示す機会や行動する機会、社会的に責任を分け持つ機会が与えられる」（治療共同体のアンビアンス、環境）。

Ⅳ　エリクソンの考え（よく知られているもの）

１　個体発達分化（Epigenetic Development）
——パーソナリティの発達（Normal Personality Development）

エリクソンは、パーソナリティの発達を全体として概念化しています。（図１）それまでの心理学の中では、ライフサイクルとして生まれてから死ぬまでの発達を生涯にわたって展望した見方をした考えはありませんでした。発達心理学も大体青年期ぐらいまでで終わります。年齢ごとに輪切りにして研究するというのが、普通のやり方でした。また精神分析では、ご存知のように、心の発達はフロイトの図式に従って、エディプス期までで終りでした。サリヴァンの発達論も思春期までです。

2　発達の概念化と8×8のコラムの図式

エリクソンの概念でよく知られているのは、「発達的危機」という概念と「アイデンティティ」ですが、アイデンティティ概念は独立して一人歩きをしてしまいました。成人の発達的危機としての世代性（generativity）は、この訳を日本では「生殖性」とか「生産性」とかになっていますが、これでは意味がわかり難い。英語そのものも難しいことばです。私はこれを、「次の世代に関心をもち、世話をする心の動き」という意味を込めて、「世代性」と訳しています。「世代継承性」と訳されているのもあります。ちょうど、次のライフサイクルを育てる人たちが出てくる段階です。つまり、赤ん坊とか、家族とか、新しい家族の世話、そして自分は老齢期に向かっていくという、危機が「世代性」なんですね。

精神分析家、心理療法家、心理臨床家、カウンセラー、学校の先生、医療に携わっている人など、世話をし、育つものを見守ること、次にくる人たちへの関心をもつ仕事は、すべてこの「世代性」の危機に直面しているのではないでしょう

	I	II	III	IV	V	VI	VII	VIII
8								知恵：絶望
7							世代：停滞	
6						親密：孤立		
5					ID：混乱，拡散			
4				勤勉：劣等				
3			自発：罰					
2		自律：恥						
1	信頼：不信							

図1　Epigenetic development 個体発達分化の図式

か。

3　アイデンティティ概念の展開

アイデンティティ概念は有効だったために、広く使われました。今日もそうです。そのために臨床的概念がやや拡散している傾向にあります。概念としてのアイデンティティは、内的に自己意識に一貫性と同質性が維持されている状態を指しています。これはグループアイデンティティでも同じです。また、企業アイデンティティでも同じ。国家アイデンティティでも同じです。しかし、各企業や国家が自己のアイデンティティを主張すると、他との差別化、区別を主張するようになる。そうなると、内的な個性や心理的な強さがぼやけてしまいます。これにたいして、エリクソンのアイデアは、「種」（スピーシス）のアイデンティティを考えました。人類として共通性をもつアイデンティティをスピーシズ・アイデンティティ（species identity）と呼びました。つまり、世界人としてのアイデンティティを考えることで、人類として共通のものを共有できるだろうということだと思います。国家アイデンティティを超えていかないと、国際紛争はなくならないし、人間としての共通性を共有できないという考えの中から生まれてきたアイデアです。

（注）以下の文章は、この記録を訂正しているときに気付いたものです。以下に記録しておきます。それはジョン・レノンの「イマジン」という有名な歌の歌詞です。この中にエリクソンの「種のアイデンティティ」とそっくりの歌詞があります。「...Imagine there's no countries, It isn't hard to do, Nothing to kill or die for, Imagine all the people, Living life in peace, ...I hope someday you'll join us, And the world will be as one.」（大訳）「想像してごらん、国がないことを。そうすれば国と戦ったり、死んだりすることは必要ない。想像することは、別に難しいことではない。すべての人が平和に暮らす。あなたも参加してほしい。信じよう、世界が国々を越えて、一つになる日が来るということを。」）

これは、やや理想論的で、現実性には遠いかもしれません。しかし、エリクソンの志向としては大事にしたいです。永遠の課題かもしれませんね。

4　ライフサイクルの中の心の危機

図2のように、乳児期は「信頼と不信感」、幼児期は「自律性と恥・疑い」、児童期は「自発性と罪悪感」、学童期は「勤勉性と劣等感」、「思春期・青年期」は「アイデンティティと拡散・混乱」、成人期は「親密性と孤立」、壮年期は「世代性と停滞」、高齢期は「統合性と絶望感」。それぞれの発達段階の課題と危機について図式化して示したものです。

ここで大事なのは、「と」という一字です。「VS（バーサス）」という言葉ですけど、「対（つい）」ですね。「対立」とも言い表せます。エリクソンの概念において、この「と」がものすごく大事です。この「と」というのは力動的な概念を表そうしているものなのです。プラスの力とマイナスの力がせめぎ合っている。それがわれわれの心の中で均衡状態と緊張状態を保っている。ですから最初の発達段階での「信頼」と「不信」というのは、どちらかに偏るのではなくて、常にわれわれの心の中でせめぎ合っている状態として捉えます。信頼関

8つの大きな柱（グラウンド・プラン）
Epigenetic Development
Psychosocial Ontology　　***と：VS.***

- 乳児期…信頼と不信感
- 幼児期…自律性と恥，疑い
- 児童期…自発性と罪悪感
- 学童期：勤勉性と劣等感
- 思春期・青年期…アイデンティティと拡散・混乱
- 成人期…親密性と孤立
- 壮年期…世代性と停滞
- 高齢期…統合性と絶望感

図2　ライフサイクルの中の心の危機

係というものがわれわれの心の状態の半分以上を占めていないと、周囲は疑惑に満ちた世界となる。それでは安心して生きていくことができません。不信感が七十五パーセントを超えている状態というのは、もう不信感が満ち満ちて、周囲の人を信じられない状態で生きているから大変です。「迫害感」「被害感」に苦しんでいる統合失調症の人の心の中にはこのような不信感に充ちていることが考えられます。心の状態をこういう視点で見ると、理解しやすくなりますね。サイコセラピーの仕事として何をしなければならないかというと、安心、安全の空間（セイフ・スペース）の中で「信頼感」をどこまで獲得するようになっていくか、ということが一番根っこで大事なのですね。「よい対象関係」というのと同様のことです。それが発達の課題ごとに、ライフサイクルとして存在しているのだ、というのが、この「と」なんです。「対」という字ですね。

それをエリクソンは発達の危機と言っています。「クライシス」という言葉はたったひとつの単語ですが、その意味合いは深いのですね。実際には、信頼はサイコセラピーの「要《かなめ》」になると考えてみてください。エリクソンは発達とは、いつもわれわれの心の中でプラスとマイナスの力のせめぎ合いを続けながら、それが死ぬまでずっと続くものであると考えます。プラスばっかりで進むということはありません。でも、マイナスばっかりだったら生きていけません。ライフサイクルは一本の棒のように進むのでなく、あっちに行ったり、こっちに行ったりと平面をふらふらして進むということで、ライフサイクルのチャートができています。8X8のチャートとして考えているのです。これが有名なライフサイクルのチャートです。ここで力のせめぎ合いと段階的な危機は最後の老齢期まで存在するというのが重要な点です。

乳児期で「信頼感」の形成の危機があるとすれば、その次に彼は「自律性」と言いました。「自律性」の形成が、本来は「信頼・不信」後に出て来る発達的危機の特性です。私たちはこのようは発達的危機をもって生まれてくる。生来性のものがある。これがライフサイクルのグランウンド・プラン（素地）です。解釈すれば文化的遺伝子といってよいかもしれません。個体発生の個人的特性の展開の順序といってよいと思います。それが環境や人々との力の関係によって影響を受けながら、展開していくのがライフサイクルなのです。プラスとマイナスが全部力動的にせめぎ合いながら、毎日毎日私たちは生活している。だから三、四歳のエディプス期で心の発達や問題は終わるのでなく、ライフサイクルを通して終生続くのだというのが、エリクソンのアイデアです。ここでもフロイトの発達論のアイデアを越えてしまっている。別物になっているということができます。

V　さらにいくつかの大事なエリクソンの考え

1　心身社会的な接近法

上のような視点で捉えると、事例を見ていてもさまざまなライフサイクル上の課題の組み合わせがあって、すべてがプラスだけというわけではない。マイナスとプラスを、いつもわれわれは一緒に持ちながら苦しんでいる。この拮抗の危機を耐えられるぐらいプラスに進められないか、というのがわれわれのサイコセラピーの目指すところだ、という感じです。

ライフサイクルということでエリクソンをみると、フロイトのサイコ・セクシャル、心理性的というのに対して、**somato-psycho-social**、つまり「身体」と「心」と「社会（周囲の人間関係）」は同時に発達変化するので、身体と心と社会の三つを切り離さないで、この三つが同時に動いていると捉えてアプローチしていくことが大切だとエリクソンは考えます。

2　相互性（mutuality）という視点

かかわりという人間関係の力動的な性質をエリクソンは「相互性（mutuality）」といっています。人はお互いに影響し合う、お互いに支え合う。影響を与えると同時に影響を受ける存在である。これを相互性といって重視しています。人はひとりでは生きられませんよね。これは、サイコセラピーの中のセラピストと患者の関係も同じです。ですから、いつもそれを関わりとしてみていくということが大事です。

3　心身社会的接近の意味、背景としての理解

それがこれ（図3）ですね。十字架みたいな十文字の中心で捉えようとしている。社会的な関係、対人関係の中にわれわれはおります。自分自身の生活史としては歴史軸、自分がどのように育ってきたかという生活の軸の中です。その交点が現在の私だ、そういう考えです。

私たちは幼ければ幼いほど、対人関係・社会面では、お父さんとお母さんの関係が圧倒的になりますし、時間と共に対人関係・社会も変化していきます。時間軸というのはとても重要で、精神分析の中では重要視しています。エリクソンはそれをライフサイクル全体として見ていくと

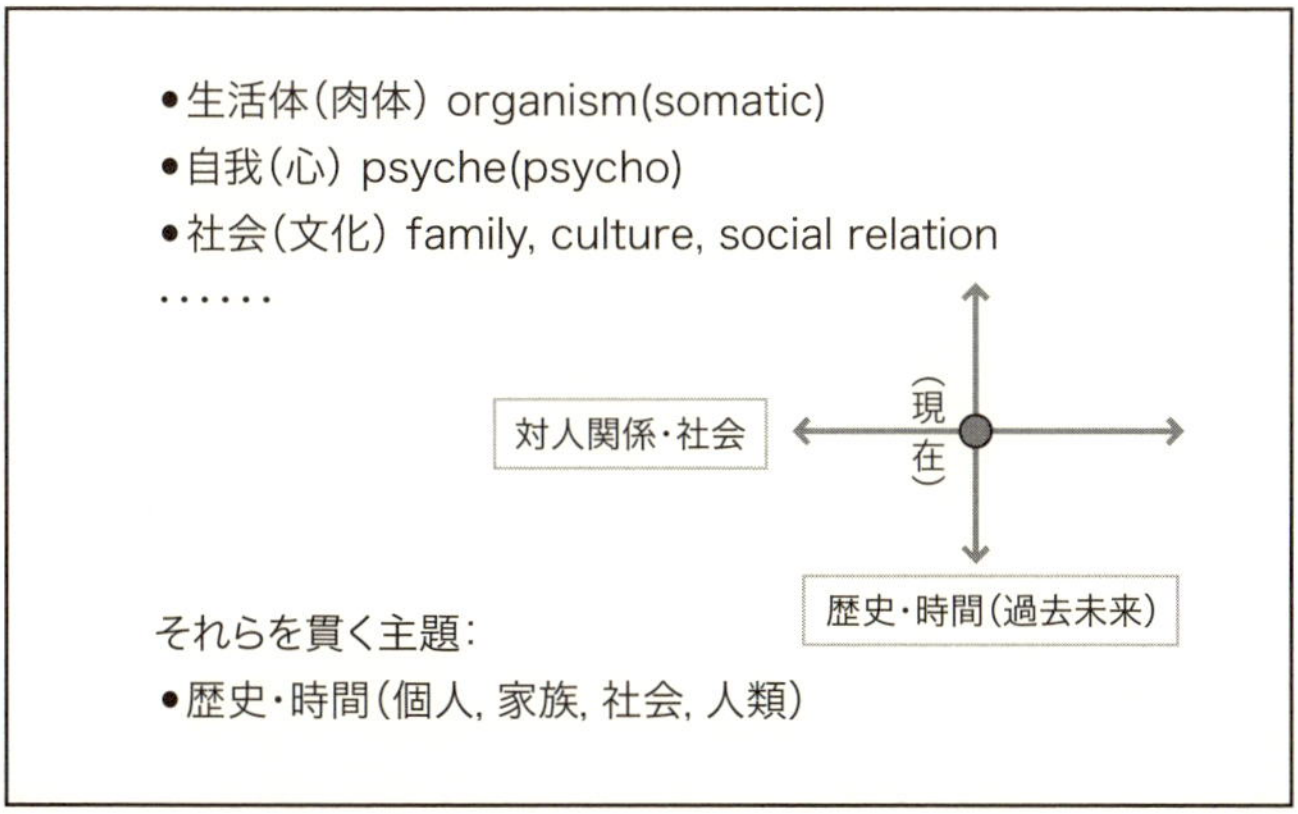

図3　Somato-Psycho-Social Approach の意味，背景としての理解

いうことにしました。フロイトの発達論を「幼児期還元論」、つまり、なんでも幼児期に結びつけてしまうという批判があります。この批判にも耐える理論ということができると思います。

4　日本の臨床の特徴

少し余談ですが、日本の場合、ライフサイクル的な見方、「時間軸」を重視する見方がやや希薄であり、社会関係、対人関係的軸で見ることが多いように思います。「問題がどのようにして、現在のようになったか」という視点から、現在の問題に取り組むという方向よりも、「どうしたらよいか」という、現実の対人関係に縛られて、答えを探そうとする姿勢が強いように思われます。これは精神分析の中でも問題の掘り下げの仕方に関係が出てきます。

「どうしたらいいですか」そういう患者さん、クライアントさんの発言が多くないですか。「どうしましょう先生、どうしたらいいか教えてください」という発言もよくありますね。そこで「どういうふうにしてこうなってきたんでしょうね」と言うように、過去に向かって質問すると、「もうそれはいいです」「今までのことはきれいさっぱり洗い流しますから、これからのことを考えます」という形で、過去を全然相手にしない。自分が歩いてきたことを無視して、これから先のことを求める。日本の場合は未来志向的なのですね。未来志向と言えるかどうかわかりませんけど、ある意味で非常に刹那的です。刹那的というのは、現実に縛られているということ、過去からどうやって来たかという時間軸が日本では少し希薄ということだと思います。時間軸がしっかりしているということは、われわれの背骨みたいなもので、自分の生き方、人生を振り返っても、そこに骨格があって人格がくっきりと見える、という姿なんじゃないでしょうか。

Ⅵ　治療的関係の理解

1　関係のもつ意味

ここから、治療的な関係のことを申し上げたいと思います。エリクソンは治療的な関係の意味をどのように見出そうとしたのか。患者さんの生活全体を含む、身体《からだ》で表現する行動、言葉、ものを媒介にして象徴的に表現しているもの、これがエリクソンの考える「転移状況」です。それらを三つの枠で見ていると言ったらいいのでは、と思います。

①一つは自己世界（self-cosmos）：これはクライアント、患者さんの内的な体験や不安の表現の世界です。

②二つ目はミクロ世界（micro-cosmos）：これは治療状況と考えていい。セラピストとの関係の中で展開する、劇的・相互的な世界です。

③三つ目はそれを取り巻いているマクロ世界（macro-cosmos）：セラピスト、家族を含めて患者さんを支配している世界です。これが同時的に進んでいるのを見ていく。

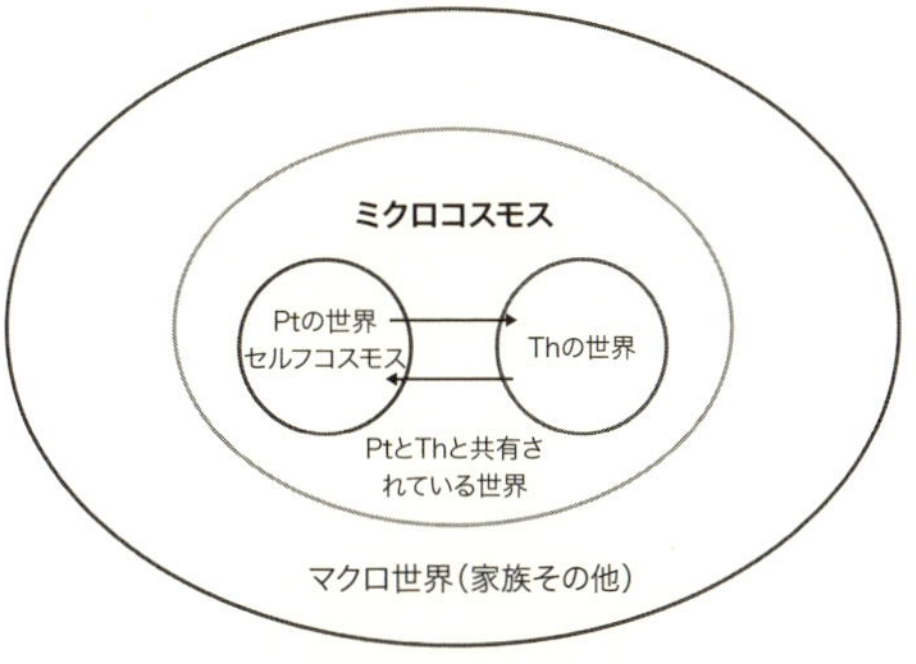

図４　治療状況

2　治療状況の図示

それを図示したのが、図4です。

ミクロ世界がわれわれの探索する心理療法の世界です。これは「関わりの世界」なので、共有されていると考えるわけですね。ですからここで関係論的に言って、一者心理学的になるか二者心理学的になるかの分かれ目ですね。この図を見ると、エリクソンは最初から二者心理学的な発想で動いていることがお分かりになると思います。互いに影響しながら、また影響を受ける世界ですね。それを包んでいる世界がマクロ世界。

このように、クライエント側には、内的世界（心的世界・自己世界）と対人関係的世界（治療室の外の世界）とあります。セラピーが始まると、治療者・クライエントの投影的・相互的世界（ミクロ世界）とサイコセラピーの転移的関係を扱うことになります。

3　エリクソンのプロセスノート

プロセスノートは実際にどう考えているのかを示しますが、図5のように、上の方のA：実際の会話の記述、B：モルフォ分析、あるが

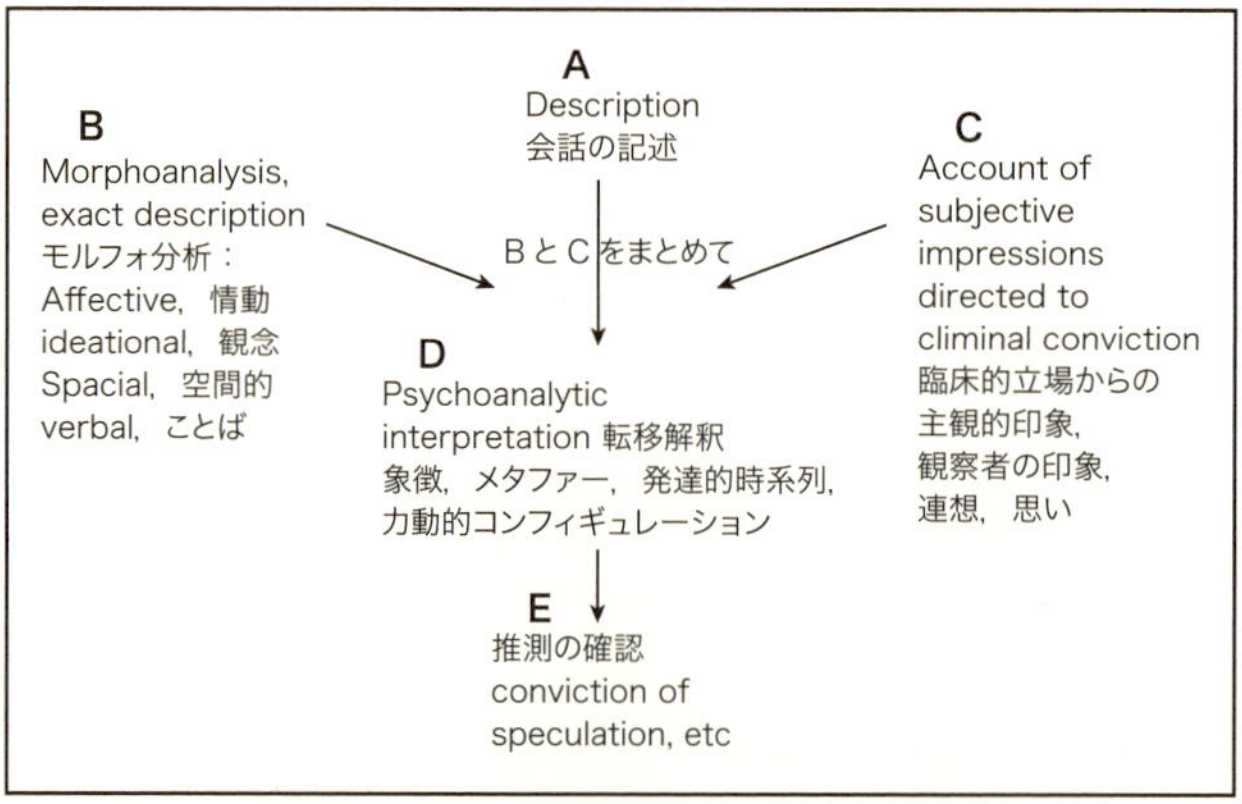

図5　エリクソンのプロセス・ノート
(Studies in the interpretation of play, 1940)

ままの状況の記述、C：臨床的立場からの治療者の主観的印象など。

　これら三つをまとめて分析的な解釈に進めていく。そして、動きが始まると確認する。これを反復して繰り返していく。当たり前のことですけど……。

4　転移についての理解

(i) 子どもの心理療法の場合――プレイの中断 (disruption) と満足 (satiation)

　エリクソンが最初に子どものセラピーしていたところからの考えですが（後では大人が対象になりますけど）、ミクロ世界（セラピストと子どもとの関係）の場合、すべてを転移的関係として扱うということです。つまり、セラピストは子どもの世界に完全に取り込まれていて、その中で転移の解釈をするのが仕事だと言っています。ですから、一緒になってプレイするということです。何を子どもと一緒にしているのかというと、子どもの転移的な世界をできるだけ展開させるように、こちらが参加していっている。これがプレイの満足に達すると、その中から子どもの回復力、治癒力が呼び起こされてくる。

　あるプレイでリミットを越えて展開し、モノが当たって、セラピストが「痛い！」と思わず声を出してしまう。そして子どもがびっくりすることがあります。今までは、セラピストというのは「何とか怪人」とか「魔人」とかに見えていたのが、突然「痛い」とい言った瞬間に、ぱっと「人間の顔」が現れてくる。それは子どもにとってはすごくショックなことです。今まで展開させていたプレイを止めてしまうという、プレイの中断 (disruption) が起こります。プレイの中断が起こるということは、そこに生《なま》のセラピストが出てしまっているということです。そしてもう一度、転移の世界の中に入ると、子どもはわーっと刀をふりかざしたり、ボールを投げたり、お人形をしっかり抱っこしたり、「おかあさん、あのね……」と母親と自分との関係を展開したりする。その中にセラピストが入り込んで動いていると、「あー、おもしろかった。今日はおもしろかったわ。また来るわ……」となる。これを満足のプレイ（satiation）と言っているのですね。プレイを十分やって、もう飽きがくるまでプレイをしたということです。日本語で言うと「堪能する」になると思います。これを繰り返す。

家の中で得られていない、不満とか、不信とか、いろんなものがプレイルームの中で全部展開している。だから、セラピストは悪いお父さんであったり、悪いお母さんであったりする。子どもと一緒になってプレイを展開していく。プレイはすべて子どもの転移的状況であると理解して捉える。親子の関係の中の不満、不安、恐怖などを徹底して演じると、子どものわだかまりは発散し、回復力が復活し、元気を取り戻す。

(ii) 成人の場合——現実と無意識の両面に注目

それに対して大人の場合は、転移というものはすべてエナクトとして見るということです。それに注目して解釈するのですが、子どもの場合との違いは、いつも現実的なテーマが面接の中で出てくるのですね。たとえば、今日は会社でこんなことがありましたとか、いつも現実的なテーマが面接の中で出てくるのです。この日常の行動や周囲の人との関係が、自己の過去の人間関係と同じパターンをもって繰り返していることを理解し、実感するために内的な経験の吟味が大事になります。現実の生活の介入が転移関係のテーマを曖昧にすることがあります。「今、困っているのです。どうしたらよいでしょうか、先生！」というように。子どもの場合と違って、大人の場合は現実と無意識の両面に注目することが必要になります。

Ⅶ　青年・成人の臨床

『幼児期と社会』（一九五〇）の中に、六つの事例と、文献の中から二つの事例研究をあげています。（図６）

ここでは、皆さんに違う症例をお伝えしようと思います。

１　神学生の事例（『洞察と責任』より）

これは、リッグス・センターでエリクソンが治療した事例です。『洞察と責任』（一九六三）の中に詳しく語られています。二十歳のプロテスタントの神学校の学生で、アジア伝道の研修中にパニックになり、挫折してリッグス・センターにやって来た人です。

ミネソタ州というアメリカの中西部地方の農村出身で、デンマークやノルウェーの北欧からの移民が多い環境です。プロテスタント系のしっかりとした信仰を持っている人が多い所です。母方の祖父はその地方の牧師で、やがて都会のピッツバーグに移ります。炭鉱が主産業の土地柄の中で、好奇心旺盛な祖父はその土地の「確固たる良心、克己心、自尊心をもった、深い慈悲に満ちた支配的な態度の人」でした。地方で、牧師としてまた長老として皆から慕われ信頼されて、それにしっかりと応えた人だったんですね。

『幼児期と社会』(1950)の中にある事例：

- アン　4歳：自閉的
- ピーター　4歳：極端な便秘
- 少年　5歳：放火の癖・爆撃機手の息子
- ジーン　6歳：自閉性障害(schizophrenic)
- サム　3歳：てんかん性の発作
- 海兵隊員　30歳前半：偏頭痛

〈事例研究〉

- ヒットラーの児童期
- M・ゴーリキーの青年期

図６　エリクソンの臨床１

病院でルーティンに行われた心理検査によると次のようでした。心理検査の所見としては、境界性人格障害の特徴、強く制止的で強迫的性格がみられました。患者さんは、これらの特徴を自発的に統制しよう、内部の攻撃性を統制しようとして、強い不安に襲われて、それが恐怖の夢となって表われます。

少しその前に、エリクソンの臨床について言っておきます。

2　セラピストの基本的態度

「患者さんに対している臨床家の心には、患者さんの主観が仄かに現れたり、素早く消え去ったり、あるものは一貫してその重要さを認識させるものが現れる。」セラピストの心の中を説明しているんです。「治療者の心の中のイメージとしてあるものは、言葉として意識できないもの、またあるものはかなりはっきりと言葉にすることができるもの、がある」と考えます。「私は、患者の言う内容がわからない時や気持ちがわからない時、あるいははっきりさせるためだけに、口をはさむ」とも。

3　無意識のつながり

面接の時間に語られたことは、それ以前の面接に語られたことと繋がりを持っている。これは週五回面接をイメージしていただいたらいいですね。面接の内容が毎日持続しているわけです。ある特定の事柄から決定的な洞察が得られることがある。それまでわからなかったことが結晶のように明らかになる。私が言った反応に対して、ある私のクライエントさんが言って言葉ですが、「そういうことか！」「オセロ・ゲームで、黒が全部、白にひっくり返ったような感じ」になったと。それと、解釈の支えとしては、治療者は自己の調和を求め、主題、思考、感情、体験をまとめていく統合能力を頼りにしている、と言っています。

4　前に進むこと（progression）と退行（regression）

これも大切なことなのです。発達の段階を次々と卒業していくということは、同時にこれまで親しんできた位置を放棄していくということでもあります。すべての成長は、この事実と調整をしなければなりません。洞察だとしても、新しい見知らないものへの恐怖がある。前に進んでいくことや、よくなっていくということは、一種の恐怖を伴っているということでもあります。変化への恐怖です。抵抗という人もありますが。

前の発達段階への退行は、基本的信頼感を回復するためでもあると、退行をエリクソンはポジティブに見ています。この場で退行を起こしているのは、その人にとって信頼感を回復するための貴重な体験なのだ、とみているところがあります。

5　解　釈

治療的な解釈の正しさは何によって証明されるのでしょうか。解釈は精神分析の技法の中心テーマです。エリクソンは、その正しさは、患者さんの反応にはっきり見られるといいます。解釈の正しさとは、意味内容の伝達が「患者さんの内部に何かを前向きに動かす」ということにあります。

治療的な意味での示唆とか、治療的にこれは正しいという理論的な説得、そういうものではないのです。正しい解釈をしているのに患者さんが抵抗しているというものではなくて、患者さんが私の言ったことに対して、どう動いているかということに解釈の重要性や解釈の重みが証明されるという意味です。これは体験的な推測、ないし直観ということになるかもしれません。

また、患者さんが内的に立ち直る力を持っていることを信じるということですね。これも直観です。患者さんは治療の場と解釈をうまく利用できる人であること、また利用してもらえる能力があることは、いろいろの治療場面で感じとることができます。それは治療者の内的な直観になりますが、新しい洞察の出現や、自分の行動に責任がとれるようになっていく行動から推測することが可能であると言っています。

6　転　移

エリクソンは、転移は非常に大事なことで、有意味なものとして受け入れています。その転移に治療者が呑み込まれ、欲求に合わせてしまわないこと。呑み込まれるとは、相手に支配されるということです。セラピストが呑み込まれないで理解を示すと、患者さんは相互の信頼感と現実感を取り戻すことができます。また、患者さんが精神分析の期間中に夢を見ること自体の中に、治療的な前向きの動きがあるとも考えます（Erikson: Dream Specimen in Psychoanalysis, 1964）。

7　患者さんの夢の理解

エリクソンは夢を大事にしています。皆さんもそうだと思います。面接の中での夢分析は、フロイトから始まっていることはご存じだと思います。次に、例としてエリクソンの挙げている患者さんの夢を見てみようと思います。前に述べた神学生の患者さんが、治療半年目に見たものです。

「古い四輪馬車の時代で、馬車の中に大きな顔の人が座っている。顔には何もない。のっぺらぼう。周りには、何ともいえず不気味な細いくねくねした髪があった。それは私の母かどうか分からなかった。」

話はやや哀愁を帯びて話され、出てきた連想は日常の生活のことでした。ふっと昔に帰って、田舎の牧場で生活していた情景が見えた。特に、牧師だったお祖父《じい》さんは、村の中心人物のような方です。そのお祖父さんに手を引かれて小川の橋を渡ったこと。北欧的な世界に見られるようなイメージを、彼は思い出します。彼の少年時代のことでした。

(i) 治療中の夢の取り扱い

夢をどう扱うかですが、この時にエリクソンの問いは二つあります。エリクソンはいつもこういう問い方をします。

一つ目は、これは切迫したことを示しているのか。危機的な状況なのか、発病の兆候なのか。二つ目は、重要な言葉をもって、私（治療者）に近づいてきているのか、遠ざかろうとしているのか。

エリクソンはいつもこの二つの問いを、同時に立てます。こっちにくるのか、あっちに行くのかと考えている。彼の本を読んでいても、論文を読んでいてもそうですね。いつも二つがある。こちらのことを言っていると、次には反対のことも考えています。両方を、いつも見ているという特徴があります。

この患者さんの夢ですが、エリクソンはここでは第二の可能性をとりました。というのは、これまでの治療関係の中で、彼が怒りと挑むような態度を示していることにつながっている感じがする。もし、切迫した発病の兆候だったら、看護師さんに連絡するなど、いろいろな準備が必要です。重要な言葉でセラピストに近づいて来ているとしたら、面接時間そのものが重要になる。

現在の治療で、「私を失う不安」、「信頼を得る機会を失う不安」。神様の前で深刻に尋ねるが、答えが得られない。そういう空しい努力と、一方で、お祖父《じい》さんとの同一化。また、幼児期にお母さんに対する不安と罪悪感と怒りを抱えていたことが語られて行きます。

(ii) 象徴とテーマ1――患者の夢について

次に、夢の中の顔のテーマがあります。誰かわからない「大きなのっぺらぼうの顔」は、生活史で深い関係のある人の、すべての顔と関係づけて見ます。私？　母親？　祖父？　神？　メドゥーサ？　考えてみると、それはまずセラピストの私があります。くねくねくの髪というのは、エリクソンはまず、自分の髪を想像します。彼は美しい印象的な白髪をしています。

いろんな連想がわれわれの中に湧いてきます。それを全部並べてみて、どうだろうなと考えてみて、そして思い当たることがありました。治療の三カ月目に、エリクソンが突然入院して、手術を受けていました。現在もまだ身体的に不安定でした。のっぺらぼうの顔は、「あなたが不安定なのに、私はどうしてまとまりのあるアイデンティティを、私の顔を得ることができるでしょうか」、「先生が不安定な状態なのに、どうして私が先生に頼れるでしょうか」というテーマがここに出ているのではないかとエリクソンは思うんです。

(iii) 象徴とテーマ2――凝縮と多重性

神の問題。彼は神学生でもあります。彼は真剣に、会堂の窓から射し込む光を見つめ、神の顔と自分の顔を突き合わせながら、真剣に自分を問いつめていました。私は宣教師としてやっていけるでしょうか。私の信仰は……と。この困難を突き抜けて、自己のアイデンティティを生み出す苦しみの只中にあったのです。その上、これに失敗していいるわけですね。うまくいかなくてパニック状態になって、入院することになった。このテーマは常に彼の中にあるのです。

祖父の顔。これが表しているものは仲違いしていた人。大きな安定と指導者のシンボルとして、つまり自分が宣教師になってどこかに出かけるということは、自分が指導者になるということですけれど、そのお祖父さんとの関係を彼は大事な時に喪っているのですね。お祖父さんが亡くなる前に、お祖父さんと仲違いしてしまった。自分の将来の精神生活を、知恵と確固としたアイデンティティの安らぎの上に築きたいと望んだけれども、それができない……。こういうことをエリクソンは頭の中で考えているんですね。いくつかの選択肢が心の中にできている。

ⅳ 象徴とテーマ3——馬と四輪馬車

これは、文化的な変化に対する歴史的なシンボルと見ることができます。つまり、望みのない旧式のやり方なのか？　古き良き時代への郷愁か？　家族歴からそれを理解すると、ミネソタ州のお祖父さんは牧師で、古典的な指導者のイメージ。そのお祖父さんから「お前はろくな奴にはならん」と言われていた。言葉もすごく意味深長ですよね。

フロイトが夢判断の中にこれと同じことを書いています。ヨーロッパの伝統で、父性的な関係の中で出てくるテーマですね。フロイトはこの言葉で奮起するんですが……。この夢の連想にも出ている。時代の混乱のシンボル、ひと昔前のシンボル、アイデンティティ混乱のシンボル。お祖父《じい》さんが死ぬ直前に仲違いしてしまった後悔のシンボル。次々と結びついて、患者さんは話しながら泣くわけですね。

お母さんのテーマもあります。お母さんは農牧の包むようなそういう感じですよね。ただ、お母さんは感情的に爆発して気が荒れる人でもあった。自分についても、自分の元気がよすぎて乱暴に動いたりすると、母を不安にした。そんな時、彼は不安を感じ、またつまらない、面白くないという感じを持っていた。

しかし、これらの連想の中で、お父さんは夢の連想の中に出てこないんですね。夢の中に、普通なら出てきてもいいような欠落がある。それは何でだろうか？　エリクソンの夢分析の特徴のひとつに、夢の要素の「欠落の部分」に注目するということがあります。夢の中に出るはずのものが出ていない。それはどうしてか。これには意味があるのですね。出ているものだけをテーマにして夢解釈するのではなくて、出ていないものもその中に含まれる。これは高等技術ですが、夢の一般的な傾向が分かっていないとわからない。

そのアイデアがここに出ているのですね。お父さんは、後半では話題の中心になってきます。

一方、長い髪の顔は母かもしれないし、メデューサのシンボルとも考えられるかもしれない。のっぺらぼうのイメージは、顔を失ったもの、アイデンティティの喪失と見ることもできます。女性の穴のシンボル、女性恐怖、内的な空虚感と去勢など。これらの性的なシンボル理解は、ずっと後のセッションで性的な事柄がテーマになったところで扱ったと述べています。こういうのがもう出てくるだろうという心の準備があるということですね。その準備が面接者、治療者の方ではできていると随分ちがうでしょうね。このように、夢は私たちにいろんなことを教えてくれるわけです。

Ⅷ　よい治療者とは？

1　取り出せる前意識

治療的な関わりの瞬間に、治療者の意識には患者さんの中心主題があって、その上で患者さんの話を聞いているわけですね。治療者の前意識的には、多くのものが生起しており、これが患者さんとのコミュニケーションを妨害しない状態であることが大事だとエリクソンは言います。

私たちの修業時代の学習、私たちが勉強している時代などが自分の中で統合的に働いているかどうか。それが治療者の内的洞察の支えとなって、また治療スタイルとなっているかどうか。このような所で皆さんが勉強なさっていることを、しっかりと自分の芯に置いておくこと。それが支えになるということですね。

前意識的な思考は、意識して呼び出すと、それを言葉にすることができること。ただ印象主義的ではなくて。あるいは、患者さんの言葉に引きずられて、何かを言うのではなくて。主体は自分の中にすでにあって、そこから患者さんに対するいろんなものが、こちらの発言となって展開していくこと。エリクソンが言っていることは、そういうことだと思います。

2　よい治療者とは

背景としてフロイトの理論、つまり役に立つ観点をしっかり持っていること。エリクソンの論文をシュライン（Schlein, S.）が編集した本があります。それは『一つのものの見方（A way of looking at things）』（一九七四）です。「これは私の一つの見方で、私の見方がすべて正しいわけではありません」という意味ですね。私の感じからすると、柔軟性があり、自分の考えを絶対視しないところがあります。しかし一方、自己主張をすることに、やや不安を持っているという感じがします。

エリクソンの理論的な姿勢は、次の通りです。①構造論＝精神の解剖学（自我論）、②力動論＝精神の生理学（リビドー論）、③発達論＝精神の発達：強さと弱さ、退行と危機、現実への適応の学（対人関係・発達論、対象関係論）、④面接場面での相互関係の力動性。この四つは皆さんよくご存じですよね。発達論は彼の中ある、先ほどの図式の中の退行と危機と考えたらよいと思います。この面接場面での「相互関係の力動性」、これをエリクソンはすごく大事にしています。

さらに、良い治療者とは、自分の考えが自分にフィットしているかどうか。その考えをもっているのは心地よいことかどうか。これが理論との相性だと思います。ここでは指導者の影響もあるかもしれません。クライアントさんと気が合うとか、感じ方が似ているとか、こちらが受け入れられているとか、好意が持てるとか。この人と仕事するのは気持ちがよいとか。逆に、この人は難しそうだというのもありますよね。相性があまりよくないとか。このクライアントに自分は向いてないのじゃないかと思ったりする。どこかで関係がぎくしゃくして中断したりする。

支配しないと思っていても、やはりクライアントを動かしたい感じが起こったりする。こうしたらいいのにと患者さんに言いたくなる。できるだけ縛らない、といったことが大事です。

また、どこかでこの人は立ち直る力があるという自分の直観に信頼が置けるかどうか。クライアントさんの「統合する力」に信頼を置くことができる。そういう人が良い治療者ですね。

心理療法では、実際には完全に客観性を保つことはできないと思います。保ち得ると思うのは、一種の自己欺瞞ではないでしょうか。たとえ個人分析を受け、カウンセリングを受けても、うまくいかない。個人分析は主観的な体験、共感の働きの効用を経験し、学ぶためのものです。自分を分析しているのだから、あまり自慢できるものではない。しかし一方、治療者として勉強の可能性を高めるものとして必要性があるのです。

3　治療のスタイル

治療者の治療スタイルは、治療者が意図的に使用できる自己の感覚や思考だけでなくて、表情、姿勢、声の調子などの瞬間ごとの動きの中に示されます。これは重要ですね。このことをサリヴァンは音声（vocal）と言います。エリクソンは心の声（voice）を重視します。speech と language の違いです。speech は話の内容で、内容をみると、ことば（language）つまり、そこに伴っている声の抑揚とか強さとか優しさとか、そういうのはむしろ言葉に伴って伝えているわけですよね。そこに注目しましょうということですね。

というのは、自分の姿勢そのものが言葉に現れることに、自分が気づいているかどうか、ということが非常に大事なことですよね。つまり、気づかない間に言葉の中の抑揚とか誇張とかいうところで、全然違ったメッセージが出ます。するとズレが起こってしまう。患者さんとの間にね。こっちは一生懸命やっているつもりだったのに、患者さんが「先生もう結構です」と言ってやめる。この理由がよくわからないということがあります。

そして、相手が内的に立ち直る力を有していることを治療者が実感しているかどうか。この人は大丈夫だという直観的な信頼感が、各セッション一回一回の中に感じられるか、仄かな光が見えるか。各セッションの終わりに、患者さんの目に明るい光が少しでも見えているかどうかということですね。これも大事だと思います。一回一回のセッションがとても重要なのですね。積み重ね。週五回やっていながら、一回一回のセッションに感じとれるかどうか、これはなかなか難しいですよね。

Ⅸ　エリクソンのアフォリズム、格言

エリクソンがいろいろの機会に話した大事な、ことばを少し引用してみます。

（１）私たちは観察される個人の積極的な共同作業の参加によって、またその個人と誠実な治療契約関係に入り込むことによってのみ、人の心を研究することができる。精神分析の方法は、サリヴァンのいう参与観察者になることは避けられないし、また避けてはならない。それは精神分析の体系からしてそうである。

（２）私たちは、自分の中にあるものを識別することを学ばないで、他人の中にあるものを見ることはないだろ

う。歴史的な出来事の客観的な再構成ではなく、むしろ、現在の地点から構築的にそのつど新たに物語るということなのである。われわれは過去を再構成しているみたいだが、今の時点でそれをやっている。(私の理解としては、これが社会構成主義とか社会構築主義とかいうのだと思います。エリクソンは自我心理学からだんだん外れていきます。現在の関係論的なことを言いたかったのですね。しかし、エリクソンの周辺としては、わかってくれる人が少なかった。)

(3) 臨床的な推論の正しさの証明は、患者さんがすぐ直後に同意することにあるのではない。前向きに進んでいる新しい洞察につながっているかが大事である。精神分析というのは、自己を観察することを学んだ観察者が、観察される者に、自己観察的になることを教える人間関係である。

(4) 心理的な発見には、ある程度の観察者の非合理的な没入がなければ、他者にその発見を伝えることができない。生きたままの者の性質について学ぶためには、その生きた者と共に何かをしてみるとか、それらのために役立つように何かをすることによるしかない。(私は、これも関係論的だと思っています。)

(5) 相互的な活性化について。自我の強さとは、現実吟味のあらゆる方法を利用しながら、各発達段階における相互的な影響によって、自分が他人によって動かされながら、同時に他人を動かすのである。自分の個性によって他人を動かしながら、他人の個性によって自分が影響を受けるのである。

(6) 私たちは他人との関係によって存在する。お互いに関係しあい、対応すること。パートナーシップというような関係である。

(7) 観察者は自分自身に対する研ぎ澄まされた洞察が要求される。訓練された主観性(disciplined subjectivity)がその道具である。主観的反応を道具として使う。時には観察者の個人的感情が観察を支配してしまう。(エナクトメント、逆転移などが起こる。)

(8) 観察者は患者さんを観察するのでなく、患者さんと自分との関係を観察する。関係のゲシュタルト。(これも今までと違い、関係として見ている。自分との繋がりの中で出てくるのですね。）

エリクソンは苦労して configurational field「心理的な布置の場」と英語で言いましたが、ドイツ語でいう Gestalt「ゲシュタルト」がぴったりくる。ゲシュタルト心理学のゲシュタルトです。要素が一つのまとまりを持った時に、違った構造に見えることを言います。映画のフィルムがそうですね。静止画が繋がって、それを早く回転すると動く絵になる。全く別の世界が現れてくる。それがゲシュタルトです。患者さんがいて治療者がいると別々の存在として見るのと、患者さんと自分の関係の中で、患者さんを見るのとでは全然違う。これがゲシュタルトの場ですね。

患者さんを回復へと変えようと進めようと努力してわかることは、相手を変えることがセラピスト自身を変えることになることがわかる。治療者にとっては自分がひとつ成熟することでもある。もっといいセラピストになることでもある。患者さんが私を変える。相互的な観察（mutual observation）とは、参与観察者（participant observer）に対して、観察的参与者（observing participant）である。観察者として観察しながら、その場そのものが変化してしまうということが起こることへの注目です。リレーショナルな立場の人が現在主張していることとそっくりです。

まとめ

エリクソンの面接の技法をまとめてみると、次のようになります。

＊理論枠をもって、事例をしっかり考え抜くこと。

＊毎回セッションごとに、繰り返して考えること。
＊相手の面接の力に基本的信頼を持ち続けること。（諦めたくなることがたくさんありますよね。）
＊そして、忠実に技法に従い、変化を待つこと。
＊合意した目標を忘れないこと。一緒にこういう目標で努力しましょうねと決めたら、それに向かって取り組むこと。
＊辛抱強く正面から取り組むこと、小手先でやらない。

精神分析はそろそろ百五十年になる実績があります。その中に深い真実も含まれていることは間違いありません。エリクソンの貢献もそのうちのひとつだと思っています。

以上です。ありがとうございました。

二〇一三年十一月二十四日　開講

第4講　クライン——その生涯と創造性

飛谷　渉

はじめに

精神分析において、臨床実践と理論とは創造的関係にあります。両者を連結するのは精神分析的態度であり、それはスーパーヴィジョンと訓練分析に支えられた思索活動によって育まれます。精神分析の諸概念は、こうして自己分析と分析臨床の中で着想され、生み落とされることになります。生まれた諸概念は、自己分析を含む分析臨床の中で検証され、突如、理論という全体を形成します。これは線的なプロセスではありません。諸概念が理論を形成するプロセスは「いかにして分析者になるのか」というビオンの問いをともなって、ときに分析者をおびやかし、そして気づけば諸概念を思索の主体の手の届かないところへと運んでしまいます。そのような事態が概念の成長なのであり、これは精神分析的内的対象の創生と再生といえるでしょう。これはビオンがキーツの発想を借りてNegative Capabilityと呼んだ芸術的能力あるいはコンテインメントの内実に関連しています。さらにこれは、クラインが一九三二年の著書『児童の精神分析』の中で概念化したフェミニニティ・コンプレックス（femininity complex）に関連しているともいえます。

現代クライン派の概念的なアイデンティティは「内的対象」「無意識的空想」「死の本能」「投影同一化」「ポジション論」などであり、これらはすべてクラインの臨床思考が生み出した概念です。これらはクラインの精神分析臨床そのものと直結しており、それぞれが彼女の内的対象とつながっていて、彼女の手を離れたあとも成長し続けています。こうした意味からも、彼女の分析臨床と理論そして彼女の人生を結びつけて考えることは理にかなったことだと思われます。

私はあえて、クラインが後期に創出した諸概念を一つ一つ解説するよりも、むしろ彼女の産んだ諸概念から理論システムが立ち上がる過程の方に焦点化しようと思います。そうした意図から、彼女のベルリン時代と一九三五年前後のロンドン時代をいくぶん詳しく紹介することにいたします。その時代こそ彼女の臨床家としての魅力が最初に花開いた時期だからです。まず、メラニー・クラインの生い立ちとその後の生活のアウトラインを記述することから始めましょう。クラインについて紹介したあとには、時代背景に奥行きをもたせることができるようフロイト、フェレンツィ、アブラハム、ジョーンズなど、クラインの生きた精神分析コミュニティを育んだ重要な分析者たちについても、簡単なご紹介を追加したいと思います。

I　生い立ち——ウィーンの時代

メラニー・クライン（Melanie Reizes：メラニー・ライツェス）は一八八二年三月三十日、母リブサ三十歳、父モーリス五十四歳のもと、ユダヤ人家系に、四人兄妹の末っ子としてウィーンに生まれました。父は医者で、高い向学心を持ち知的才能に恵まれてはいましたが、経済観念に欠けたため開業に失敗しました。オペラ座専属保健医となりましたが劇場が破綻し、歯科医院を開くことで何とか生計を立てました。モーリスの両親、つまりメラニーの祖父母は熱心なユダヤ教徒であり、彼に祭司になることを期待しました。ところがモーリスはそれに激しく抵抗し、親の反対を押し切って医学の道を志しました。彼はユダヤ的伝統と権威に反発し、それが科学や芸術、文学への高い関心にもつながっていました。十カ国語を難なく操ったといいます。

一方、夫とふた回り年の離れた妻リブサは美しく才気ある女性で、夫と子どもを献身的に世話する頼もしい良妻賢母でした。また美術や演劇鑑賞に熱心でもあり、特に絵画に関心をもっていました。反面、支配的侵入的で気性の荒い女性でもありました。夫の収入を補うために植物と爬虫類を販売する店を開き、その店は馬券を販売するようになって急に潤ったというエピソードがあります。リブサは、まさに植物を育む大地としての母親であったと同時に、爬虫類のように不気味で危険な一面をもった女性であり、メラニーにとって良くも悪くもユダヤ人母系家族の軸となる聡明で美しく強大で難しい存在であり続けました。メラニーの結婚出産に際しても孫たちの育児などに容赦なく嘴を挟みました。また一方、メラニーは育児に関してリブサに過剰に依存し、侵入や支配をむしろあてにしていました。

メラニーには三人の兄姉がありました。六歳上のエミリー、五歳上のエマヌエル、四歳上のシドニーです。メラニーはシドニーとエマヌエルの二人と馬があいました。エミリーは父親の唯一のお気に入りであり、メラニーにとって気にくわない嫉妬の対象でした。メラニーに読み書きと算数を教えたのはシドニーでした。シドニーは彼女にとって心強い味方でした。ところが、メラニーに最初の不幸が容赦なく降りかかります。シドニーが肺結核に罹り八歳という幼い命を落とすのです。その後は兄のエマヌエルがメラニーを支えました。メラニーの人生では、親密さを分かち合った人物との突然の死別が何度も繰り返されます。このシドニーとの別れがその原点となりました。

エマヌエルには文学と音楽の才能がありました。また彼はメラニーの書いたストーリーを絶賛し、彼女の並々ならぬ才能を見抜いた最初の人物でした。メラニーはいつか大物になるに違いないとエマヌエルは確信し、メラニーを賞賛しました。エマヌエルは医学生になるかたわら詩人たちと交流を持つ文学青年で、十代のメラニーはその影響からか医者になる志を胸に抱いていました。

メラニーは、エマヌエルと父親との衝突を何度も目の当たりにし、反抗的な若者へと成長してゆく彼を密かに心配しました。彼は自ら豊かな才能を台無しにしはじめており、父と似て、知的才能を反抗心のために犠牲にした人物でした。メラニーの人生におけるこの二人の重要な男性たちの共通点は、人から学ぶことが難しいということ、すなわちナルシシズムによる知的抑制でした。のちにクラインが知的発育の遅れを必要以上に心配したことで始めた息子エリックへの精神分析的観察と性的啓蒙の背景には、知的才能を開花させることができなかったモーリスとエマヌエルの亡霊がいるように見えます。ただ、ここにはすでに彼女の精神分析との出会いを運命づけた家族文化が認められます。複雑なユダヤ人アイデンティティ、祖先の宗教生活とそれへの反発、科学の尊重、芸術への憧れ、詩や文学への関心、さらには知的好奇心という要素です。

一九〇〇年、メラニーが十八歳の時、父モーリスが肺炎のために七十二歳で他界します。父の死後、メラニーは経済的に逼迫してゆく家庭状況から医学への志を断念し、エマヌエルの紹介で知り合ったアーサー・クラインと婚約します。エマヌエルの行動はさらに破綻し、大学をやめて作家になるという非現実的な理想を掲げて放浪します。流浪の旅先からエマヌエルはメラニーに金を無心します。一九〇二年、彼は旅先で心不全のため二十五歳という若さで急逝します。

結婚したメラニーは夫アーサー・クラインとともにスロバキアに移住し、二十二歳の時長女メリッタを出産します。第二子ハンスを出産した際、産後抑うつ状態となります。最初のブレイクダウンです。その後もメラニーはたびたび抑うつ状態に陥り、一九〇九年にはスイスのサナトリウムに二カ月間入院しました。

Ⅱ　ブダペスト時代
――フェレンツィとの分析（一九一四〜）、エリックの精神分析

一九一〇年、メラニーは転勤の多かった夫アーサーとともにハンガリーのブダペストに移住しました。一九一四年夏、三十二歳で第三子エリックを出産しますが、その年の十一月には母親リブサが死去、ここで再び抑うつ状態に陥りました。夫の職場にフェレンツィの身内が働いていたことがきっかけでフェレンツィの治療を受け、彼女は初めて精神分析に出会います。

メラニーはフェレンツィとの分析を始めるとともにフロイトの著作に触れ、水を得た魚のように精神分析に熱中し始めます。特にフロイトの夢に関する著作が彼女を魅了しました。フェレンツィとの分析から大きな刺激を受けたメラニーは、息子のエリックに目を向けます。知的発達、特に好奇心が抑制されているように見えたエリックをかねてから心配していた彼女は、彼の言動を観察するにあたって精神分析が教えてくれるものの大きさに驚き、精神分析こそが息子を助けてくれるものだと確信します。

フェレンツィとの分析は師弟関係と教育的態度を残したものであったとともに、第一次大戦の不安定な戦況のため、その設定は不安定でしばしば中断されました。ただそのような限界ある設定でも、その分析は多大な分析的恩恵を受けるに足るものでもありました。ミーラ・リカーマンはクラインがフェレンツィとの分析から受けた影響は、その多くが無意識的であり、彼女の臨床的態度に直接反映されてはいるものの意識化されていなかったのではないかと推測しています。それはクラインがフェレンツィから受けた影響の大きさにもかかわらず、フロイトやアブラハムへの多くの賛辞に比して、彼への言及がほとんどなされていないことに現れているとリカーマンは述べています。事実、彼女はフェレンツィとの分析を振り返るとき「彼との分析では手つかずのまま触れていないことがあっ

た。彼はあまりにも親切すぎた。彼は私の転移のネガティブなものを扱わなかった」とのその不十分さに関する不満を漏らしています。けれども後の理論展開から考えると、内的現実感覚の発達を心的成長の中心に置くという彼女の考えは、間違いなくフェレンツィから受け継いだものでした。

フェレンツィとの訓練分析のさなかに行われたフリッツ（エリック）への精神分析的教育の目的は、彼の知的発達が遅れないようにとの予防措置でした。したがって、その関わりは精神分析的観察というよりはむしろ、精神分析的性教育という啓蒙的教育的要素が強調されたもので、クラインはそれで十分だと見なしていました。ただ実際には、彼女のテキスト「子どもの心的発達」をよく読んでみると、ここですでに彼女が多くの解釈を行なっていることが分かります。

フリッツに父親の生殖的役割を説明する下りがあります。これは性的啓蒙を超えて、フリッツの空想に関する象徴解釈です。フリッツは次のような夢について話します。大きな車と小さな車が並んで走っていて、それらには美しい銀の棒が突き出ていて、それによって繋がれるようになっています。するともう一つの電気自動車が出てきます。並んで走っていた車が二つともその電気自動車に突っ込もうとします。すると大きい方が電気自動車に乗っかって、小さい方を後ろにくっつけます。電気自動車からは赤い棒がつきだして来てつながる……と続きます。これは明らかな原光景空想です。クラインは解釈します。「大きな車はパパで、電気自動車はママ。小さい車はあなたね。あなたがお父さんとお母さんの間にあなたの車を置いたのは、パパを追い出して、ママを独り占めしたいからよね。そして、パパにしかすることが許されていないことをママとしたかったからなのね。」ここでのクラインの解釈は、フロイトの「ハンス」において、父親が息子に行う解釈のラインに沿ったものです。さらに別のところで彼女は陰性のエディプス状況を解釈します。「もしこの棒が、つまりお父さんのおチンチンがね、あなたのおチンチンの中に入っていったら（これはママに関してもそうかもしれないけど）、あなたは傷つくし、あなたのおなかの中身も全部壊れてしまうものね」というものでした。

ここで彼女は象徴解釈に際して解剖学的な器官言語を使用することで曖昧さを排除し、同時にその器官の機能にも言及しています。この部分にはクラインのオリジナルな跳躍があると、アルゼンチンのクライン派分析家エチゴーエンは述べています。クラインが示したはっきりとした解釈的態度の背景には次のような信念があります。子どもが解釈の意味的価値を理解する能力があるということ、象徴はその起源にさかのぼるべきだということ、さらには子どもに真実を包み隠さず語る必要があるという信念です。

ですがエリックのこの分析的啓蒙の背景には実は複雑な家族状況があります。この頃夫は不在がちで、夫婦はすでに不和だったのであり、したがってエリックの原光景空想は、父親の不在に向けられた疑問と罪悪感であったとみなすこともできます。

Ⅲ　ベルリン時代――アブラハムとプレイ・テクニークの洗練

ハンガリーにおけるユダヤ人迫害など不安定な状況の中、クラインは一九二一年一月フェレンツィの紹介でアブラハムをたよってベルリンに亡命します。アブラハムはクラインに幼稚園の女性オーナー、ネリー・ウォルフハイムを紹介し子どもの分析を勧めました。そこで彼女は子どもの精神分析技法、「遊技技法（play technique）」を確立し洗練していきます。彼女はロンドンに移住する一九二六年までの五年間にベルリンで十六人の子どもを分析しました。ここでの試行錯誤の経験が、後の彼女の理論と臨床技法の基礎を形作っていきました。いわばクライン精神分析の心臓部です。そこで彼女が創出した方法論は、フロイトの夢解釈の方法を子どものプレイ素材に適用して解釈し、投与された解釈に対する子どものレスポンスを検証するというものでした。

当初、子どもの家を毎日訪問して分析する設定を行なっていたクラインは、リタという子どもの分析以降、次第に家族の目に晒されることの弊害を感じ、自分の家に患者を呼んでの分析の方がよいと考えるようになります。試行錯誤の末、コンサルティングルームを使用して、小さくシンプルなおもちゃを使った遊技技法が大人における自由連想に匹敵するものだと結論づけました。

このような設定でなされた分析において、子どもたちがもたらす素材に表現される壮絶なサディズムにクラインは驚愕します。彼女は最早期の幼児の口唇・肛門サディズムが母親の身体に向けられ、それと同等の残酷さで罰を与える迫害的母親対象が最早期から内的対象として存在することを、それらの経験から見いだしました。さらにその空想内容が、原光景を含むエディプス状況であると確信します。ここでクラインは、超自我がエディプス・コンプレックスを引き継ぐことで発生するというフロイトの考えを見直さざるを得なくなります。つまり早期の超自我形成はエディプス・コンプレックスの一部分を形成するのであって、その継承者なのではないのではないかと考えたのでした。

彼女がそれらの臨床状況を報告し相談するたび、アブラハムはクラインの解釈の妥当性を支持しました。分析が進展していること、無意識素材の表出が深くなり豊かになるとともに子どもの不安が和らいでいることなどを指摘することで、アブラハムはクラインを激励しました。これらクラインの提示した素材は、彼が精神病患者の分析から得た仮説を裏付けるものでした。彼はクラインの臨床に深い関心を示し、その可能性に期待しました。アブラハムはクラインに、精神分析の未来は子どもの分析が担うことになるとまで言いました。

クラインは、子どもが人形で遊ぶとき、それらに担わせる役割が彼らの中でそれぞれ独立したさまざまな同一化を示していることを発見しました。それらの同一化要素は子どもたちの即座の空想と関連しており、クラインは躊躇なくこれらの同一化に関する無意識的起源を解釈しました。この発見による技法のシフトは当然、彼女を象徴解釈から転移解釈へと導きました。

この技法のシフトは、ミシェル・ペトーが指摘するように、一九二三年に始まった二歳半のリタとの分析の最初期でクラインが行った陰性転移の解釈に顕著に表れています。ペトーは、リタとの分析こそがクラインのベルリンにおける技法的転換点だったと指摘し、アンナ・Oが「談話療法（talking cure）」としての精神分析を発明したのになぞらえて「リタと彼女の『超自我‐テディ・ベア（super-ego-teddy bear）』こそ、メラニー・クラインの遊技技法の共同開発者である」と述べています。

リタには夜驚と強迫行為があり、非常に接触が困難でした。クラインはリタの部屋を訪れて分析をし、最初のコンタクトを樹立しようと試みましたが、その試みは見事に打ち砕かれました。リタは部屋でクラインと二人きりでいることに耐えられませんでした。黙り込み、外へ出たいと言いました。クラインは仕方なく庭へと同行しました。クラインは、ここにすでに陰性転移がはっきりと現れていると確信しました。つまり母親との分離不安の表れであるとは考えませんでした。庭に出てリタが落ち着くと、陰性転移をそのまま解釈しました。「部屋に二人きりだったとき、私があなたに何か怖いことをすると思ったのね」。さらにそれをリタの夜驚の恐怖に結びつけて、夜には悪い女の人が彼女を攻撃してくると感じているのだと解釈しました。これが驚くべき結果をもたらしました。リタは至極安心して部屋に戻り、分析を再開することができたのです。

これは歴史的な解釈だとペトーは述べています。即座の不安とともに転移に言及し、それらを症状と葛藤に結びつけて解釈しています。ここにクラインの独創性があります。クラインは後にも、解釈は最も適切なタイミング、すなわち解釈素材がはっきりと現れたそのとき即座に与えられる必要がある、でなければあまりにも高まる不安のために解釈は手遅れになるのだと強調しています。分析家が解釈によって不安を和らげ調節すると同時に、子どもの無意識との直接的接触を持つことで、さらに深い素材が解放されるという観察と経験に基づいています。最も深い素材と不安とが表れたとき、それを即座に解釈するというクラインの技法的態度の根拠がここにあります。

さて、児童の分析臨床が軌道に乗り、技法の確立と幼児の心への分析的理解が深まっていった一方で、彼女のベルリン精神分析協会におけるポジションは誠に不安定なものであり続けました。庇護者であるアブラハムを除いては、ほとんど周りは敵か無関心なものばかりという有様でした。彼女が医者でもなく大学教育もまともに終了していない主婦だったということが、その攻撃と冷遇の中心的な理由でした。またその頃、児童の精神分析はおとなの精神分析よりも安易で取るに足りないものだと見なされる傾向がありました。また彼女の発見した臨床所見はあまりにも斬新すぎたために、学会でまともに議論されることはありませんでした。

そのようななか、クラインが四十二歳のときに夫アーサーとの亀裂が決定的となりました。その上、医者になり分析のトレーニングを始めた長女メリッタへの賞賛と嫉妬あるいは羨望を伴った複雑な反応から、彼女の結婚を機にクラインは再び抑うつ的危機に陥りました。そこでクラインはアブラハムに分析を受けることを望みました。一九二四年には、弟子を患者としてとることには消極的だったアブラハムを説得し、彼との訓練分析を始めました。が、ここでもさらなる運命的な喪失に見舞われます。クラインの分析が始まって一年ほどの頃、アブラハムは魚の骨をのどに詰めたことをきっかけに肺膿瘍を発症し、分析を中断せざるを得なくなりました。クラインの分析は宙に浮いてしまいました。

同時期にアブラハムの分析を受けていたイギリス人インテリ女性にアリックス・ストレイチーがいました。彼女ら二人は次第に交流を深めます。その頃のクラインの印象をアリックスは「野暮ったいクレオパトラ」と揶揄しつつ、同時にクラインの児童の精神分析への熱意と才能には心から敬意を表していました。アリックスは夫ジェイムスにクラインの考えを逐一手紙で報告しました。また同じ頃、ザルツブルグ大会でのクラインの発表を聞いたロンドンの分析家アーネスト・ジョーンズは、彼女の臨床能力に深い関心を示しました。

その発表は三歳の男の子ピーターの分析に関するものでした。ピーターが十八カ月の時に両親の性交を目撃したことに彼の困難は起因しているとクラインは考えていました。ピーターは車を二つ前後に並べ、そのあと横に並べました。さらに馬を二頭ぶつけ合った後、「こいつら今から寝るんだ」といい、その上にブロックを重ねて埋葬し、「すっかり死んじゃったね」と言いました。さらに別の時には、スポンジの上に彼自身と弟を表す二本の鉛筆を置き、父親の声色を使って、「いつも、いつも、くっついて豚みたいなことばっかしてんじゃねーよ」と怒鳴ります。原光景空想と超自我発達との関連に関心があったジョーンズは、彼女の臨床能力に目を見張ります。

四歳の女の子ルースは、当初クラインを非常に恐れていたので、仕方なく姉が彼女を分析に連れてきていました。姉のある日のセッションでルースは姉のバッグを手探りし「中身が落ちないように」としっかり蓋を閉めました。姉の財布もしっかり閉まっていることを確かめます。さらにコップの中にビー玉を入れ、蓋をしっかりと閉めて、外に転がり出さないようにします。クラインはこの素材を、母親のおなかの中の赤ん坊を閉じ込めて、出て来ることができなくすることだと理解します。また別の時、ルースは赤ん坊に見立てた人形にミルクを飲ませます。クラインがスポンジを人形のそばに置こうとするとルースは怒って「子どもは大きなスポンジを持ったらだめなのよ、それは子どものじゃないの、大人用なの！」と言います。スポンジは父親の大きなペニスを示しているようでした。ルースは母親がペニスや赤ん坊を体の中に取り入れて独り占めして楽しんでいると感じ、それらを強奪して駄目にしたいと望んでいるようでした。さらにその敵意と羨望のために彼女は内的母親からの仕返しを恐れており、それが迫害的超自我対象だとクラインは考えました。そして転移的母親としてのクラインに対する多くの素材から、このような過酷な早期超自我は離乳とトイレット・トレーニングによる口唇的・肛門的フラストレーションの結果形成されると結論づけました。

ストレイチー夫妻とジョーンズの手配によって、ロンドンで二週間連続でのクラインによる児童分析に関する講義が実現しました。それはベルリンでの反応とは全く違い好評を博しました。同じ頃、クラインはダンス教室に通い色男と深く恋に落ちました。ロンドン講演への創造的な動きと、このダンス教室での性的行動化という組み合わせは、アブラハムとの突如の分析中断に起因する絶望感から這い上がろうとする修復への動きと、躁的性的アクティングアウトという二つの動きでした。

さらにここで、クラインは再び喪失の現実に見舞われます。アブラハムの病状はその年の秋には再び悪化し、クリスマスの日に亡くなりました。四十八歳という若さでした。分析の内部においても彼女は、知的才能を全うすることができなかった男性分析家を弔う痛みを味わうことになりました。さらに同時期に夫との離婚が決定的となり、クラインはロンドンへの移住を決意します。

Ⅳ　ロンドン時代――ジョーンズと英国精神分析協会

ロンドンのコミュニティには、医師でないけれども素養があり実践的な分析家を受け入れる度量がありました。ロンドンに招かれたクラインは、アーネスト・ジョーンズの妻と子どもたちを分析することから臨床を始め、急速にその対象を広げ経験を重ねていきました。それらの実践と思索は、ベルリン時代の仕事を軸に練り上げた論文集『児童の精神分析』（一九三二）へと結実しました。それは敬意とともに受け入れられ、一躍彼女はロンドンの精神分析ムーブメントの中心的存在となりました。

その斬新さの中心は、堅実に精神分析の設定を守る中から生まれた早期超自我形成の理論にありました。またそれは、ペニスの価値をめぐって展開する発達的時期としての男根期の前にフェミニニティ・フェイズを置くという独創的理論にも現れています。

1　フェミニニティ・フェイズ

フェミニニティ・フェイズは、母親の身体内部をめぐる空想をもとに展開し、男児も女児も同様に通過するものとして捉えられます。クラインの主張では、小さな子どもたちは母親や女の子をペニスのあるなしによってのみ見ているのでは決してありません。彼らは母親の乳房や膣に関する知識を生来的に持っていて、それは母親の内部に広がる豊かな空間世界として捉えられています。そこには空想上の赤ん坊や良い糞便が内包され、父親のペニスがそこを潤しています。しかしながら、このペニスや赤ん坊は子どもが嫉妬によって攻撃すると、仕返ししてくる危険なペニスや危険な糞便・赤ん坊となります。子どもたちは母親の身体内部に侵入し、美しく豊かなものを強奪したいと願います。それに伴って母親から仕返しされる恐怖に怯えます。女児は自分の内部にある良いものを母親に壊され奪われる恐怖を味わいます。男児は母親からの去勢の恐怖に怯えます。

特にこれらの空想は、離乳とトイレット・トレーニングによって頂点を迎えます。そこでのフラストレーションと羨望によって高まる怒りを乳児は、乳房を噛みちぎり、飲み込み、切り刻み、奪う空想を伴った行動によって爆発させ不満のはけ口にします。それは母親がミルクを奪い大切な糞便を奪ったことへの報復です。そして、これが母親からのさらなる報復の恐れへと直結します。そこで乳児は、かみつき飲み込み引きちぎる口唇的母親像と、爆発させ汚し駄目にする肛門的母親像とを同時に内在化します。これが早期の超自我の基礎、つまり悪い対象を形成するわけです。

他方、子どもたちは男の子でも女の子でも、この報復的で圧倒的な悪い母親によって形成される早期超自我に怯えると同時に、良い内容物で満たされた豊かで美しい母親をほしいと願って母親に同一化します。このように、早期超自我形成と良き内部を持つ美しい母親への同一化というダイナミクス、これが男女共通のフェミニティ・フェイズです。この地点から男児と女児の発達的経路は大きく変化します。

2　男児の場合

ペニスにより貫通することへの本能的衝動をもっている男の子は、口唇的・肛門的憎しみに満ちたモンスターのような母親を離れ（スプリッティング・否認）、性器的に魅力のある母親へと欲望の対象を向け変えます。さらに、モンスター母親からの去勢の恐怖という関係を父親とのライバル関係へと移動することにより、エディプス的な父親との敵対関係へと至ります。したがって通常のエディプス的ライバル心や敵意は、早期の母親への憎しみにさかのぼるという図式が成り立ちます。ただ、ともすれば男の子は、父親とのライバル関係に至ることができず、早期エディプス、つまり母親への口唇的・肛門的羨望の領域にとどまるかもしれません。ここで背景にある空想は、母親が父親との性交渉の間にその体の内部に父親のペニスと赤ん坊と良い糞便とを蓄え込んでいて、自分はそれを奪い取るというものです。母親の中のペニスを破壊しようと企てることで、男児は彼の内部で結合した両親が仕返しして来て、彼の内側を破壊してしまう空想に脅かされます。これが心気症の中心にある空想です。またこれらの空想は病者ばかりでなく、より健康な人々の態度を特徴づけることにもなります。つまり性的パートナーとの間で暖かい感情を表現できるのか、あるいは軽蔑的な態度をとるのかは、この早期における母親との同一化におけるアンビバレンスと、そしてそれに引き続く父親とのエディプス的アンビバレンスとどのように取り組み、いかにして折り合いをつけたのかに懸かっているのです。

3　女児の場合

離乳とトイレット・トレーニングにおける不満によって女児は、欲望の対象を父親のペニスへと向け変えることが比較的容易にできます。その背景には女児の生来的な受け身衝動が働いています。女児における母親への憎しみは、母親が父親のペニスを身体の中にもっているという空想に伴う情動、すなわち性器的な嫉妬と羨望が加わることで倍増します。ここで女児は自分が母親から剝奪されたという恨みを抱きます。この母親への複合的な憎しみが、性的対象として父親を求める動きへと女児を駆り立てます。したがって、女児が父親を求めて性器的欲望を向ける背景には、父親との愛情関係のなかで、母親との口唇的・肛門的フラストレーションとともに、性器的剥奪からおこる母親への敵意や恨みを和らげたいという動因があります。ここで、早期の母親への恨みや敵意が過剰だと、父親や男性との関係はそれによってさまざまな形でギクシャクしたものとなります。たとえば性行為に対してこのような敵意や恨みを転嫁する場合、不感症や不妊症の一因を担うことになるかもしれません。したがって女児の場合にも、前性器的な母親との同一化、すなわちフェミニティ・フェイズにおける同一化が後の女性性に重要な基礎を形成するわけです。

ここで紹介したのはクラインの早期発達論のほんの一部ですが、これだけ見ても彼女の理論の斬新さが分かるかと思います。目眩さえ感じる迫力です。クラインの描く幼児の、母親の身体内部をめぐる空想が、それまで父親とペニスという男性男根優位文化だったフロイト精神分析の世界に女性性の地平を切り開くことになりました。

この時期に始まったもう一つの重要な臨床的理論的貢献があります。それは象徴形成において不安が中心的役割を果たすとの事実を発見したことであり、むしろ後のクライン派の概念からするとこちらの方が大事なのですが、これらについてはさまざまなところで紹介されているので、それらを参照してほしいと思います。

一九二六年から一九三四年までが彼女にとって最も充実した創造的で平和な期間でした。彼女の周りにはジョアン・リビエール、スーザン・アイザックスなど才能豊かな同僚たちが集まってきました。クラインの理論はこれらの同僚とのコラボレーションによって洗練されていきます。メラニー・クラインの天才は、幸福においても不幸においても枯渇することなく自らの創造性を発揮し続けるその能力にあります。

V　抑うつポジションと内的対象

クラインにとって暗雲が垂れ込め始めたのは一九三三年頃です。忠実な共同研究者だった娘メリッタがグラバーとの訓練分析のさなか、彼女に反旗を翻し始めました。理論的批判から始まり次第に感情的な攻撃へとエスカレートしました。メリッタはクラインの理論には父親がいないと批判し、実生活においても彼女から父親を奪ったと罵りました。それは後に分析的娘となるポーラ・ハイマンをクラインが訓練分析し始めた時期とも重なっており、メリッタとの亀裂はそのことによって悪化したともいわれています。メリッタとはその後も全く修復できず、クラインが死ぬまで絶縁状態が続くことになりました。それは最後までクラインにとっては大きすぎる喪失であり続けました。

一九三四年四月、さらなる喪失が彼女を容赦なく襲います。長男ハンスがタトラ山中での滑落事故にて急死したのです。クラインの嘆きはあまりに激しく、ブダペストで行われた葬儀には参列すらできませんでした。この事故は自殺だったとメリッタが仄めかしたことがクラインをさらに憔悴させました。彼女は多くの会合をキャンセルしSt John's Wood の自宅に引きこもりました。そして、その夏発表することになっていたうつ病に関する論文の執筆に没頭することで喪失の痛みを乗り越えようとしました。それが後にクライン派の理論的アイデンティティの核となる論文、「躁うつ状態の病因論への寄与」（一九三五）でした。ここではじめて彼女は「抑うつポジション」の概念を着想します。彼女はパラノイア患者や躁鬱病者の心的状態と乳幼児が経験するそれとの発生的な繋がりに着目します。乳児が心的発達において精神病的不安状態を通過し、それ以後もさまざまな局面で精神病不安が復活することを指摘しました。それを当初彼女は乳幼児の精神病ポジションと呼び、それぞれパラノイド・ポジション、抑うつポジション、マニック・ポジションに分けて考えました。ポジションという発想には、これらの心的状態が直線的に進む相あるいは心のメカニズムであるよりもむしろ、行きつ戻りつの移行を繰り返す心の構えであるという考えがありました。その心の構えの中心には、取り入れられた良い対象をめぐる空想と不安があり、防衛システム、自我状態などが多次元的に組み込まれています。したがってポジションを形成するのは、良い対象と自己をめぐる空想、それに伴う迫害不安、抑うつ不安、さらにそれらに対処する防衛メカニズムです。

　生直後から乳幼児が母親の乳房との授乳関係を軸に、空想における投影と取り入れを活発に行うことで内的外的対象関係世界を構築してゆくという世界観がここに示されます。内的世界の核となるのは最初に取り入れられた良い対象（乳房）であり、さらに、憎しみとともに取り入れられた悪い対象からの迫害的攻撃や自らのイド衝動の脅威から、その内的な良い対象と自己がいかに生き残り成長するのかという人間的な生の葛藤がそこに捉えられています。これは精神分析的価値意識における重大な跳躍でした。

　こうしてクラインは、口唇的、肛門的、性器的リビドーのいわば自生的な生物学的精神発達というフロイトとアブラハムの発想、すなわち直線的生物学的発達論を、人間学的世界に位置づけることに成功しました。対象とその関係を愛と憎しみという情緒のもと取り入れることで成長する内的意味世界という発想の大転換がここに認められ、これがクライン派対象関係論の礎石となりました。ここにはクラインが当初考えた以上のパラダイム・シフトが含み込まれています。この価値意識の跳躍は彼女がベルリン時代に観察した幼児たちの無意識的空想世界の具象性を概念化するための最初の扉を開きました。

　このパラダイム・シフトが行われたのは上述の一九三五年の論文においてであり、それは心気症患者の妄想ポジションと抑うつポジションのせめぎ合いを描いた見事な夢の素材の解釈を中心に展開したものでした。さらにその五年後、「喪と躁うつ状態との関係」（一九四〇）という論文においてこの概念を洗練しています。ここでは息子を亡くしたA夫人の喪の過程を中心に臨床素材が描かれていますが、これはハンスを亡くしたクライン自身の自己分析素材です。ここでの彼女の文章からは、精神分析における人間愛に新たな次元が加えられていることを読み取ることができます。つまりリビドー満足の対象としてばかりではない対象愛の次元、すなわち思い焦がれ（pining）と彼女が表現する対象愛が生来的に存在し、抑うつポジションのワークスルーの中でこの対象愛はより確かなものとなってゆくのだという認識です。さらに、よい内的対象を自分が傷つけたのだという痛みを伴う認識を受け入れて対象を修復しようとする抑うつポジションのワークスルーの中で、この内的対象関係がリアリティを増してゆく様が示されています。クラインは自らのモーニング・ワークの中で精神分析的概念という生命体を産み落としたといえるのかもしれません。

4　内的対象概念の掴み難さ

さて、ここでメラニー・クラインが打ち立てた、クライン派における学派アイデンティティであったともいえる「内的対象」についてさらに述べたいと思います。内的対象は、内側にある対象イメージという単純なものではないということは、クラインの論述をしばらく読んでいるとぼんやりと浮かび上がっては来ますが、いざそれを言葉で捉えようとすると、容易にわれわれの言語能力をすり抜けてしまいがちです。

クラインのいう内的対象は、概念として主観的空想が強調され、とりわけ取り入れられた対象を自己の内部において実際にいる存在として主観的に体験することが強調されます。一方フロイトはある体験をしている患者を客観的スタンスで観察することで心のモデルを構築しました。そこから心的装置の振る舞いを規定する普遍的規則を導き出して、主観的状態というものを下支えすることを目指していたわけです。クラインの主観性に基づく概念は、このフロイトの心のモデルとはうまくかみ合わず、むしろそうした科学的モデルを脅かすものとなりがちで、多くの分析家に疑念と困惑を喚起しました（クライン・フロイト論争：後述）。一方、クラインが、臨床仲間と共有していた臨床理論の基盤は、他でもなくこの「内的対象」という概念であり、実際にクラインたちは自分たちの仲間を、クライン派と呼ぶよりもむしろ「内的対象グループ（inner object group）」と呼んでいたのです。ではなぜこの概念は言語によっては捉えがたいのでしょうか。

ここでクライン自身による内的対象概念の説明を見てみましょう。

「私が、『自我の中に据え付けられた対象（an object installed in the ego）』という古典的な定義による用語よりもむしろ、こちらの方、つまり『内的対象（inner object）』を好むわけは、こちらの方が子どもの無意識やそれに相当する大人の深層が、それに関して感じているものを正確に表現するからである。これらの層では、超自我が心の内部における両親の声であるという意味では、今まさに我々が学んで理解したように、それ（内的対象）は心の一部であるとは感じられていない。これ（超自我）はより高次の層における無意識で感じる概念なのだ。しかしながら、より深い層では、それは単一の身体的存在（physical being）あるいはむしろ複数の存在であると感じられており、友好的であったり敵対的であったりするすべての活性とともに個人の身体、特に腹腔内に宿っているのだと感じられている。この身体とは過去から現在にわたるすべての種類の生理学的プロセスがその形成に寄与した概念となる」（メラニー・クラインの講義ノート：メラニークライン・トラスト・アーカイヴより）。

この説明でもなかなかわかりにくいですが、とにかく言語を超えた体験水準のものを言語水準で捉えることはそもそも難しいのだということだけはわかるでしょうか。

では、かなり長い引用となりますが、リカーマンによる概念化を紹介して、この項目のまとめとしたいと思います。

「内的対象に相当する心的プロセスは、主体を絶えず特徴的なやり方で扱うということになる。悪意ある内的対象を例に取ってみると、これはまず身体に痛みを、そして心に恐怖をまき散らす内部にいる破壊的存在として、患者に主観的に体験されているものだと考えられる。これを理論的にみるなら、ある固有の不安をかき立てる空想パターンに相当するものだといえるだろう。このパターンはそれ自体主体を不安によって迫害するし、そのような迫害はそのパターンが現れる様式に本来的に備わったものでもある。

クラインの対象関係アプローチにおけるもっとも際立った本質はまさに、心の内部のメカニズムが人間関係を模倣するのだという発想にある。彼女は、人間の心的装置について考える際、心的装置は高まる刺激の圧力への応答として発達するというフロイトの考えのラインに沿うだけでは不十分であると示唆した。このようなフロイトの構図に欠けていたのは、心が圧力に反応する際にその適応的応答として、それを関係の次元で枠づけるということ、すなわち、それぞれ異なる心的存在を絶え間ない関係的対話の中へと持ち込むことで応答するということであった。人間の心が存在し始めるのは母子関係の基質の内部においてであり、そして引き続いて、そのプロセスは関係パターンとしての形を持つことになる。そこでは様々な良い存在と悪い存在とが交流し、そうして意味というものが際立ってくるのである。

したがって、内的対象は、ややこしいことに、もともとは取り入れられた乳房に端を発する内的存在に関する主観的体験であり、またそれと同時に、個人を良くも悪くも様々な形で扱う関係パターン、そして同様に個人が内的にそれらを扱う方法がかたどられた関係パターンの双方として表れされるようなプロセスの理論的名称でもあるのだ。さらにそのようなパターンが心的プロセスそのもののフォーマットに組み込まれるそのあり方ために、クラインの内的対象は心というものに計り知れない影響力を持つパワフルな実在なのである。したがってその個人にとって、内的対象は実際に自分の内的領域に住んでいて、その場を占めているものだと体験されており、内的対象が自己に及ぼすこの力こそ抑うつポジションを理解するための必要条件として認識される必要があると彼女が感じていたことは驚くに値しない。内的対象のこの力ゆえ、抑うつポジションにおいて体験されるようなその喪失が、破滅や悲劇に値する内的事態なのである」。

Ⅵ　投影同一化と妄想分裂ポジション

抑うつポジション概念の創出がフロイトのエディプス・コンプレックスの発見と同等のインパクトと重要性をもつことは、誰の目からも明らかでした。それはクラインに対してアンナ・フロイト - クライン論争という思わぬ副作用をもたらしましたが、この論争はクラインのなかで弱かった理論的基盤が、クライン本人とともに、スーザン・アイザックスとジョアン・リビエール、そしてポーラ・ハイマンという三人の才女の活躍によって、「無意識的空想概念」、「内的対象概念」、「抑うつポジション論」などの理論としてさらに洗練される結果をもたらしました。彼女の理論は、試練を経てより高い整合性を得るにいたったといえます。クラインはさらに成長することでロンドン精神分析界に生き残ったのです（後述のフロイト - クライン論争を参照のこと）。

以後、精神科医が彼女に訓練分析を依頼し、精神医学から精神分析を志す者が集まってくるようになりました。シーガル、ローゼンフェルド、ビオンの三人はともに精神科医であり、彼女との訓練分析を経て精神分析家になりました。彼らは統合失調症の患者をオーソドックスな設定の精神分析によって治療することを試み、そこから精神分析自体を大きく発展させたパイオニアとなりました。

ところでクラインは、ディックという自閉症の男の子との分析から、象徴形成の停止とそこからの進展の際に活性化する不安に関心を持ち、その際さまざまな原始的防衛が働く様を目の当たりにしました。特に彼女はスプリッティングと投影過程に関心を持ち始めました。さらに彼女はフェアバーンの論文から刺激を受け、抑うつポジションの概念化の際に想定した妄想ポジションを、あらためて妄想分裂ポジションとして洗練していきました。

一九四六年「分裂機制についての覚書」という記念碑的論文において、妄想分裂ポジションの概念を発表し、彼女のポジション論は完結します。この論文はスプリッティングの臨床観察、自我の受動的解体（unintegration）、能動的分裂（splitting）、良い悪いという二分法、など自我解体と統合へのダイナミクスに概念的重心が置かれていました。したがって、ここでポジション概念に、部分対象から全体対象関係へと至るパーソナリティの構造論的基盤がはっきりと築かれたわけです。その一方で、後のクライン派のアイデンティティの中核を担う原始的な投影機制、投影同一化概念がここではじめて提出されました。とはいえ、この論文のなかで投影同一化に彼女が触れているのは、ほぼ二、三行に過ぎません。自己の望まれないあるいは耐えられない性質を持った部分が切り離され、空想において外的対象に投げ込まれる。投げ込まれた自己部分を対象に帰属するものであるかのように扱う。これは他者を万能的にコントロールする空想を伴い、同時に対象の内部に閉じ込められてしまう閉所恐怖を伴います。この投影同一化のメカニズムを臨床的に洗練したのはローゼンフェルドとビオンです。彼女自身はこの投影同一化概念の革新性にはそれほど関心がなかったし、あまり信用していませんでした。むしろ逆転移の過剰利用につながるものとして、乱用されることへの警鐘を鳴らす役割を担いました。逆転移の有用性を積極的に主張した一番弟子ポーラ・ハイマンとの亀裂は、以後修復不可能になるまで広がってしまいます。

クラインはこのように投影同一化概念の臨床使用にはむしろ慎重であり、理論としての重要度の方を高く見積もっていたのかもしれません。上述のポジション論における解体と統合という自我構造論的な洗練とともに、重要な要素がはっきりと姿を現します。死の本能論です。フロイトの思弁的ペシミズムであるとして、その有用性と正当性に疑問が投げかけられ続けていた本能論の新しい概念でした。人間には個体と種の生き残りへと駆り立てる性衝動という本能、すなわちリビドー、そしてそれと拮抗して静寂と無に帰する解体の本能、すなわち死の本能とがあるとする本能二元論モデルです。フロイトがあくまでも思弁的にこの概念を提示したのに対してクラインは、死の本能が臨床的に直接触知可能であり、これが自らの理論構築の軸となりうることを直感していました。クラインは、そもそも幼児のサディズムとそれが構築する最早期の超自我形成の観察という臨床状況から出発したのであり、彼女が死の本能論を受け入れ臨床的に洗練しようとしたことには自然な流れがありました。

Ⅶ　羨望と感謝

クラインは一九五七年「羨望と感謝」を刊行します。ここで概念化された原初的羨望は後のクライン派臨床を大きく前進させ、ナルシシズムへの分析的接近を可能にしたという意味において画期的でした。原初的羨望の概念は、彼女が一九二〇年代から三〇年代につぶさに観察した幼児の口唇的・肛門的サディズムの表現をより洗練し概念化した自然な到達点でした。それは母親の身体、特に乳房の豊かな内部へと向けられた破壊的攻撃を招く情動です。与えられるということ、そして良さそのものへの敵意です。生そのものを積極的に取り除く死の本能に直結する意識的無意識的感情です。

彼女は、羨望が人間の死の本能の直接的な現れであるとして、その生来的な体質基盤を強調するとともに、逆境においてそれはさらに悪化すると説明します。良さの源泉は、最初に出会う豊饒でミルクに溢れる美しい乳房であり、さらにその奥には創造的な両親の性交とそこから生まれる美しい赤ん坊があります。ところが、良い対象の良さに向けられたこの羨望による攻撃は、対象の良さと悪さの区別を曖昧にし、内的混乱へと導きます。何が良くて何が悪いのかが分からなくなってしまうのです。さらには依存への攻撃、創造性とコミュニケーションの破壊がその結果としてもたらされます。要するに羨望は生きる喜びと人と関わる楽しみを台無しにします。

クラインのある男性患者は、緑色の本のページをちぎってパイプに詰め、火をつけて吸っているという夢を報告します。場面は変わり、彼は女性の洗濯かごを手に持っています。その中には緑のおくるみに包まれた美しい赤ん坊が入っています。緑色はクラインの最近出した本のカバーを連想させます。でもよく見ると、その赤ん坊の口には釣り針が引っかかっています。

これはクラインと彼女の仕事に対する羨望に満ちた攻撃と破壊を示しており、ちょうど彼が母親の小さな赤ん坊を奪いたいと望んだこと、母親が赤ん坊を妊娠出産できるのに自分にはできないということに彼がいかに耐え難かったかというに結びつけられました。次に彼は、年老いてくたびれたパイクという歯のぎざぎざした魚を夢に見ます。それは彼が前夜の夢で羨望によって破壊したクラインの変わり果てた姿でした。クラインは、母親への羨望をこの患者の同性愛の源泉であると見なしています。

クラインは、羨望に対抗する唯一の方法は、この破壊的攻撃のもたらすダメージをしっかりと見つめ、それを修復することであると述べています。そうすることで私たちは、過去と現在における他者との関係を再び楽しむことができ、さらにそれによって再建された世界との創造的接触を回復することができると彼女は主張します。

彼女の原初的羨望概念は、人間の本性の一つに破壊性を見たという単純なものではありません。人間のダイナミックな生に内包するダイナミックな死に彼女は目を向けています。生あるところには必然的にそれを枯渇させる動きが伴うという精神分析的観察に基づいた確信がそこにあります。

一九六〇年クラインはスイスにてエスター・ビックとともに休暇を過ごしていました。そこで彼女は体調を崩し、ロンドンの病院に入院します。結腸癌であることが分かりすぐに手術が行われました。次第に回復し、病床においても休むことはありませんでした。精神分析技法の本を構想したり、リチャードという男の子との分析を同僚エリオット・ジャックスの助けを借りて本にまとめようとしたりと、ますます精力的でした。

ところが、その入院中に彼女はベッドから転落し大腿骨を骨折し、合併症のため同年九月二十二日に亡くなります。彼女に残されたアナリザンドは、ドナルド・メルツァー、クレア・ウィニコット、ハイアット・ウィリアムスでした。葬儀ではクラインの友人だった有名なピアニスト、ロザリン・テュレックがバッハを演奏したと言います。娘メリッタはロンドンで講演していたにもかかわらず、葬儀に現れることはありませんでした。

おわりに

精神分析家メラニー・クラインの足跡をたどり、彼女が生み出した諸概念の成長過程、さらにはそこから立ち上がった理論を概観しました。

彼女の理論創造は、フロイトのそれと同様、唐突に現れてくる爆発的で美しい秩序のように感じられます。それは精神分析過程そのものと同期します。ときに彼女は理論構築に関してせっかちでしたが、一方で自ら産んだ諸概念の価値を十分に理解し、彼女自身の懐で大切に育て上げ擁護しました。彼女の産んだ精神分析的概念は、彼女のもとで、さらには彼女のアナリザンド／アナリストたちのもとで成長し、その成長プロセスの中から理論的システムを浮かび上がらせて行きました。さらに彼女が分析した後進のアナリストたちは、彼ら自身の臨床と理論を彼女の思考の子孫として産み落として行きます。その系譜からも、彼女の Negative Capability がとてつもなく巨大なものであった証拠が発見できるでしょう。そういう意味で、メラニー・クラインは傑出した芸術家のようだと私は思います。

〈補遺――クラインとその周辺〉

1　クライン派精神分析を育んだ文化とその担い手たち

フロイトの精神分析サークル――水曜会

水曜会は一九〇二年にフロイトがシュテーケルとアドラーとともに始めたもので、精神分析を育む最初のグループとなりました。一九〇五年にランクが、一九〇七年にユング、アブラハム、アイティンゴンが、一九〇八年にフェレンツィとジョーンズ、ザックス、フェダーンが加わりました。そして一九〇九年にウィーン精神分析協会が、一九一〇年にはＩＰＡが設立され、ユングがＩＰＡ初代会長になりました。

フロイト・アドラー・ユングにより精神分析運動と社会民主化運動とが結びつき急速に拡大しましたが、この頃ウィーンにおける反ユダヤ思想が激化し、精神分析の中心地ウィーンは危険地区となり始めました。フロイトが最も避けたがっていた「精神分析＝ユダヤ思想」という認識が広まる中、フロイトはユングのリーダーシップを期待し重用しましたが、他方このことはウィーンのメンバーから反感をかいました。

シャンドール・フェレンツィ（一八七三〜一九三三）

フェレンツィはポーランド系ユダヤ人家系に十二人兄弟姉妹の八番目として生まれました。音楽と芸術と文学を愛する好奇心旺盛な少年で、ハンガリーで書店と出版社を経営する自由主義思想の持ち主だった父のお気に入りでした。母親は情緒応答性に乏しく、また乳母からは性的誘惑と虐待を受けたようです。一八八八年フェレンツィが十五歳の時に父は亡くなりました。ウィーン大学医学部に進み、一八九七年にブダペストに移住しました。セントロッホ病院に勤務したほか、同じ頃売春婦のためのチャリティ・クリニックでも働きました。公的病院での神経科と精神科の臨床経験を重ね、神経科開業医となりました。裁判所のコンサルタント医師でもあり、当時の典型的インテリゲンツァで、哲学者、芸術家、作家などのサークルに出入りしました。

フロイトによるフェレンツィの個人分析は、一九一四年～一九一六年の間に三回短期間行われました。それぞれ三週間程度で、フロイト家で食事をしたり、連れ立って散歩するなど、緩い構造のものでした。

フェレンツィの貢献としては、治療関係の重視、積極技法、内在化という概念を発展させたことが挙げられます。この内在化とは、世界体験を内在化過程とみなす発想で、クラインやウィニコットに引き継がれました。さらに外傷論を再認識させ、また分析家の内的葛藤は不可避であると考えて、相互分析という実験を行いました。

彼はまた、フロイトに多大なインスピレーションを与えるとともに、ジョーンズ、クライン、バリント、リックマン、クララ・トンプソンなど多くの分析家の訓練分析を行いました。精神分析技法の可能性を大幅に拡張した人物であり、分析空間と分析プロセスという概念の重要性を彼は感覚的に知っていました。

カール・アブラハム（一八七七～一九二五）

アブラハムは、一八七七年ドイツ北西部のブレーメン生まれで、両親は敬虔なユダヤ教徒でした。兄との二人兄弟です。喘息の持病など、体は弱かったようです。母親イーダは献身的で家庭的な女性で、自分の乳児時代における授乳は非常に満足のいくものであったと彼は回想しています。父親ナータンはユダヤ人学校の宗教学教師で、厳格で父性的な人でした。カールの娘ヒルダ（イギリスの分析家）によると髭、顔つき、背格好、歩き方はフロイトそっくりだったそうです。両親は規律に関しては厳格で不安が高く、兄は肛門性格、抑うつ的で敏感な性格だったようです。ヒルダによると、カールはまれにかんしゃくを爆発させることがあったようです。

中学以降聡明な子どもとして期待され、英語、スペイン語、イタリア語、フランス語、デンマーク語と計五カ国語を話す能力がありました。語学を研究するという夢を持っていましたが家族の経済状況は悪く、歯科医になることを勧められ同意します。一年目で医学へと転向し、この時期やっとスポーツをすることを許され身体活動を満喫したようです。それは最終的に登山の趣味へと結実し、彼はその後登山をたくさん経験しました。

ジョーンズ曰く、アブラハムはフロイトの周りにいた男たちの中で「最も普通の人」で、人から信頼を得る能力のある、誠実な人物でした。秩序だった理論構成能力に長けており、フロイトのオーソリティに忠実で、フロイト理論を覆すことを好まず自説を付け加えるにとどまりました。一九〇七年ドイツで初めての開業精神分析家となり、一九一〇年にドイツ精神分析協会を設立し、一九二四年にＩＰＡ会長となりました。

フロイトとアブラハムの出会い

アブラハムは一九〇七年にユングからの紹介を通じてフロイトと文通を開始しました。フロイトにとってユングからの敬意と関心は当時最高峰といわれたチューリッヒの精神医学会からの承認を意味しました。ブロイラー、ビンスワンガー、ユングなどの精神科医から高い関心を得て、自身は神経科医だったフロイトは精神医学という領域への精神分析の参入をユングに託しましたが、これは失敗に終わりました。

一方フロイトは当時まだ三十歳だったアブラハムの堅実な精神分析論文を高く評価し励まします。一九〇八年アブラハムが個人開業後チューリッヒからベルリンに移り住み、フロイトを訪ねてウィーンに会いに行きます。劇的な出会いだったユングとはちがい、落ち着いた邂逅でした。そのときフロイトからエジプトの彫刻を土産にもらっています。

ユングは次第にアブラハムへの嫉妬を強め、フロイトへの手紙でアブラハムの欠点をあげつらいます。アブラハムもユングへの敵対意識を強めますが、それはかなりの面で的確な批判に基づいていました。フロイトは仲を取り持とうとしますが基本的にユングの肩を持っていました。フロイトはユングへの期待の大きさのあまり、的確な人物評価ができなかったようです。二、三年この誤診は続き、フロイトはユングを自分の後継者にするという意志を固めるまでに至ります。アブラハムとフロイトとの関係は、フェレンツィと違い個人的色合いの少ない学術的意見をフロイトに仰ぐという師弟関係としてのやりとりが多かったようです。早熟で的確な精神分析理解と科学的演繹能力の高さはフロイトをうならせました。

精神分析サークルにおけるフェレンツィやランクの反旗や独自的主張についても、アブラハムはフロイト支援に回りました。一方、その忠実さゆえフロイトにとって、一見ユングやフェレンツィよりも影の薄い存在だったようです。ただその背景には、フロイトのアブラハムに対する父親転移の存在の可能性があります。現実的関係性は父フロイトと息子アブラハムでしたが、無意識的には逆だったのかもしれません。

一九一〇年IPA初代会長にユングを選出したことで、ウィーン・サークルから強い反発が上がります。ウィーン（ユダヤ系）とチューリッヒ（非ユダヤ）間で緊張が高まりフロイトは緊張緩和に苦慮しますが、一方的に激高することが多く、アブラハムが折衝能力・葛藤緩和能力の高さを発揮して分裂の危機を脱しました。しかしついに一九一三年、ユングとフロイトは決裂することとなったのでした。

アブラハムの貢献

彼の貢献は「心的障害の精神分析に基づくリビドー発達史試論」（一九二四）に結実するのですが、その意義はフロイトの前性器的リビドー発達論を深化し拡張したことにあります。精神病と神経症のそれぞれのリビドー発達における固着点を同定しようと試み、うつ病者の口唇期固着を発見しました。対象関係のダイナミズムと部分対象関係性に注目した点が、フロイトのメランコリーとの決定的な違いです。「口唇固着には良性のものもあり、うつ病で想定されるような愛の対象への破壊衝動ばかりではない」として、リビドーの発達段階を細分化しました。

口唇期前期（良性）：吸綴による取り入れと保持、滋養。哺乳対象の良さを取り入れ保持する欲動が支配する。原始的所有欲、前アンビバレンス、対象の良さ。
口唇期後期（破壊性）：歯牙の発育とともに口唇サディズムの誘発、乳児は咬む快感を味わい哺乳対象を食人的に食べ破壊したくなる。アンビバレンス。

肛門期も同様に分類しました。

肛門期前期（破壊性）：自制のない垂れ流し、糞便対象を攻撃的で壊滅させるやり方で排除。自身の身体内部への破壊性。
肛門期後期（保持性）：身体内容物への気づきと尊重、所有欲、大事な対象を保持する試み。

アブラハムの考えでは、全体を保つ傾向は、口唇的飲み込みであれ肛門的所有欲であれ、良性の振る舞いの基礎となる、世界を受け入れ成長する欲求です。一方彼は、断片化と排出の傾向は傷つけ壊滅させることを目指したサディスティックな破壊機制だと見なし、サディズムの極期は口唇期と肛門期の隣接領域だと考えました。

この定式化の真の価値は、快感希求を目指す前性器期（多形倒錯）に、保持と排出という早期の関係メカニズムを発見したことにあります。つまり、部分対象関係の存在、投影（排出）と取り入れ（体内化）のサディスティックな形を発見したのです。これは期せずして、リビドー論から対象関係論への飛躍を示しており、メラニー・クラインの内的対象関係世界への展開へ、つまり投影と取り入れによる内的対象世界の構築という発想へと繋がります。

またアブラハムは、「精神分析の方法に抗う神経症的抵抗のある特殊な形について」（一九一九）において陰性治療反応と羨望との関係を指摘しました。「この種の患者は特に自己愛を傷つけられることに対して極端に敏感である。精神分析治療の中で確立されるべきどのようなものも彼らにとっては屈辱的だと感じられている。そのような屈辱から身を守ろうと常に警戒している」と述べ、このような患者が基本的に自己愛的で、分析には何かを得るために来ているのではなく自分の方が与えるために来ていること、分析家に重要な連想を聞かせてやっている、精神分析研究になくてはならない夢を提供してやっているなどとして、解釈を役に立つものとして聞くことはまずないということを示しました。これは、クラインの羨望概念に直結する指摘です。

また彼はクラインを始め、Ａ・ストレイチー、ライク、グラバー、ドイチュ、ラドなど多くの分析家の訓練分析とスーパーヴィジョンを行いました。そして個人分析、スーパーヴィジョン、臨床セミナーというトレーニングシステムを樹立し、またポリクリニークを設立しました。中でもメラニー・クラインを育てたことは、恐らく最重要事件でしょう！

彼がフロイトへ宛てた手紙です。

「われわれの科学領域にとって心地よいお知らせがあります。私は最近のメランコリーに関する論文、今その原稿はランクの手元にあるはずなのですが、その中で早期の抑うつの存在を後のメランコリーの原型として想定しています。ここ何カ月かの間にクライン女史が三歳幼児の分析を行い、よい結果を得ました。この子どもは基本的な抑うつ傾向を示していたのです。私はこの抑うつと口唇的エロティズムとのつながりを仮定していました。この症例は乳幼児の本能生活への驚くべき洞察を提供しています。」

そして、ブルジョアの子どもを預かる専属セラピストという仕事をクラインに紹介したのもアブラハムでした。

アーネスト・ジョーンズ（一八七九～一九五八）

ジョーンズは一八七九年一月一日イギリスのスウォンジーに生まれました。父は炭鉱技師でウェールズ出身の家系です。回想録「自由連想」（一九五九）には、性的に早熟だったという記載があります。当初より成績がよく医学の道を志し、University College London（ＵＣＬ）にて学びました。神経科学に関心を持ち神経科医および神経外科医のトレーニングを受け、また外科医ウィルフレッド・トロッターより直接指導を受けました。トロッターからフロイトの著作を紹介され精神分析に強く引きつけられます。精神医学にも関心を持ちますが、見学した精神病院での患者の扱いの悪さにショックを受け、ヒステリーの催眠治療を自分の診療所で行うようになります。診療所は師匠のトロッターとシェアしていました。フロイトの著作を手本として自分でアレンジした自己流の精神療法を提供していました。この頃、主に参照したのはフロイトの症例「ドラ」でした。

その当時、性的領域に対して保守的だったロンドンの社会は容易に精神分析を受け入れませんでした。そうした精神分析への疑念を背景としてジョーンズは、児童を誘惑したなどとさまざまな嫌疑を掛けられることとなります。たとえば、検診時に中学生の女児に性的な誘惑を行ったとの疑惑を持たれました。知的障害児施設で健診を行った際、彼は児童の知的障害への性的外傷の影響を探求したかったために性的領域の質問をしたことが誤解されたという説が有力です。また一九〇八年、上腕の麻痺を来した若い女性の治療に抑圧された性的記憶が隠されていると述べたことで、両親から法廷に訴えられたりもしました。こうしたことが重なり、彼は病院の職を追われるとともに、出世の道は閉ざされて、とうとうカナダへ移住しました。

ジョーンズのフロイトとの邂逅

一九〇七年ジョーンズはアムステルダムで開かれた神経学学会に出席してユングと出会います。ユングからフロイト精神分析についてより具体的に教えられ、自らの臨床と学問の中心とすることを心に決めます。さらに、一九〇八年の国際精神分析協会大会におけるフロイトの「ラット・マン」の発表を聞いて感動し、それ以後フロイトのサークルに出入りするようになります。またフロイトとの手紙のやりとりを行います。当初フロイトはジョーンズをあまり好ましく思っておらず、かたやジョーンズは非常にフロイトを尊敬し近づきたがったようです。

一九〇六年以来ジョーンズにはロー・カーンという恋人がいました。彼女は腎臓手術後からモルヒネ中毒者となり、そのことでジョーンズに治療を受けていた患者でした。ジョーンズは一九〇八年、英国よりは精神分析が良く受け入れられていたカナダに渡り精神科医として病院に勤めました。その後、彼はカナダで精神分析協会を設立しました。一方、フロイトは一九〇九年にマサチューセッツのクラーク大学にて講義を行なっていますが、それ以後、急速にアメリカ精神医学の中には、独自の形で精神分析が取り入れられ始めます。その後ジョーンズはニューヨーク、ボストン、シカゴなどに出向いて講義を行う機会を得るとともに、数多くの論文を医学系雑誌に掲載し、精神分析の啓蒙に努めました。さらに米国精神分析インスティチュート設立にも関わります。このときフロイトはジョーンズの精神分析への忠誠心と彼の利用価値を重要視し始めたのだと思われます。

ジョーンズは、ローのモルヒネ嗜癖に業を煮やしフロイトの治療を受けさせるべくオーストリアに移住します。その際フロイトはジョーンズにも分析を受けるように勧め、フェレンツィを紹介しました。これは二週間ぶっ続けで日に二回といういわゆるシャトル・アナリシスでした。

ローはフロイトのお気に入り患者のうちの一人となり、イギリスに帰ってからも連絡を取り合います。フロイトとの治療中にローは他の男性と恋に落ち、後にその男性と結婚しましたが、フロイトはその結婚式に出席したようです。ジョーンズは一九一三年ロンドンに戻ります。一九一四年ユングが一九一〇年から担っていた国際分析協会初代会長の職を辞し、その後はそれをジョーンズが引き継ぐはずでしたが戦争勃発のため延期されました。

ロンドンに帰ったジョーンズ

ジョーンズは開業精神分析家として臨床に携わります。特に彼の患者には、戦争帰りのＰＴＳＤ患者が多く、そこで彼は分析治療の外傷患者への有効性を確信します。これまで見向きもされず、白眼視されてきた精神分析が戦争によって必要とされることになるという逆説的状況を体験しながら、ジョーンズは臨床経験を重ねてゆきます。実践分析家によって書かれた最初の英語の精神分析書籍となる'Papers on psychoanalysis'（1913）という論文集を出版し、さらにその他多くの論文や入門書を執筆し、講義活動も行いました。

ジョーンズはフロイトの娘のアンナに近づき婚約したがりましたが、それはフロイトに却下されました。一九一四年アンナのイギリス旅行の際に手渡された、不安げな父親フロイトの添え書きがあります。「アンナはまだ子どもであって女ではない。結婚やそれに類する男性との接触は二年以上たってからということは娘と話し合っているので理解して欲しい。」

ジョーンズは、一九一九年英国精神分析協会を設立し、初代会長となります。国際精神分析学会誌を創設し一九三九年まで編集にあたります。また Standard Edition の翻訳と編集を統括しました。彼のアナリザンドだったリビエールとそのアナリザンドだったジェイムス・ストレイチーとともに翻訳編集作業にかかり、後にストレイチーに一任します。ジョーンズの粘り強い活動のおかげで、一九二九年にはじめて英国医学界に精神分析が正式に治療法として認められました。それによりＢＢＣは放送に際して道徳的に危険である人物のリストからジョーンズを外しました。その後同僚たちが積極的にＢＢＣラジオにて精神分析の見地から話題を提供したり解説したりする番組が増えます。第二次大戦中にはユダヤ人分析家のロンドンおよびアメリカ亡命に、就労ビザの取得など重要な政治的役割を果たします。また一九三八年には自ら危険を冒してウィーンに出向き、フロイトを説得してロンドンに亡命させることに成功します。フロイトの死後、ジョーンズは伝記の執筆に没頭します。彼の妻の母国語はドイツ語であり、その援助によりフロイトのドイツ語書簡を完全に翻訳できましたが、伝記の完成には二十年近くもかかりました。

2　大論争（一九四一〜一九四五）――クライン派第一世代（ハイマン、リビエール、アイザックス）の形成

ロンドンでくり広げられた、有名なフロイト‐クライン論争には、実は前哨戦ともいえる火種がありました。その火種とは、超自我形成をめぐる父フロイトとジョーンズとの論争でした。これには理論的決着のつかぬままに男同士の政治的解決がなされてしまいました。とはいえこれには、敵対意識だけが前景から退いて友好関係を取り戻すという懐柔策の様相がありました。その火種が再び表面化したのが、この娘たちの論争でした。

ジョーンズとフロイトの論争

最早期の超自我発達に関する見解の違いが発端であり、女児の去勢コンプレックスに関する見解でもジョーンズはメラニー・クラインが主張していた「男根期以前に両性に存在する女性性コンプレックス（femininity complex）の概念」を支持していました。また女性性は生来存在するものであるとし、フロイトの男根優位思想を「男根中心主義」として批判しました（これは実はカレン・ホーナイの主張でした）。ジョーンズはこのように超自我発達を前倒しにする考えを支持していました。

この議論はウィーンとロンドンとで交換講義を行うことで表面上決着しました。このときリビエールが児童分析と抑うつポジションについて講義し、ウィーンからはフェダーンらが論じました。この間に提示されて論点とされたクラインとフロイトの相違は、（1）早期の、特に女児の性的発達、（2）超自我形成とエディプス・コンプレックスの関係、（3）死の本能の概念、（4）子どもの分析テクニック、でした。

フロイト‐クライン論争

一九三八年、第二次世界大戦前夜には多くのユダヤ人分析家がジョーンズの手引きによりロンドンに亡命しました。聖地を失った精神分析家はその剝奪から迫害感にさいなまれていました。一方クラインはロンドンで、この頃すでに自らの地位を築き、その周りには才能ある分析家が集まっていました。こうしたなかでフロイトが亡くなり、フロイト精神分析の正当な後継者としてふさわしいのは誰なのかという無意識的集団闘争が始まりました。特にそこではクラインの理論の正当性への嫌疑がかけられます。「クラインはそもそも精神分析家なのか？」とまで問われ、それは論争というよりも科学的ミーティングの名を借りた裁判でした。一九三九年イギリスがドイツに宣戦布告したことで状況はさらに混乱し、クラインは一時スコットランドに疎開しました。

一九四二年にこの論争の舞台は科学的ミーティングという名のもとに整えられました。グラバーはクラインが多数の分析家を訓練し養成していることから、英国精神分析協会を乗っ取り、支配しようとしていると公然と述べました。彼はクラインの娘メリッタの分析家であり彼女も攻撃に同調しました。

一九四三年一月、まずスーザン・アイザックスが「無意識的空想の本質とその機能」を発表しました。これについて五月まで月一回の討論を行い、続いてポーラ・ハイマンが「早期発達における取り入れと投影の役割の諸側面」を発表し、一九四三年十一月に討論しました。そしてハイマンとアイザックスが共著論文「退行」を一九四三年十二月に発表し、討論の場が持たれました。ここでの討論で、ほぼクライン側の正当性を認めざるを得ない形勢となり、一九四四年一月にアンナ・フロイトは教育委員会を辞任します。グラバーも続いて辞任して英国精神分析協会を脱退し、スイス協会の会員となりました。一九四四年にはクライン自身が「抑うつポジションに特に関連した乳児の情緒生活と自我発達」を発表し、一九四四年三月と五月に討論しました。

こうしてクライン派理論の正当性が認められ、クライン派、アンナ・フロイト派、ミドルグループが併存することとなりました。

スーザン・アイザックス（一八八五～一九四八）

アイザックスは、哲学と心理学を学んだ教師で、ランク、フリューゲル、リビエールにそれぞれ訓練分析を受けています。一九二三年に分析家資格を取得し、保育園の園長として働き、精神分析的な視点から早期の性教育を実験的に導入しました。その後、精神分析臨床を行うことに加えて大学アカデミズムにも参画し、ロンドン大学教育学部教授となりました。このようにアカデミックなトレーニングを徹底的に受けた人物で、論争の時点ではすでに学部長に就任していました。論争の最初の論文として精度と質の高さが誰の目から見ても明らかなのは、そうした人物であったからだと思われます。一九四四年論争の最中に自宅が空襲の爆撃にて焼失しています。

アイザックスの「無意識的空想の本質とその機能」によると、無意識的空想は本能（リビドー）の表象です。その時々の衝動を心的に表現するものです。フロイトが乳幼児の幻覚的願望充足について述べたものは無意識空想の一つの形であり、彼がそれ以上言及しなかったのはそれが死の本能論に至る前だったからだと説明しています。彼女は、ファンタジーが死の本能にまで及ぶことを例示しています。

「乳児が母親への欲望を感じたとき、乳首を吸いたい，おかあさんを食べたい、おかあさんを自分の中に閉じ込めたい、おかあさんを溺れさせて燃やしてしまいたいなどのファンタジーを抱き，自分の攻撃的な願望によって不安を感じるときには、おかあさんに嚙まれ切り刻まれると感じるだろう。喪失や悲しみを感じるときには，おかあさんは永遠に行ってしまった、自慰することでおかあさんを取り戻そうなどのファンタジーとなる」と説明しています。これらは言葉を介することのない無意識的なものです。

これが暗に示していることは、生後すぐに自我が存在することと、生後すぐに対象関係が存在することです。これはフロイトの自体愛、自我発生時期と矛盾します。アンナ・フロイトは、生後十二カ月までの赤ん坊に無意識のファンタジーがあるとは思えず、クラインの無意識的ファンタジー概念はすべて推論に基づいていると反論しています。

ジョアン・リビエール（一八八三～一九六二）

リビエールは弁護士の父親の長女として生まれます。大学へは進みませんでしたが非常に聡明で語学能力が高く、ドイツに留学しました。一九〇九年父の死後急に精神的に不安定となります。その後何度か抑うつ性のブレイクダウンを起こしています。一九一五年からジョーンズの治療を受けるようになり、同時に精神分析協会の会員としても認められ分析家になるべくトレーニングを受けます。一九二〇年からはフロイトの著作集の翻訳を始めその能力の高さを評価され、ストレイチーの協力でStandard Editionの翻訳編集に携わります。一方ジョーンズとの分析関係は何度も転移性恋愛状態に陥るなど波乱に満ちたものでした。休暇中に別荘を無償で貸すなどジョーンズの治療態度にも境界の甘さが目立ちました。また教育分析者となり、ウィニコット、アイザックス、ボウルビィらの分析を行いました。一九二二年にはジョーンズとの関係がこじれ、フロイトを頼ってウィーンに移住しフロイトから分析を受けることとなります。美人で聡明な女性が好きだったフロイトのお気に入り患者のうちの一人となります。その頃クラインと出会い、彼女の荒削りで喚起的な理論に衝撃を受け、協力者となって活躍しました。ウィーンとロンドンとの交換講義の際には積極的にクライン理論を解説講義したため、フロイトは裏切られたと漏らしています。「早期乳幼児期における心的葛藤の成因」（一九三六）はその講義を元にした論文です。

その後も多くの論文を発表しましたが、特に女性性に関する探求や陰性治療反応を臨床的に記述し考察した論文「陰性治療反応の分析への寄与」（一九三六）が最も有名で創造的です。ただし陰性治療反応を罪悪感由来であるとするのはフロイトのラインです。

ポーラ・ハイマン（一八九九～一九八二）

ハイマンはポーランドのグダニスクに生まれました。両親はロシア人でした。彼女は医学を志し、ベルリンで医師免許を取得し、精神科医となります。まずライクに分析を受け一九三二年ベルリン精神分析協会の精神分析家となります。ナチス台頭に伴い、一九三三年ジョーンズの手引きでロンドンに渡ります。クラインの元で再度分析を受け、一九三七年にイギリスで資格を再取得します。彼女はクラインの最も忠実な信奉者といわれ、右腕として多くの重要論文を発表します。特に取り入れと投影により内的対象が形成されることを明確に概念化した論文は評価が高く有名です。クライン派における内的対象概念の洗練過程ではハイマンの貢献が大きいといえるでしょう。クラインはハイマンを絶対的に信頼し、彼女の理論構成力を高く評価していました。

ところが、いつからか二人の間で見解が相違し始め、次第に溝ができてゆきます。またクラインとの個人分析がいつまで続いたのかが謎であり、一説にはこの個人分析で明らかとなったハイマンの病理性が不和の元となったということです。一九五五年ハイマンの逆転移論文によって溝は決定的なものとなり、彼女はほぼ破門の形でグループを去っています。その後はウィニコットとの親交を深め中間派に鞍替えしました。

ハイマンは内的対象概念を整理しつつ、内的対象の同化（assimilation）という発想を加えています。それは、内的対象の運命といえるプロセスについてのアイデアです。内的対象は内在化された後、自我の内部に落ち着くのか、それとも超自我の中に取り込まれるのかという重要な問いに、彼女はここで答えようとしています。同化とは、自我親和的になった対象が自我に取り入れ同一化によって同化されて自我の一部となることです。一方、同化されずに異物化したままの対象は敵対的な内的迫害者となるという発想です。この考えはクラインによって採用され、後の彼女の論文においても言及されています。

ハイマンの「逆転移について」（一九五〇）という論文は、治療者の逆転移が患者の内的世界に関する重要な情報源になり得るということを述べた最初の論文です。フロイトもクラインも逆転移は治療者の精神病理の現れだと考えていました。クラインはこの論文の撤回をハイマンに求めましたがハイマンはこれを拒否し、これが後の破門への布石となります。その後ハイマンはクラインの「羨望と感謝」の初期のバージョンに対して深い不同意を示し、これが脱退の直接的原因となりました。彼女は一九五五年正式にクライン・グループを脱退し、「羨望と感謝」はその後一九五七年に出版されました。

二〇一四年一月二十六日　開講

（講師付記）本稿は、飛谷渉「メラニー・クライン――その生涯とNegative Capability、あるいはフェミニンなるもの」大阪教育大学紀要、第六十巻、第二号、七十七―八十七（二〇一二）をもとにして、改稿、加筆したものです。

第5講　ウィニコット
——児童精神科医であるとともに精神分析家であること

館　直彦

はじめに

今日は、児童精神医としてのウィニコットと精神分析家としてのウィニコットということで、お話をさせていただくことになりました。ウィニコットは、実は生涯ずっと児童精神科医でありつつ、精神分析家でいた人です。つまり、児童精神科医の仕事をしつつ、精神分析家の仕事をしていたということです。この視点はウィニコットの業績を考えるうえでとても重要なものであると私は思います。また、ある意味で二股をかけていることをウィニコット自身重視していたということです。

皆さんがご存知のように、ウィニコットは当初は小児科医（pediatrician）でした。それは、一九二〇年代のことですが、一九二〇年代には児童精神医学は存在していませんでした。これは、心理的要因から病気になる子どもが存在しなかったということではありません。ただ、児童精神医学という概念がなかったのです。子どもたちは多くの場合、心理的要因から病気になっても、症状は身体的であることが多いですよね。そのような子どもたちは小児科で診られていたのです。もちろん、そういう子どもたちに着目した人たちはいました。そうした小児科医たちが、児童精神医学を生み出していくことになります。ウィニコットは、そういう先駆けの一人といってよいでしょう。だから、ウィニコットは小児科医だったのが、児童精神科医（child psychiatrist）になったのではないのです。彼らが児童精神科医を作ったのです。

他にも子どもたちが心理的要因から病気になることに着目した人たちがいました。精神分析家たちです。メラニー・クラインやアンナ・フロイトといった人たちです。この小児科医たちと精神分析家たちの仕事は、解離していたと言えるでしょう。ここに挙げた分析家たちが非医師だったことも関係しているかもしれません。しかし、解離していた意味が結びつく時が来るのです。ウィニコットはそこに立ち会った人の一人だと言ってもいいのではないかと思います。

さて、ウィニコットがどのようにして児童精神科医となり、そこから分析家にもなっていったかを少し年代的に辿ってみたいと思います。

Ⅰ　ウィニコットの生涯と人物像

1　分析家となる以前の時期（一八九六年―一九二二年）

(i) ウィニコットの子ども時代

ウィニコットは、一八九六年にイギリスの南西部にあるデボン州の港湾都市プリマスで生まれました。父親のフレデリック・ウィニコットは、もともと裕福な商人でした。上流階級の出身ではなく、教育はあまり受けてはいなかったんですけれども、後にはプリマスの市長になって、サーの称号をもらうほどの人でした。この人格者の父親に、ウィニコットは頭が上がらなかったようですね。というのも、ウィニコットは、あまり経済観念がなかったようで、後年になっても経済的援助をしてもらっていたみたいなんですね。ただ、父親は、人格者といっても、ウィニコットに何かを指示するというよりも「聖書を読みなさい」という人だったようです。

一方、母親はというと、ウィニコットは母親のことが大好きだったんですけれども、母親は抑うつ的な傾向がある人だったみたいで、彼は子どもの時から、お母さんの気持ちをどうしたら明るくできるかということに気を配っていたようですね。ウィニコットの奥さんのクレアが書いた回想録には、子ども時代に、自分自身は寮に住んでいて家にはいないのに、母の日に母親を喜ばせるために、事前にプレゼントの準備を仕込んでおいたというようなエピソードが綴られています。ここに、ウィニコットの「世話役の自己」(caretaker self)」の原型を見ることができるかと思います。このあたりは、後にウィニコットがメラニー・クラインやアンナ・フロイトと程よくいい関係を持ち続けたこととも関係があるあるかもしれませんね。

まあ、実際に、ウィニコットにはお姉さんが二人いて、近くに住んでいる親戚にも女性が多くて、女性に囲まれて育ったとも言えるような環境なので、小児科でお母さんたちに話しかけることが得意だったという話には説得力がありますよね。

幼少期のウィニコットにとって、家はくつろげる場所だったようです。だからこそ「すべては家庭から始まる(Home is where we start from)」という考えが生まれたのだろうと思います。ただ、そういうふうなウィニコットだったので、奥さんのクレアから見ると、ウィニコットは心底幸福な人だった反面、自分のアイデンティティを確立するのには時間がかかったというんですね。

(ii) ケンブリッジ・レイズスクール時代

ウィニコットは、ケンブリッジのパブリックスクールに進学して、寮生活を始めます。その後、ケンブリッジ大学に進むんですけれど、医師を志したのは、学生時代に鎖骨骨折をして治療を受けたことがきっかけとなって、自分もそのような仕事をしたいと思ったからだといいます。また彼は、ダーウィンの進化論を学んで、自分にぴったりだと思っていたようで、その影響も強く受けて、医学部に進む前にカレッジで生物学を専攻することになります。

ただ、この時期にヨーロッパでは第一次世界大戦があり、彼は何人もの学友を戦争で失いました。幸せに暮らしてきた彼にとって、このヨーロッパ激動の時代の大きなインパクトは、ウィニコットの考え方や彼を語るときに忘れてはならないことだろうと思います。彼に影響を与えたヨーロッパ激動の時代、つまり、一九一四年から一九一八年に及んだ第一次世界大戦と、一九四一年から一九四五年まで続いた第二次世界大戦の、二つの大きな戦争があったという環境ですね。そのことがどれだけの心理的ダメージを引き起こしたかについては、彼自身ほとんど語ってはいないのですが、彼が分析を受けるきっかけの一つは「夢を見ることができないこと」なので、影響を受けたことは間違いないでしょう。

そして彼は、一九一七年、医学の勉強のためにセント・バーソロミュー病院に行くようになります。また彼はその頃、肺膿瘍を患って三カ月ほど入院しています。その時に患者の体験をしたことが、医師として大いに役立ったと後に語っています。

2 児童精神科医としてのウィニコット

児童精神科医としてのウィニコットの略歴（年表）

一九二二年　Royal College of Physicians のメンバーとなるにあたって、小児科を選択
一九二三年　the Queen's Hospital for Children の Assistant Physician
一九二三年　Paddington Green Children's Hospital の Consultant Pediatrician
一九三一年　個人開業 (Harley Street)
一九三一年　著書 Clinical Notes on Disorders of Children
一九三六年　論文 Appetite and Emotional Disorder
一九三九～四六年　英国政府による Evacuation Scheme in Oxford の Psychiatric Consultant
J. Bowlby や E. Miller などとともに、政府の児童疎開政策に対して提言
後の妻となる Clare Britton との出会い
一九四一年　論文 Observation of Infants in Set Situation
一九四五年～　非分析家に対する放送と講演
一九五四年　著書 Human Nature の草稿（刊行は一九八六年）
一九六三年　Paddington Green Children's Hospital を引退
一九六四年　著書 The Child, the Family and the Outside World(Penguin Books)
一九六四～六六年　The Piggle のケースの治療（著書刊行は一九七七年）
一九七一年　著書 Therapeutic Consultation in Child Psychiatry

(i) 小児科時代――パディントン・グリーン病院、セント・メアリー病院

一九二二年、ウィニコットは、Royal College of Physicians のメンバーになるために、小児科を選択します。そ

して翌年一九二三年に、マリーズ・アリス・テイラーと結婚します。そして同じ年に、小児科医としての活動を開始し、セント・メアリー病院とパディントン・グリーン病院に勤務して、そこでたくさんの母子と面談するようになるんですね。

ただ、この頃（一九二三年）から、ウィニコットは、ジェームス・ストレイチー（フロイト全集の英訳者でもある）から分析を受けることになります。この分析は、当初は治療を受けるための一般的な分析だった可能性がありますね。というのも、彼自身、この頃、夢を見ることができなくなり、狭心症様の発作が見られ、インポテンツもあったとのことで、彼自身が深く悩んでいたようなんですね。この、夢が見られなくなるというのは、外傷性の反応が疑われるし、狭心症やインポテンツは心身症とも考えられますね。それまでにフロイトの本を何冊か読んでいたウィニコットは、精神分析に興味を持っていて、フロイトから直接指導を受けてイギリス精神分析の中心人物になっていたアーネスト・ジョーンズのもとを訪ねています。そこでジョーンズに勧められて、ジェームス・ストレイチーのところに行くことになるんですね。だから、ウィニコットは分析家になろうと思って相談に行ったわけではない、ということです。むしろ、ジョーンズとかに勧められて（たぶらかされて？）分析のトレーニングを受けることになります。

そして、一九二五年ウィニコットのお母さんが亡くなります。ただ、あれほどお母さんが大好きだったウィニコットが、そして後年母子関係の理論を展開するウィニコットが、母親の死についてほとんど語っていないことも不思議な印象を与えなくもないですが……。

(ii) 個人開業（一九三一年〜）

ウィニコットは、小児科の外来を行いながら、精神分析のトレーニングを受けていました。一九三一年には、ハレー通りに個人開業をします。その訓練が一応終了した一九三四年、英国精神分析協会の準会員となっていて、児童精神分析家としての訓練は、一九三五年まで受けていました。英国分析協会ではじめての、しかも医師で男性の児童分析家です。この頃あたりから、ウィニコットは論文や著書を発表していきます。精神的な問題を抱える多くの子どもと母親に、適切な治療を勧めるという児童精神科のコンサルテーションの経験をまとめたものが、一九三一年の著書 "Clinical Notes on Disorders of Children" です。また、一九三六年には、論文 'Appetite and Emotional Disorder' を発表していますね。

資格を取ってからもスーパーヴィジョンは受け続けていて、最初の児童分析のケースは、クラインからのスーパーヴィジョンを受けているんですね。また、彼は、クラインから彼女の息子の精神分析を頼まれているんですが、それに応じてもいます。まあ、一九四〇年頃までは、ウィニコットは周囲からクライン派の分析家として見られていました。

小児科医としてのウィニコットは、入院治療をすることはなく、外来で非常に多くの子どもたちとその親に対して、短期間の治療相談を行いました。彼は、どんな身体的な問題でも、その背景には精神的なテーマが隠されていると考えて、それを扱うという姿勢で臨んでいたんです。そして、その中のよりインテンシブな治療が必要なケースに対しては、精神分析や精神療法を行なっていました。

そうした治療相談の外来での観察から生まれたのが、皆さんもご存知かと思うんですけど、舌圧子ゲームですね。彼は大きな診察室で診察を行なっているんですが、そこにはたいてい何組もの親子が座っていて、また何人かの見学者も同席しているという環境で、診察室のテーブルの上には金属製の舌圧子が置かれていていました。それを乳幼児がどのように扱うのかを観察することで、子どもたちの精神病理の最初の評価が行われていたんです。

(iii) 戦争と疎開児童のコンサルテーション（一九三六～一九四六）

その後、第二次世界大戦が始まります。ロンドンが空襲に遭うようになると、彼は数少ない専門家として、疎開児童のコンサルテーションに携わるようになります。一九三九～一九四六年、英国政府による Evacuation Scheme in Oxford の Psychiatric Consultant ですね。このオックスフォード州でのコンサルテーション業務で、ボウルビィ（J. Bowlby）やミラー（E. Miller）などとともに、政府の児童疎開政策に対して提言していました。この業務の中で、彼は後に再婚することになる妻クレア・ブリトン（Clare Britton）と出会うんですね。彼は、コンサルテーションの中で、母性剝奪の問題に直面し、子どもの非行の問題や反社会的傾向についての理解も深めていくんです。その中で、内的幻想が重要であることは間違いないものの、環境も重要であることを主張するようになっていきます（一九四一年、論文 'Observation of Infants in Set Situation'）。

ウィニコットは、こういった自分の理解をクラインや二人目の教育分析家のリヴィエールに説明するんですけれど、理解してもらえなくて、深く失望して理論的に離れていくことになるんですけど、それでもこの頃のウィニコットの論文は、すべてクラインに向けて語りかけているものであると見ることができるんです。

まあちょっと余談になりますが、この頃英国精神分析協会では一九四一年～四四年にかけて、内部紛争として、アンナ・フロイトとメラニー・クラインの「大論争」が起こっていて、この時彼はクラインから論文発表を求められたりしていたんですけど、積極的には関与しなくて、やがて中間学派としてどちらにも属さないスタンスを取るようになっていくんです。

ⅳ 非専門家に対する放送と講演（一九四五年～）

彼は、この頃から独自の主張をするようになって、理論的にはクラインの理論から離れて自分自身の思索を語るようになっていきます。英国精神分析協会会長などの要職にもついていて、精神分析の世界にとどまらずに、BBC放送でラジオ番組を担当するようにもなっていくんです。専門家ではない赤ちゃんのお母さんや一般の人に向けて講演活動をしたり、一般誌に寄稿するようになるのもこの時期からです。

私生活では、一九四八年に父親を亡くしています。また、その翌年に妻アリスと別居して、一九五一年にクレア・ブリトンと再婚しています。この再婚は、ウィニコットに精神的な安定をもたらして、「抱えること」の視点にも大きな影響を与えたと言われています。

『小児医学から精神分析へ』が一九五八年に刊行され、人はどのようにして一つのユニットとなるのか、そのために環境が果たす役割は何なのか、を検討していったんですね。原初の母性的没頭や、抱えることといった早期発達に関する概念や、錯覚と移行対象などといったパラドックスと関連する重要な概念がここに載せられています。そして、一九六三年に四十年間続けていたパディントン・グリーン病院を退職しています。後年のウィニコットは、自分の論理を展開させる際に、思索の中で対話する相手をクラインからフロイトに代えているんです。

"The Piggle"の本（著書刊行一九七七）を読まれた方はいらっしゃるかなと思いますけど、あれを読んでいると、時々、ウィニコット自身が眠くなって、何を話していたか忘れちゃった……みたいな、そんなふうなセッションがありますよね。当時の彼の健康状態が、必ずしも万全ではなかったということですが、結局一九七一年に心臓発作で亡くなるんですね。その没後に、"Therapeutic Consultations in Child Psychiatry"（翻訳版『新版 子どもの治療相談面接』）が出されています。まあ、そのような形で、ウィニコットは常に Child Psychiatry（児童精神科）に片足を突っ込みながら、精神分析の仕事もしていたということです。

II　ウィニコットの診察室

1 「最も重要なことは観察である」

では、児童精神科医としてどんなふうに活動していたのかというと、先ほど、どういう診察室だったのかということをお話ししたと思いますけど、「最も重要なことは観察である」と言っているわけです。で、「子どもが現実のお母さんに何をするか、それをきちんと観察するんだ」というふうなことを述べています。ジョイス・マクドゥガルが、その様子について、どんな雰囲気だったかということを論文に書いています。その中で、若いジョイス・マクドゥガルは見学生の一人として、ウィニコットの外来をよく見ていて、あるおしっこが出なくなった男の子がお母さんに連れられてやってきたケースを論文で紹介しているのがあるので、それを少しお話ししますね。

その男の子のお母さんが、「二週間前から全然おしっこが出なくなって困っています。それまでは全く普通だったのだけれども……。」という話をしてきます。ウィニコットはお母さんの話を聴きながら、子どもの観察をしていたわけですね。そして突然、お母さんに、「今、妊娠何カ月なの?」って訊いたところ、お母さんはびっくりして、「何もまだ話していないのに!!」って言ったんですけど、「いや、あなたはまだ何も話してないかもしれないけれど、この子は知っているよ」ってウィニコットは言う。そして「この子は今、赤ちゃんがどうなっているのか、とても気になっているようだ」という話を、面接でお母さんに教えてあげるわけです。

そこで、お母さんは、「あのう、中絶するかどうかを非常に迷っていて、誰にもまだ話していなかった……。」のだとウィニコットに打ち明けると、「この子にちゃんとそのことを言いなさい。」ってウィニコットはお母さんに伝えるんですね。そして帰宅させたら、次の診察の時にはもう、おしっこが出ないという症状は治ったというんです。そういうことができるのは、別にウィニコットがお母さんは妊娠中かどうかを観察したからじゃなくて、子どもをしっかりと観察して、お母さんが話している間、子どもがどんなふうにお母さんと接しているかを観察するということを通して、お母さんが妊娠しているということをこの子は知っているんだけれど、お母さんはどうなっているのか、と気になったり、どうしたらいいのか分からなくって、おしっこが出なくなっちゃっているということが分かる、ということなんです。つまり、「最も重要なことは観察である」という話です。

2 ウィニコットの診察室——Snack Barとしての外来

彼は、このPaddington Green Children's Hospitalもそうですけど、自分のprivate practiceの所も含めて、六万ケースの母子の相談を行なっていたと言っています。四十年で……。一年で計算すると……千五百ですか？ 一年間五十週毎日働いたとしても、一週間に三十ケースぐらいでしょ？ すごい数ですよね。

次から次へと人がやって来て、そして相談して、また帰っていくっていうことで、それを彼は、スナック・バー（snack bar）というふうに例えているんですね。このスナック・バーは、日本のスナックとはちょっと違っていて、どちらかというと喫茶店という感じの、人がどんどんやってきて話をして帰っていく、というそういうイメージでしょうか。そこで六万ケースの相談をして、なおかつ数百ケースに対してpsychotherapyをして、さらに限られたケースに対して精神分析を行う。精神分析をするケースは少ないように聞こえるかもしれないですけれど、大人を含めて八十ケースしたという話ですから、信じられない数ですよね。というふうな臨床をしていくわけですね。同時に複数の母子を診察室に招き入れて、お互いのやり取りを観察室から観察しているという、そういう側面がありましたし、常に見学者がいるというふうな、そういう状況だったんですね。

3　子どもの治療には多職種の協力が有効

彼は、初回児童のコンサルテーションなんかをした経験を含めて、子どもの治療にあたって、多職種の協力が重要なんだということを言っています。ある論文では、「いかに多くの人がその子どもと関わっているか。両親もそうだし、精神科医、精神分析家もそうだし、学校の先生もいて、牧師さんとか、教会の関係者もいて、なおかつ、毎日『こんにちは』って挨拶する道路工事のおじさんもいるし、御用聞きに来る洗濯屋さんも大事だし、そういったいろんな人が関わりあって、子どものケアが成り立っている」というふうに書かれています。案外重要なのは、精神科医でも分析家でもなくって、時々愚痴を聞いてくれるお掃除のおばさんが一番大事だったりするんだということも言っているわけですね。

4　コンサルテーション

では、ウィニコットはそういう場合に何をするのかというと、それはコンサルテーションだというんですね。コンサルテーションというのは、「私が相談を担当するぞ」って言って全部引き受けるわけではなくて、全体を見通して、全体の見取り図を見て、極力少ない介入で必要なケアを提供していくというのがコンサルテーションなんだという、そういう発想を常に彼は持っていたのだろうと思います。

Ⅲ　児童精神科医でありつつ精神分析家でもあること

先ほどから繰り返していますが、彼は児童精神科医であるとともに精神分析家であったわけなんですが、その前に小児科医であり、児童精神科医になったことは、ウィニコットの人間観・臨床観にものすごく大きな影響を及ぼしているわけです。逆に、精神分析家になったということは、彼の子どもを見る目にも影響を及ぼしています。これはどちらかがどちらかに影響を及ぼしているのではない。とかく精神分析をやっていると、精神医学や児童精神医学の経験が精神分析の役に立ったみたいに見がちですけど、そうじゃなくて、その逆もあるんだということです。その視点をウィニコットは大切にしていたのだと思います。

そのことをAndré Greenという、ウィニコットから影響を受けた有名な分析家で、彼の理論についても、私は本にちょっとだけ書いていますが、彼は、次のようなことを言っています。

Not simply that he was a pediatrician：彼はただ単に小児科医であっただけではなく、

But that he had undergone psycho-analysis as an adult：大人として精神分析を受けた。

That enabled him to see the child with the eyes of the analyzed adult：そうすることで、彼は分析された大人のまなざしで子どもを見る（会う）ことが可能になった。

Who has rediscovered the child in himself with all his vulnerability and creativity：それは脆弱さもある、しかし、創造性もある、そういう、自分の中の子どもを再発見した大人だ。

まあ、分析というのは、そういう側面があるわけです。やっぱり、子どもとしての自分というのが表れてくる。そのところに、もちろん、脆いところもあるわけですけれども、そこに創造的な側面もあるのだ、というのがウィニコットの理論の一つのポイントだろうと思います。

児童精神科医であり、精神分析家であるウィニコットですが、彼のいくつかの重要な考えについてお話しします。

1　人間は成長するものである――「治療とは成熟を達成することである」

一つは、「人間は成長するものである」というものです。小児科の立場から言えば、人間が成長するということは当たり前の話になるのでしょうけど、じゃあ、成熟っていうのは一体何なんだろう……ということなんです。成熟するっていうのは実は難しいですよね。彼は、環境との相互関係で充分な満足が得られるような状態を成熟と考えていますが、「治療とは成熟を達成することである」と述べています。

2　「赤ん坊は一人の人間である」

「赤ん坊は一人の人間である。」これも当たり前なんですけれど、でもウィニコットは、「自分は分析を受けることによって、人間は一人の人間である、ということに思い至った」と述べています。

3　早期発達の重要性、母子のペア、環境の重要性～抱えること（holding）、マネージメント、家族を重視

それから、早期発達の重要性ということを、児童精神科医でありつつ分析家であるということから認識したことです。また、母子がペアであるということ、それから母親をはじめとする環境が重要であるということ、これもやっぱり、児童精神科医でありつつ分析家であるということから認識したことだと思います。その考え方というのは、

さらに、抱えること（holding）とか、マネージメントとか、家族を重視することとかへと発展して、治療において家族の力というものを活用しようというふうになっていくわけです。

4「一人の赤ん坊などというものはいない」

母子がペアで存在しているという視点については、やはり非常に有名なことばですが、「一人の赤ん坊などというものはいない。いるのは母子のペアである」ということばで表されています。常に人間というものはそのような関係性を基盤としているということを、ウィニコットは児童精神科医でありつつ分析家であるということで、理解することができたと言っています。これは、一九四〇年以降（一九四二年だったと思いますけれど）に思い至ったのだ、とウィニコットは書いています。

5　身体性の重視

それから、「身体性を重視する」ということですね。そもそも小児科医をやっているところには、身体的な問題で来る患者さんが多いわけで、この身体的な問題の背景にある心理的な問題を扱うということをはじめたのがウィニコットです。この身体性を重視するという視点も、まあ当然と言えば当然ですけれど、改めてウィニコットは、終生身体性を重視していたと言えるだろうと思います。もう少し生きていたら、次の著書は精神と身体の関わり、すなわち心身症に関するものを書くつもりだったとのことです。

6　遊ぶことへの注目――パラドックス、錯覚と脱錯覚、攻撃性

それから、「遊ぶことへの注目」ということです。先ほどお話しした舌圧子ゲームというのは、まさに〝遊ぶこと〟なわけなんですけれど、遊ぶというのは、一体どういうことがその意味に含まれているのかというと、分析家としての経験もそうですけど、常にパラドキシカルということです。

そこから、「パラドックスの理論」や、「錯覚と脱錯覚の理論」なんかが展開していきます。舌圧子ゲームの設定状況っていうのも、精神療法の場面の設定状況ということで、「精神分析とは二人の人が一緒に遊ぶことだ」ということを晩年の『遊ぶことと現実』という本の中で唱えていますけれど、遊ぶことの意義を主張しているわけです。遊ぶことには、攻撃性というテーマも結び付いてくるわけですが、遊びを通して、攻撃性をどう表していくのか、ウィニコットが晩年（一九六五年以降ぐらい）に一番興味をもっていたのが、この攻撃性のテーマです。この攻撃性は、もちろん遊びとしても表現するけれども、けっこう遊びであっても攻撃性を生き残るのは大変で、ではどうやったらその攻撃性を生き残ることができるのか、ということも重要なテーマとなって展開していくという流れなんです。

このように、ウィニコットにとって児童精神科医でありつつ精神分析家であることは、常に矛盾や葛藤を孕むものだったんですが、ウィニコットは、両者の間で対話を行いつつバランスを取っていったというわけですね。「誰が子どもを全体的にみるのか？」といった言葉に、彼のバランス感覚が表れていると思います。

Ⅳ　児童精神科医であることと精神分析家であることのパラドックス

１　精神分析と児童精神医学の違い――前者はできる限りのことをしようとする・後者はできる限り何もしないで済ます

児童精神科医というのは、どちらかと言えば、現実的側面を重視して身体も診るという側面があるわけですね。そして、家族とも対応するだろうし、家族以外の他の、たとえば学校の先生への対応、あるいは現実的な介入も行うという役割がありますね。

その一方で、精神分析家というのは、むしろ幻想的・空想的側面を重視して、転移・逆転移を扱いますよね。分析家は現実的な介入をするのではなくて、解釈をするとか、そういう違いがあるのですが、彼は、後半でご紹介する論文の中で「精神分析と児童精神医学の違いは、前者では分析家はできる限りのことをしようとするのに対して、後者ではできる限り何もしないで済ます」と書いていますが、これどう思います？　「ちょっと違うんじゃないの？」って思いません？　それって逆ではないかと思わないですか？　これはウィニコットのレトリックなんです。分析家は週に五回も会ってるでしょう。五回も会って、その状況をコントロールして、やりたいように、やろうと思えばいろんなことができる。その中でわざわざ、中立を守って何もしないでいるんだ、っていうことを言っているんですね。それに対して、児童精神科医は、会うチャンスも限られている。その少ないチャンスの中で、必要最小限のことをやっていくしかできない、と。だから、常識とは逆かもしれないけれど、ウィニコットが言っていることは、よくよく考えてみると、「そうかも……」と思えますよね。そんなことも言っています。

2　子どもに対する治療者としてのウィニコットの活動

でも、彼は児童精神科医と精神分析とを両方やりながら、臨床活動をしていったわけです。子どもの治療者としてウィニコットはどんなことをしていたのかということを、いくつかのポイントを挙げて、最後に少しだけご紹介したいと思います。

(i) 一人の人としての子どもを診る

子どもの病気をどう理解するかということに関して、彼は「一人の人間として子どもを診ていく」。つまり、全体的に診ていくという考えを持っています。

そして、成熟が健康であると。そう考えると病気というのは未熟であるということでもあるわけで、そこで彼は病気を三つに分けているんです。

①正常な人生上の困難
②顕在的な神経症や精神病
③潜在性の神経症や精神病〜偽りの自己と関連

一つは、「正常な人生上の困難」。人生の上で出会ういろんなトラブルがあるけれども、それは正常な発達課題として理解されるもので、それを正常なものとするわけですね。それから、二つめは、「顕在的な神経症や精神病」がある。これは、まあ、そのとおりでしょう。そして三番目に、「潜在性（あるいは非顕在性と言ってもいいかもしれないですけど）の神経症や精神病」。これは、偽りの自己と関連してくるものです。もちろん偽りの自己というのはいろいろあって、ありふれたものもたくさんあるわけですけれども、表面上は適応しているけれども、うまく適応しているように見えて不安定さを抱えているような子どもたち。つまり、ほとんど何の症状も示さない子どもがかえって重症な場合がある、ということを主張しているんです。

(ii) 児童分析についてのウィニコットの考え

では、児童分析について、ウィニコットはどう考えていたのかということですが、彼はクラインの近くにいたことから、当初はクライン派と目されていましたけれども、環境を重視するという考え方や親との関係を重んじるということは、むしろ理論的には、アンナ・フロイトとの親和性が大きいんですよね。ちょうど、中間に挟まってしまった形になって身動きがつかなかったというふうなことがあると思います。

(iii) オンデマンドの面接——外的構造ではなく二者によって作られる内的な構造の重視

ただ、彼自身はトレーニングの期間中に児童分析のケースのスーパービジョンをクラインから受けていましたが、そのケース以外では、週五回の定型的な、クライン派の本に出てくるような、いわゆる児童分析は行った形跡はないと言われています。彼が行った児童分析というのは、基本的にオンデマンドのものです。オンデマンドというのは、クライエントさんのニードがあった時に会うというものです。それじゃあ分析ではないんじゃないか、という批判がもちろんなされるわけなんですけれども、ウィニコットは外的な構造（週に何回、何分間会うとか）ではなく、子どもと自分との二者によって作られる内的な構造（internal analytic setting）を重視したんですね。

それが守られるようにマネージメントしていくわけですが、マネージメントしつつ、その内的な構造が保持されていれば、頻度はどうであれそれは分析だ、と主張するわけです。だから、ピグル（the Piggle）は、だいだい月に一回しか会っていないけれども、お父さんとお母さんと手紙や電話でやり取りしているけれども、あれは分析なんだと位置付けているということです。

ⅳ 児童分析と遊ぶこと

また、彼は児童分析を遊ぶことと結び付けています（大人の精神分析もそうかもしれませんけどね）。自分で遊べるようになるというのが大事だと考えていて、自分で遊べるようになるというのは、大人でいえば自己分析ができるようになるということにもつながるんですよね。それが、分析の目標になっているということを主張しています。

ⅴ 乳幼児精神病（Infantile Psychosis）・自閉症（Autism）

それから彼は、乳幼児精神病（infantile psychosis）、あるいは自閉症ですね。それについても、あまり多くはないんですけど、いくつか論文に著しています。"Thinking about children"（子どもを考える）は、日本語版の訳も出ています。この"Thinking about children"という本の中にAutismのセクションがあって、論文が三本か四本か載っています。彼は、カナーとかのAutismという概念はもちろん重要だけれども、自分は乳幼児精神病という概念を用いているというふうに定義していて、その論拠として、自閉症には確かに器質的要因があるかもしれないけれども、むしろ心気的なもの、二次的な防衛が自閉症になっているんだ、ということを述べています。自閉症と言ってもいろいろあるからね、ということなんだと思いますし、彼の所に来たAutismのケースというのが、どちらかと言えばアスペルガー障害に近い人だったということもあるでしょう。

また、Autisticな子どもを育てると、その当時の話だと、どうしても親子関係にトラブルが起こって、そのトラブルがまた二次的に子どもに影響を及ぼして、さらに子どもの状態を悪化させていたかもしれません。そこの部分に介入することは確かにセラピューティックですよね。治療的な関与によって変化を起こすことが可能だろうと思うんですが、ウィニコットからすれば、Autismというと器質的なものに限定されてしまうようなニュアンスがあるから、Infantile Psychosisと述べて、精神療法が有効な場合もあるという主張をしていこうとしています。環境論ですね。

ⅵ 治療相談――スクィグルゲームの利用とその危険性についての理解

治療相談に関しては、後半で出すケースもある意味で治療相談ですけれども、そこで彼はスクィグルを用いています。スクィグルというのはご存知ですよね？「相互なぐり描き法」と言えばいいでしょうか。一緒になって何かを作り上げていくという、そういう技法です。絵を描くこと自体は難しくないかもしれないですけど、それを通して心理的な問題を扱っていくということが結構難しいと思うんです。案外、安易にやられているような気もします。

彼は、その危険性について理解しておくことが必要だと言っています。後世の人たちからも、どこまでウィニコットは分かっていたのだろうかと疑問も持たれていますが。さっきの"Therapeutic consultation"には、スクィグルのケースが何ケースも載っていますが、スクィグル自体はけっこう上手くいっているんですよね。それで、上手くいったケースだけ載せているのではないのかという批判もあるけれども、そうでもないかもしれないと思われるケースもあるんですね。今、ウィニコットのスクィグルというのは、どこかの図書館に保管されていて、あと五十年ぐらいしないと公開してもらえないらしいです。フロイトの著書が公開されるよりもさらに後の話みたいですけど、それが公開されるともっといろいろなことがよく分かるんでしょうね。

ⅶ 退行との関連

スクィグルには、どうして危険な要素があるかというと、これは退行とも関係するわけですけれど、子どもはスクィグルをしていくと、だんだんと本当の自分（true self）がそれを通して表現されてしまうんですね。治療相談面接の本を読んでもらうとお分かりかと思いますが、最初はウィニコットと交互にスクィグルをやっているんですけど、大抵、あるところで子どもはスクィグルを止めるんですよね。そこで夢の話をするとか、夢を絵にしちゃうとか、そういうふうなことをするわけです。そこっていうのは、本来はコミュニケーションしない領域なんです。「交流することと交流しないこと」という論文がありますが、簡単に交流できることは交流しているんですけど、やっぱりtrue selfの部分というのは交流できないから交流しないんですよね。でも、それを暴いてしまうような、そういうところがスクィグルにはあるということです。だから、本当に子どもはそれを望んでいるのかどうかを見ていく必要があるということですね。スクィグルの危険性というのはそういうことです。

ⅷ 反社会的傾向（Anti-social Tendency）

それから、反社会的傾向（Anti-social Tendency）についてもウィニコットはいろいろと述べています。"Deprivation and Delinquency"（剝奪と非行）という著書も没後に出されていますが、時代的にちょうど戦争もあって、剝奪された子どもが増えたこともあるんでしょうけど、ウィニコットは反社会的傾向は環境による失敗（すなわち剝奪deprivation）が反映されていると考えたんですね。

そして、そういう反社会的傾向は剝奪が前提としてあるんだけれど、それに対して、保護を与えていこうとすると、保護を与えられる子どもたちは、その保護を与えている環境は本当に頼れるのかどうか、環境を試してくる。それが「反社会的傾向は環境を試すものである」ということなんですね。試されるのは非常に嫌ですよね。だから、ウィニコットは反社会的な子どもに対してはほとんど個人分析はしていないです。治療相談はいっぱいしていますけれども。半分ぐらいはこういう反社会的傾向のある子どもさんに対してなんですけれど……。特に、二次的疾病利得（Secondary Gain）がある場合には、個人的なセラピーというのはほとんど不可能だと、そういう場合は施設を利用するのが有効なことである、ということをウィニコットは指摘しているわけです。

ということで児童精神科医ウィニコットと、精神分析家ウィニコットということでお話をしてきました。要するに、当たり前と言えば当たり前ですけれど、臨床家は常に現実的な側面と、内的な幻想的な側面と両方を押さえながら、臨床をしていくのがいいんだと。それを、ある意味でウィニコットは自分の中でシステム化した、ということが言えるだろうということです。

ウィニコットの魅力を知ってもらえるのが狙いなので、普段たぶん皆さんがあまり読んだことのない論文を通して、ウィニコットがどんなふうに子どもの心に関わったか、ということをお話ししようと思います。もともとのウィニコットはものすごく魅力的なのですけど、僕のフィルターが入るので百の魅力が一ぐらいになってしまうと思いますけれど、一でも伝わればいいか、というつもりで、お話ししていきたいと思います。

V　症例パトリック
——論文 'A child psychiatry case illustrating delayed reaction to loss' より

1　はじめに

紹介しようと思っている論文は、'A child psychiatry case illustrating delayed reaction to loss'「喪失への遅延した反応を見せた子どもの症例」と訳すといいですかね。これは、マリー・ボナパルトの記念論文集 "Written for a collection of essays in memory of Marie Bonaparte" に寄稿した、そういう論文です。このマリー・ボナパルトという名前は、聞いたことがある人もいるかもしれませんが、フロイトがウィーンから脱出するときに非常に重要な役割を担ったギリシャかどこかのお姫様で、パリを中心に活躍していた女性です。また、フロイトとフリースの往復書簡がありますよね。往復っていっても残ったのは片方だけですけれど、そのフリースへの手紙を買い取って、フロイトがよこせって言ったのを渡さないで守ってくれた人ですね。そういうことにおいても、精神分析に非常に貢献の深い、そういう人です。この論文を順を追って説明していきます。

2　ねらい

この論文はケースのことしか書いていない、そういう論文で、あまり理論的なこととかはほとんど述べられていないものです。症例の概略として、いきなり症例の話から始まります。

この論文は、お父さんを亡くした少年の一連のセラピーを述べていますが、今日ここでご紹介しようと思ったのは、実は、これは児童精神医学の論文としても読めるし、精神分析の論文としても読めるという、そういうウィニコットの中の児童精神医学と精神分析の繋がりを見るのにも良いと思ったからです。また、ホールディングであるとか、マネージメントというものを、彼がどんなふうにしているのかというのを見て取ることもできるでしょう。そうすることで少年は退行を起こすんですけど、退行を起こすことで何をしているのか、そういうことをしていく治療者の役割は何か？　お母さんとか家族の役割は何か？　父親というのはどんな役割を果たしているのか？　そういうふうにいろんなテーマについて論文を通して理解していただけたらな、と思ってご紹介しました。

3　症例の概要

患者であるパトリックは十一歳の男の子です。彼の誕生日の翌日に父親とヨットに乗って遊んでいたんですが、その際に事故にあって、彼は助かったんですがお父さんは溺死した。そういう悲劇があったんですね。彼のお父さんというのが、専門職に就いていて、将来を嘱望されていた。はっきりとは書かれていないんですが、たぶん、芸術関係の仕事なんじゃないかなと思います。

パトリックには大学生のお兄さんが一人います。お母さんとお兄さんは父親の死後、大変落ち込んでいたんですが、パトリックにはそのような様子が全然見えなかった。そのことを、だれか専門家に相談した方がいいのではないかと勧められて、この領域のエキスパートとしてのウィニコットに電話をかけてきた、というのが出会いの始まりです。ただ、お母さんはそういう精神医療に対して懐疑的であったんですね。そういうことも書いています。

(i) 最初のコンタクトと初回面接

最初のコンタクトは、お母さんからの電話でした。それで、ウィニコットは、ともかく直接本人と会ってみようということで、最初の電話から二カ月後にパトリック君との最初の面接が持たれました。それは事故から約八カ月後になります。初回面接では、学校のことなどを少し話した後で、二人はスクィグルを始めます。そのあと、夢が語られ、事故のこと、恐怖症のこと、幻覚のことなどが語られます。ウィニコットは、児童精神医学の場合には、なるべく子どもに語らせるようにするんですね。そうすることで、いろんな連想がわくというふうなことを言っています。

それから、もう一つ重要なこととして、家族がリライアブル（reliable：頼りになる）かどうかということが重要なんだと言います。というのは、精神分析と違って、治療者が全部を引き受けてやっていこうというんじゃなくて、治療の大部分は家族がするものだというのがウィニコットの基本的な考え方にあるからです。そういうことを確かめたうえで、面接が始まっていくわけです。

(ii) 面接の経過——スクィグルを用いて

〈スクィグル１：象〉

最初のスクィグルは、ウィニコットが描いたものをパトリックが「象」に変えるというものです。

〈スクィグル２：彫刻〉

次のスクィグルは、パトリックが最初に描いたのをウィニコットが描き加えて、さらにパトリックが描き加えて、ヘンリー・ムーア風の抽象的な「彫刻」ですかね。そういう表現をしたということは、この人（パトリック）が知性化しているということなんです。つまり、何かに直接触れることに不安があるのだろう、ということが分かる。この段階では、それが一体何なのかは分からないですけどね。

〈スクィグル３：赤ちゃんを抱っこするお母さん〉

このスクィグルは、なんとなくパトリックが描いたものをウィニコットが完成させたもので、「赤ちゃんを抱っこしているお母さん」ですね。そして、これは、後にとても意味があるスクィグルだったんだなということが分かってくるものですが、この段階ではまだ、ウィニコットがこのスクィグルにどういう意味があるのかわからないけれども、ともかくこういうスクィグルが出来上がった。

〈スクィグル４：「F」という場所にある木〉

次に、このスクィグルは、ウィニコットが描いたものをパトリックが完成させたものです。これは、『F』という場所にある木」を描いたんだということですが、パトリックはそこで、お父さんが死んだんだということを話しました。お父さんが亡くなった場所というのは、家族が休暇を過ごす島があるらしいんですけど、ウィニコットはパトリックに、その島の地図を描いてほしいと頼んで、描いたのが次ですね。

〈絵：事故の場所〉

「事故の場所がポイントで示されている」と書いてあるんですが、どれがそうなのかちょっとよく分かんなかったけれども、まあ、そういうふうなものらしいです。

〈スクィグル５：子どもをしかる母親〉

次に、ウィニコットがスクィグルを描いたのをパトリックが完成させたものです。これは「子どもを叱る母親」ということですが、このスクィグルを見てウィニコットは、「パトリックは、お母さんから怒られたいのかな。そういう願望があるのかもしれないいな」とそういうふうに考えました。

〈スクィグル６：ドルーピー〉

今度は、ウィニコットが描いたものをパトリックが完成させたもので、これは、「ドルーピー」だそうです。ドルーピーというのは、アニメのキャラですね。今のアニメじゃなくて。当時の犬か何かのキャラです。

〈スクィグル７：少しコミカルな女の子〉

次のスクィグルは、パトリックが描いた絵をウィニコットが完成させた、「少しコミカルな女の子」を描いたんですね。そうすると、次に。

〈スクィグル８：ガラガラヘビの彫刻〉

これは、ウィニコットが描いたスクィグルをパトリックが完成させたもので、「ガラガラヘビの彫刻」だと言うんです。これも、ガラガラヘビを彫刻にしちゃっているということで、攻撃性を知性化をしている。距離を置きたいという願望が裏にあるんだ、ということが認識できるかと思います。

〈スクィグル９：風変わりな手〉

そして、今度はパトリックが描いたものをウィニコットが完成させたものなんですが、これは「風変わりな手」ということで、「これはピカソみたいだね」という話をしています。ちょうどその当時、開かれる「ピカソ展」について、二人でやり取りがあったということです。

〈スクィグル10：犬のご飯に転んで頭を突っ込んだ絵〉

ウィニコットが描いたものをパトリックが完成させたもので、これは「犬のご飯に転んで頭を突っ込んだ」と言います。どうしてこんな考えが浮かんだのかよく分かんないという話から、パトリックはこの絵を描いた後で、夢の報告をするんです。

その夢というのは、彼は十一歳で、プレップ・スクール（ローリーグスクール・パブリックスクールに入る前の予備学校。エリートが行く所）の寄宿生です。その寮の寮長が寮生を集めるんだけれど、一人誰かが居ない。でも、誰が居ないか分からないという、そういう夢を見たんだと話をするんです。そのあと教会の場面が出てきて、さらに、赤ん坊が飛んだり落ちたりする場面が出てきたと、パトリックが報告するので、ウィニコットが「じゃあ、絵に描いてくれる?」と言ってパトリックに描いてもらいます。

〈赤ん坊が飛び跳ねている絵〉

「赤ん坊は十八カ月なんだ」ということを言うんですね。ウィニコットは、これはおそらく、パトリック自身の幼児期の経験が夢になって出ているんだろう、というふうに考えて。赤ん坊が飛び跳ねているのは、何か躁的な感じがするというふうなことを考えています。それから、先ほどの夢で、誰かが居ないんだけれどそれが誰だかわからないというのは、お父さんの死を恐らく言及しているんだろう、というふうに考えるわけです。

〈教会の祭壇の代りに影のある絵〉

教会が出てきたんで、教会も描いてもらったところ、パトリックは「僕は『うつ』っていうのがどういうものか知っているよ」というふうなことを言い出して、両親がいつも喧嘩していた、という話を始めるんです。お父さんとお母さんの間でテンションが昂ぶって、僕はいつも二人が仲良くなってもらいたかったけど、ママがいつも「パパのことを殺す」と言っていた。で、パパはそういうことで不満だった。だから、たぶん、パパは自殺したんじゃないか、という話をするわけです。これは論文に書いてあるんですけれど、実際にはそういう可能性はまずないということで、両親が仲違いをしているということもあまりなかったという話なので、これはパトリックのファンタジーということになります。

その時さらにパトリックは、事故の時の話を、何か情緒が止まらない感じで、詳しく話をしたんですね。要するに、ヨットは沈んだんだけれど、パトリックは救命ベルトをしていたんだけど、お父さんはしていなかった。だから、死んじゃったんだ、というふうなことをお話ししました。そして、そんな話をしていると、さらにパトリックは、「自分は、事故が起こる以前から幻覚がある」と、そんな話をしていくんです。

(iii) 最初の面接のまとめ

そういうことで、最初の面接っていうのは二時間ぐらいかかっているんですけれど、そのまとめをしていくと、

①パトリックは父親の死に対する罪悪感を抱き始めているよう。
②ただ、彼はまだ、悲しいとは思っていない。
③彼はそうした感情が到来するのではないか、ということで脅かされている。
④彼は何か病気になるのではないかと恐怖をもっているけれども、隠された発達早期の病気にその基盤があることが考えられる。（つまり、幻覚とかがあるということですね。）
⑤赤ん坊が飛び跳ねている絵には、何か未知の重要な要因が隠されているだろう。
⑥彼は学校で助けを求めているが、どうして助けを求めないといけないのか、それが何によるものなのか、は彼自身もよく分かっていない。
⑦そうは言っても、パトリックは他人を信頼したり、依存したりする能力を持っており、これは治療的に役立つだろうと思われる。

と、以上のようにまとめています。

(iv) 二回目の面接

こういうことで最初の面接は終わりますが、面接後、パトリックは学校に戻るんですね。学校に戻ったパトリックは、ちょっと妄想的な不安を抱いていたんです。ラテン語の勉強をちゃんとしないとダメだというような、そういう不安を抱いていて、急いで学校に戻った。そういう状況なので、二週間後に二度目の面接が設定されて、そこで出会ったところ、パトリックは妄想的な不安を抱いていました。また、そうした不安が起こったのは最初の面接によって揺さぶられたからであることが分かったんですね。つまり、面接をすることによって、パトリックは病気になったと。精神医学的に診て、潜在的か顕在的かでいうと、潜在的な病気から顕在的な病気へと転化したと。そういうパトリックに対してウィニコットは、「学校に行くな、家に居なさい。」という指示をしているわけです。

(v) 三回目の面接

その四日後にまた三回目の面接が行われるんですが、これは、週明けに学校に戻るように言われて、そうしたら、パトリックは洗面所に立てこもったんで、緊急に行われたんですが、ウィニコットは彼に対して、「君は病気だ（You are ill.）。」ということを伝えました。これは、児童精神科医としての介入ですね。分析家としての解釈ではなくて、精神科医としての介入なのですが、こういうふうにはっきりとウィニコットは介入を行ったわけです。

(vi) 四回目の面接

さらに三日後に、また面接が行われるわけです。これは、どうして自分がNo.12の絵を描いたのか、No.12っていうのは、〈赤ん坊が飛び跳ねている絵〉ですね。どうしてこの絵を描いたんだ？っていうことを不思議に思ったパトリックが、お母さんに子どもの時のことを尋ねてみたわけなんですね。そうすると、自分が一歳六カ月の時に、お母さんが入院のために六週間ほど不在だったということがわかります。その間、彼は友達のところに預けられたんですけど、毎日毎日、だんだんと興奮するようになってきた。しかし、お母さんが病院から戻ってすぐにお母さんを迎えに行くと、彼の飛び跳ねは治まって、そのあと、お母さんの膝の上で二十四時間眠ったということが分かったんです。それ以降、パトリックはお母さんにずっと引っ付くようになりました。ただ、パトリックは、常にお母さんに本当に引っ付いてはいるんだけれども、本当に頼れるのかどうか、そういう不安を持つようになったんですが、この面接をした後で、パトリックは、ずいぶん安心するようになったんです。

ⅶ 退行の始まり

そして、退行が始まるんですね。パトリックは、この面接の後で、四歳の子どもに退行して（どうして四歳なのか分からないけれど）、お母さんと、どこへ行くのでも手をつなぐようになった。この頃、たまたま飼い猫が子猫を産んだんで、彼は母猫に同一化したようだった。そうした退行状態がしばらく続いて、三週間後、パトリックはお母さんに「①お母さんは僕を愛している？」「②ありがとう。」「③すぐにウィニコット先生に会える？」と聞いてきたために、翌日面接することになったということです。

ⅷ 五回目の面接

それで、五回目の面接になったんですが、パトリックはウィニコットに会えると分かって、面接を設定した後で夢を見たようですが、それに脅かされたんだということです。長い夢をパトリックは見ていますが、それがどういう夢かというと、

教会があって、そこには祭壇がある。そこには三つ箱があり、その中には死体が入っていると考えられる。左側の遠い端にあるものが一番幽霊に変わりやすいと考えられているんだけれども、実際に幽霊になったのはいちばん近いもの

だった。それには生きている兆候が少しみられ、その幽霊は座った。その顔は蠟のようで、溺れ死んだように見えた。興味深いことに、その幽霊は女性だった。それは少女だったが、彼は『汚れのない』という言葉を用いて描写した。彼は、それは不気味だったと言った。

と言っています。で、この夢はさらに長く続いていくんですが、長いので省略してしまいますけれども、夢を語りながら、パトリックは溺れたときのもだえ苦しんだ状況に非常に近づいて……つまり初回の面接のときには感じることができなかったところが、それを実際的なものとして感じることができるようになって、罪悪感にも触れることができたということです。

〈絵：教会〉

これは教会の絵で、夢の場面を映像化するとこんなふうだった、というようなことを言います。

ⅸ 六回目の面接

さらに九日後ですが、パトリックは、お母さんが不在だったとき（一歳六カ月の時ですが）、その時に感じた抑うつについて考えることができた、ということです。彼は、少なくとも一歳六カ月以降、常に抑うつに陥る不安があったことを語りました。

ⅹ 母親との初回面接

その一カ月後、つまり、最初の電話から五カ月後に、今度はウィニコットはお母さんとの面接を行なっています。この時点では、パトリックはまだ依存の状態に退行したままだったんです。なので、お母さんが、パトリックのケアをしていた。

そこで、ウィニコットは、お母さんを「当てにできる人」とそういうイメージで見ているんですが、この面接でウィニコットはそういうお母さんをサポートし、今の段階では、パトリックが欲したときにのみ教育がなされるべきで、今はパトリックがやりたいようにしてあげるのが大事だろう、というふうに説明をしたんだそうです。お母さんは、「パトリック自身が、自分はだんだん快方に向かいつつあることを知っているようだ」ということを語っています。

(xi) 七回目の面接

その後、お母さんの面接の数日後、今度はまた、緊急の面接がありました。それはどうしてなのかというと、学校から、パトリックが病気であることを信じていない先生がいて、試験問題を家に送り付けられてきたというんですね。それで、パトリックはその試験問題に無理に取り組もうとして、リラックスできなくなって、迫害的な不安が出現してきてしまった。そういう状態だったので、ウィニコットは即座にパトリックと会って、試験を受けることを厳禁していくわけです。そうすることでパトリックはリラックスして退行状態に戻ることができたということですね。

そして、ちょうどそのあと、事故から一周年のアニバーサリーの日が来て、実はアニバーサリーの日っていうのは、パトリックの誕生日でもあるわけですね。そうなんですが、その日は何にもお祝いとかしないで、お母さんもパトリックも一人で静かに過ごすように、とウィニコットがサポートしてそういう指示をしたわけです。そして、静かに過ごすことができた。その日以降、パトリックは健康を取り戻し、退行してひきこもった状態から、徐々に変化が見られるようになっていく、ということです。

(xii) 八回目の面接・九回目の面接

八回目・九回目の面接も面白いですが、時間の関係がありますので説明しないで飛ばしていきますが、だんだんとしっかりとしてきて、お父さんの代わりの男性像というようなことも言い出すようになってきて、学校への復帰が可能になるだろうというふうな状態になってきます。

〈絵：川の上の日没〉

パトリックは、こんな絵を描きます。これはもう、スクィグルでもなんでもなくって、川の上の日没の絵だっていうふうに。そんなのも描けるようになった。

ⅹⅲ 母親との二回目の面接

そのあと、お母さんと二度目の面接。パトリックとの最後の面接の後で行っている、この面接はとても大事だった、というふうに言っていますが、なぜ重要だったかと言うと、ウィニコットは、お母さんにパトリックをケアする役割を担ってもらったわけです。そのケアする役割を担ってもらうということは、お母さん自身のモーニングワークを少し中止しておいてもらうということになります。また、お母さんは、「当てにできる人」なので、そういうふうなことを、もちろんやってくれたんだけれど、でも、やっぱり、それは怒っているよね、っていうことですよね。

そこで、ウィニコットに対するお母さんの怒りを表現してもらうためには、お母さんと面接をすることが大事だった、ということです。そして、お母さんはそういう面接でウィニコットに対する怒り・不満を一通り表明した後、ウィニコットにとても友好的になって、パトリックを助けたことが自分自身を助けることにつながった、ということを話したんです。

ⅹⅳ 母親との三回目の面接

そのあと、一週間後にお母さんとの三回目の面接がもたれました。それは、パトリックが変化して、お母さん自身がウィニコットと面接して無意識が刺激されたということがあって、パトリックの「乳児期」のことを思い出すことができたんですね。それで、パトリックの「乳児期」のことについてより詳細に語られました。パトリックが、生後五日の時点で、嘔吐のために六週間入院していたことが報告されました。さらに、四回目の面接は端折りますけれど、パトリックは健康に発達しているということが報告されました。

４　考　察

(i) パトリックの病気の再構成（その１）

このような一連の流れを振り返ると、最初はスクィグルで始まっているわけですよね。そして、最初の時点では、パトリックは表立っては病気ではなかった。ところが、最初の面接をすることで、病気になったというか、病気になることができたと言ってもいいかもしれないですね。そして、病気になったパトリックを、「あなたは病気なんだよ」というふうにウィニコットが言うことで、パトリックは本当に安心して病気でいられるようになった。

(ii) 現実の中の holding・治療の中の holding/management

安心して病気でいられるようになったパトリックは、そうは言っても、学校とか周りからいろんなプレッシャーを被っていたんですけれど、そういういろんな圧力をマネージメントしていくわけですね。実際のケアを行なっているのはお母さんです。だから、パトリックが本当に病気になることができて、そのパトリックを holding していたのが現実の生活ではお母さんなんだけれども、その状況全体をマネージメントしている、holding しているのはウィニコットなんだ、っていうふうに言うことができるかもしれないです。

(iii) 絶対的依存状態への退行

そういう状況の下で、パトリックは退行するわけです。退行して、退行状態の中でお母さんに依存することができた。これは相対的でない、絶対的な依存状態への退行だというふうに理解することができると思いますが、そうやって退行することで、乳幼児期に飛ばしてしまった作業を、もう一遍やり直すことができて、パトリックは健康を取り戻していったという、そういうストーリーが描けるわけです。

生後五日の際の六週間ほどの入院がどんな影響を及ぼしているのかはよく分からないんだけれど、ただ、一歳半での母親との分離と、そのあとの躁的防衛があったこと。さらに、お母さんが戻った後、抑うつがあった。これは事実としてある。その結果として、お母さんとの間の絆というか、お母さんにベッタリとひっつく一方で、お母さんは本当に当てになるのだろうかという不安が起こってしまって、母親に固着したパーソナリティの発達がみられた。

(iv) エディプス葛藤と喪の作業の遅延

それが事故までの状況で、そのあと、事故が起こった。この事故に関してはパトリックは、自分の無意識がそういう事故を引き起こしたのかもしれない、という感覚を持ったんですね。そういういろいろな不安があったために、この悲劇に対する喪の作業が遅延した。ウィニコットとの最初の面接が行われたのは、お母さんのイニシアチヴによるものだったけれど、それは、お母さんがパトリックの心身症的な傾向とかパラノイア傾向を理解していたから、面接を行うことができたともいえるわけです。

(v) パトリックの病気の再構成（その2）

そのあと、学校に行こうとしたら破綻恐怖が起こったわけですが、しかしそこではウィニコットに対する信頼があったために、パラノイアに陥るのではなくて、退行することができたわけなんです。そこで、パトリックは病気であるとウィニコットが決めることにより、より深い退行と依存へとパトリックは進むことができて、それを受け入れるお母さんがいたために安心して依存することができたわけですが、その際に、ウィニコットによるオンデマンドの援助が有効だったと言えます。

そうして、状況にふさわしい感情をパトリックは取り戻して、それによって、病気である必要性がなくなって、学校へ復帰して、情緒発達を取り戻すことができたという、そういう一連の流れだということです。これは、無意識を扱いながら現実的な介入も行っていくという、典型的なウィニコット流のセラピーだろうと思いますし、オンデマンドと言いますか、非常に柔軟に対応していて、必要があったらすぐに会うし、必要がなかったら全然会わないというような、そういうふうなことをやっています。

そしてよく見てみると、セラピーの主体は実はお母さんなんですね。中心的なセラピストは、実はお母さんなんだということ、でも、そのお母さんを援助して、全体をマネージメントしている治療者として——これはまあ、ある意味で父親的な役割と言っていいと思いますけれども——ウィニコットがいる、というものです。

というような、ウィニコットの症例を紹介させてもらいましたが、前半の話について、言ってみると、具体例を挙げて説明したということですが、うまく伝わればよかったと思いますけれど、いかがでしょうか。ウィニコットは常に児童精神科医でありつつ、精神分析家でもあった、どちらかに比重が偏っていたわけではなく、常に双方であり続けたということです。

二〇一四年二月二十三日　開講

第6講　ビオン――夢想すること・思索すること

松木　邦裕

はじめに

ご紹介いただきました、松木です。今日は、ビオンの生涯について、彼の精神分析について、皆さんとともに基本的なところから理解を深めたいと思います。本日ご紹介するのは、ビオンの精神分析家としての仕事の前期の部分からです。それがサブタイトルにある「夢想すること・思索すること」に関連します。

この「夢想すること」とは、私たちがクライエントの話を聴く時に、目覚めていて夢見ているような心のあり方で分析の場に臨みなさいとビオンが主張していることに言及したものです。生まれてまもない乳児にかかわる母親のもの想い（reverie）がモデルです。それは、フロイトの言うこころの一次過程を含む在り方です。

それからもうひとつの、「思索すること」とは、原語はThinking、つまり「考えること」なんです。「考えること」というのは何かというと、伝統的な表現をすれば、「腑に落ちる」、つまり感動をもって理解に至るこころの働きと言い換えられるように思います。私たちはある種感動を抱きながら、自分の事実、自分自身に気がついていくのです。私たちの解釈に、クライエントが「腑に落ちた」という表現をすることがあると思います。その過程では私たちも、ともに居ながらきちんと考えていかないと、クライエントの体験した事実をほんとうに認識することが難しいのですね。クライエントの情緒の真の理解には考えるという作業、つまりこころの活動の二次過程も必要なことをビオンは述べました。

皆さんは、このセミナーで、フロイトからの自我心理学でのアンナ・フロイトから、ハルトマン、エリクソンという基本的な流れを学ばれたと思います。また、イギリスにおける別の系統として、メラニー・クラインから前回のウィニコットに続いて、クラインの本流であるビオンの精神分析をお聞きいただこうかと思います。

クラインについては、すでに二回前のレクチャーでお聴きになっています。クラインは、「無意識的空想」(unconscious phantasy)、「無意識的幻想」と訳されることもありますが、私たちが普段意識することなく抱いている空想が、その人の心の世界の実体だとのことを見出しました。それはクラインの用語を使えば、「内的世界」という表現になります。その心の中の世界は、私たちの中で無意識的な空想の形で体験されているということを見出しました。

クラインは、プレイ・アナリシスの創始者でもありましたので、子どものプレイ、遊びの中で――クラインの「プレイ」は、日本でふつうに行うプレイセラピィの「プレイ」とは違うのはご存じだと思いますけれども――、子どもが与えられた専用のちっちゃなおもちゃを使って表現しているものが、その子の内的世界であり、無意識的空想の表出であり、心の中のありようだと理解しました、つまり、子どもが遊びという行為で表しているものを、クラインは解釈ということばを介在させて、意識化され考えられるものに変形する作業を通して、自分自身を理解するという、精神分析の目指すところを達成しました。

ビオンも、基本的にはその考え方に準じています。けれども、ビオンは、子どもの遊びあるいは大人の場合面接室での言動とか、いわゆる転移としてその面接場面で展開される状況を、クラインの表現での「無意識的空想」としてではなく、原始的(primitive)な思考が表されていると理解しました。無意識的空想と言いますと、視覚、聴覚といったさまざまな感覚の体験をわれわれは思い浮かべますが、そのような主に視覚要素に着目して、思考の原始的な形態をビオンは考えました。それらの原始的な思考をより成熟した思考あるいは発達した思考に変化させることによって、行為によってしか表現できていない、つまり意識化できていないものを意識化する、考えられるものにすることが、葛藤すべきものを葛藤できるようにするというこころの達成であり、精神分析がもたらすものであるとの理解を提示しました。

これが、ビオンが革新的に表現したものであると私は思っています。ということになると、十分で講義が終わってしまいます。そんなわけにはいきませんので、これからいくらか順序立てて聴いていただこうと思います。

I　精神分析は何をするのか

まず、ビオンの考えに沿って私の理解する、精神分析は何を行うのかということをはじめにお話しします。精神分析に主に関連する分野は医学や臨床心理学ですね。

医学という分野は、元来患者の苦痛を減らしたり消すことを目標にしています。たとえば交通事故で骨が折れたら、その痛みを和らげる、あるいはそのための歩行困難を手術で修復します。あるいは、癌という致死的な病が発生したときにそれを除去するということで、身体を治療します。そこにある医学の哲学では、快を増やし苦痛を減らすという在り方が「健康」であると考えられていると思います。精神分析が関連する精神医学もそういう医学に倣っていますから、精神の苦痛を減らすことを目的としています。

しかし、人生は、そういう快の獲得と維持だけでは済みません。フロイトのいう一次過程、快の追求、苦痛の除去だけで生きていくことはできません。現実は苦痛を私たちに不可避にもたらします。それは、どういう苦痛かというと、私たちが求める欲望や依存や愛着の対象の不在、あるいは分離、喪失に基づくものです。人生において必ず経験する苦痛です。また私たちが、人生の選択に際して一つ何か手に入れるということは、別のものを失う、断念するということをたいてい含んでいます。そういう喪失、ここには挫折での自己に関する理想像を失うことも含みます。失ったための苦痛にいかに対応するのかが、私たちの生きている中で非常に大きな部分を実際に占めているのはおわかりいただけているでしょう。

試験に落ちたり就職に失敗したり失恋したり、身近な愛する人の死など、何らかの喪失を体験した時に、よい対象が不在になる苦痛な経験をどう生き抜くかは人生の質において非常に大きな要素になります。

ビオンが実践していた精神分析は、そういう人生に有意味で不可避なこころの痛み、苦痛を減らすことを目指すのではなくて、その苦痛に持ち堪える力を高めるというところが目指されています。それが、健康なこころのあり方に不可欠な側面です。ですから、快を求め苦痛を除く快‐苦痛原則を充足するのがこころの健康ではなく、現実原則を受け入れるのがこころの健康であるとのフロイトの見解通りにビオンは、現実を直視して受け入れる力を高めることが、他の方法では達成できない精神分析の本質的な仕事であると考えたと思います。

臨床場面で精神医学は、症状、本人が苦痛として訴えている症状に関わりますし、臨床心理学は個人の悩みや何らかの課題、そこには症状も含まれますけれども、そういうものに関わります。しかし、精神分析は、その人が生きていく中での生きづらさというものそのもの、つまり、その人の人生に関わるものであろうと思うのです。ですからこそ、その人生において苦痛に持ち堪える力を高めるということが、非常に意味を持つことになってくるのです。

ビオン自身の人生もまたそういう生きづらさを、当然ながら、含んでいました。

ビオンの用語コンテイニングは、ふつうに精神分析臨床では使われる用語になっていますし、コンテイナー／コンテインドという概念、もの想い、「記憶なく、欲望なく」等は、存在感が大きくなっています。去年の七～八月にプラハで国際精神分析学会が開かれ出席し発表しましたが、ビオンの考えが思った以上に広く行き渡っているというのがその国際学会での印象でした。今日的には、ビオンの考え全体を体系的にどう理解するのかが世界の大きな潮流になっていると思います。

ご存知のように英国の精神分析は今世界の精神分析を引っ張っていっていますが、英国精神分析協会には、コンテンポラリー・フロイディアンといわれるアンナ・フロイトの流れを含む自我心理学派と昔は中間学派と言ったんですが今日的には独立学派といわれるグループ、それから、クラインの流れを汲む現代クライン派という三つのグループがあります。ビオンの考えはクライン派のみならず、独立学派や自我心理学派にも支持者がいるのです。

ビオンは集団の研究で名を成しましたが、分析家の資格を得た後は、精神分析の臨床だけを実践していました。ですから、彼の考えは精神分析的な体験に基づいていました。難しそうなんですが、極めて臨床に使えるというのがビオンの考え方の特徴ですし、分析体験の理解に極めて有用なものだと思います。あるセミナーでビオンは言っていいます。「私は簡単なケースにあったこともなければ、見たこともありません」と。つまり、人間というのはそんな簡単なものではないということを、彼は真から認識していたんだと思います。真実であっても、なかなか言えそうで言えないことですね。

Ⅱ　精神分析家の人間観（こころの発達の主要因）

秀でた精神分析家が抱いていた人間観を示すことで、ビオンが何を考えているのかがわかりやすくなるように思いますので、これから示します。

1 フロイト（Freud, S）――性愛リビドーという視点

フロイトは、リビドーが人を動かしていると考えました。「リビドー」とは、人間の生存のための性愛本能に関するエネルギー仮説です。人間の生存は種の保存、繁栄が基盤ですから、その表現は性的な形をとります。フロイトは、このリビドーを強調したので、その度にフロイトは性欲論者だと、日本に最初に考えが入ってきた時にも捉えられました。しかし、狭い性欲や性愛ではなく、もっと広い意味でのリビドーを、人間の身体・精神におよぶ性的エネルギーというものが、人を動かしていると考えていました。

ここには、フロイトがヒステリーの治療に関心を抱いたことがその背景にあったと思います。ヒステリーは、性愛的な自分を自身に上手く収められない人が身体症状とか解離症状を表わす病態です。そうしたところから、フロイトはこころの理解を始めたので、リビドーがその人を動かしていると考えたんですね。これは、ある意味、極めて真実です。自分自身の人生を振り返ってみても、とりわけ若い頃の自分を振り返ってみても、そういう性欲動といっていい精神的なエネルギー活動が自分のあり方を大きく規定していたということを確かに実感します。ご存知のように、フロイトは口唇期、肛門期、性器期と、快の充足を求めて性的エネルギーが心的発達での変遷を辿るのだということを言っています。

しかしながら、その晩年においてフロイトは、人間の本質を探求し続けた結果、「生の本能」と「死の本能」という概念を提出してきました。生と死の両本能のせめぎ合いにおいて、人間はその生き方を形成していると考えたわけです。けれども、生の本能と死の本能という本能論はあまり受け入れられませんでした。精神分析の実践においては、あまりに思弁すぎるというか、臨床的実感が感じにくいものだったということです。

この生と死の本能の概念を積極的に受け入れた一人は、アメリカのメニンガークリニックを作ったカール・メニ

ンガーです。メニンガーは、『おのれに背くもの』と日本でも訳された著作がありますが、たとえば交通事故を多発してしまう人とか、そういう自己破壊的なあり方の人間を、死の本能と結びつけて理解しようとしました。

2　メラニー・クライン（Klein, M）――破壊欲動という視点

もう一人、その死の本能について強く賛同した分析家がメラニー・クラインです。ただ、クラインは、死の本能とフロイトが表現しているものを、生来の「破壊欲動」と置き換えて、人間の生来的な破壊性、攻撃性に捉え直しました。そして、フロイトはリビドー欲動が上手く充足されない時に不安が発生すると捉えましたが、クラインは、その破壊欲動こそが不安を引き起こす主因と考えたのです。そこで、この破壊欲動をいかに建設的に自分の中に取り入れ収めるかが、こころの成長やまとまりを築き上げることになると考えました。

すでにお聞きになったと思いますけれども、クラインのいうDepressive Position／「抑うつ態勢」というのは、生の本能の後援で良い自分が確立された時に、破壊欲動からなる悪い自己を自分の中にいかに収めるかというあがき、葛藤の苦しみを生きるこころの世界を表わしたものです。それは言い換えれば、破壊性を自分の中のものとして認め、いかにそれを自分の中に生産的に創造的に収めるかが、人のこころを作り上げるときの大きな動因になると考えたんです。

この「抑うつ態勢」というクラインが提示した心的世界像を独特に推敲していったのが、前回皆さんがお聞きになったウィニコットですね。

3 ビオン（Bion, W）——K（真実を知ろうとするこころ）が精神を成長させる

そこでビオンです。ビオンは、人間のこころの栄養は真実である、その真実を知ろうとするこころの活動は、ビオンの用語を使えば、「K」knowingと言っています。自分の実感的な情緒体験として、真実を知ることが、こころを成長させると考えます。ですからビオンは、知（Knowledge）と情（Emotion & Feeling）は一般には区別されて捉えられているものに対して、そうではなく〝本当に知る〟というのは情緒体験であると言っています。「腑に落ちる」という言葉があるように、「わかった！」っていう感じの時が本当にわかった時ですね。皆さんが私の話を聴かれて、「わかった」という気になって、終わって家に帰った後に振り返ったら、「わかったようでいてあまりわかっていなかった」と気づくことがあると思います。その場合は、知識は得たのでしょうが、実感になりきらなかったということかもしれませんね。ビオンは、望ましい食物が身体の栄養になるように、望ましい知識が精神の栄養になるのだと言います。私たちの内側にはいろんな知識になるその前駆のものが準備されていますが、そこにふさわしい体験が供給された時に、はじめて現実化／実感が生じ、知識としてこころの栄養になると考えたと思います。

人間には知ろうとする本能があるという見解は、実はメラニー・クラインが言っています。クラインは「知識欲本能」という用語を初期の頃使っていたんですが、単純に言えば、好奇心です。ちっちゃい子どもでも好奇心を持っていますね。そういう「知ろうとする欲望」をクラインはある時期からは発展させることはなかったんですが、ビオンは好奇心こそがまさにこころに基本的なものであり、成長につながるものだと考えました。

これから、ビオンの人生、人となりを皆さんにお伝えしようと思います。

Ⅲ　Wilfred Ruprecht Bion（1897-1979）の人生

1　〇～八歳　インドにて過ごす

英国人ビオンは、一八九七年に生まれて一九七九年に白血病で死去しますが、両親は英国の中流階級のちょっと低い方あたりのお家だったのです。当時は大英帝国でしたから、植民地を世界中に持っていました。その時代に、土木技師だったビオンのお父さんは、豊かな生活を目指してインドで働くことにしたのです。ですから、ビオンはインドで生まれて、〇歳から八歳までパンジャーブ地方というインドの地域で過ごしています。

たとえば、日本の商社の人が東南アジアの国に行きますと、すごく立派な家にお手伝いさんを雇って生活することができるかと思うんですが。ビオンの一家もインドに行ってそういう生活をしたということですね。ですから、そのお手伝いさんとか乳母とかいう立場のインド人がビオン家の中で働いていたようです。つまり子どものビオンはインド人の文化、風俗を通したものの考え方に否応なしに触れました。その経験は大きく影響したと思います。晩年になって彼はそれらを分析的な理解の中に活かすのです。

たとえば有名な、「記憶なく、欲望なく、理解なく」という発言がありますが、これは欧米文化では非定型な表現ですね。つまり、フロイトには「平等に漂う注意」という表現があります。フロイトは平等に漂う注意というあり方で、クライエントの話を聴きなさいと言ったんですが、これは目指す方向をポジティヴに明示する表現です。一方ビオンの「記憶なく、欲望なく、理解なく」聴きなさいというのは、Aはやめなさい、Bはやめなさいと、しないことだけを言っています。「じゃあ、どうすればいいんだ」という発想になるような表現です。これって、インド的表現であり、日本を含めてアジアでは普通に使用される思考法ですね。ヒンドゥー教の源であるインドの古代宗教を簡略化してわかりやすくした仏教によるインド思想の伝播によるものです。私たちも馴染んでいるそういうインド的な思考法を、ビオンは幼児期体験の中で身につけていったようです。

かつての英国中流階級では、子どもの世話は乳母や住み込み家庭教師みたいな人たちがして、お母さんはあまりしないんです。たとえばパトリック・ケースメントという分析家がいますが、著書『人生から学ぶ』を書いた、ほぼ七十代後半の人です。その著書でケースメントのお家は、海軍の指揮官を輩出する英国の中流階級の豊かな家だったので、お母さんはいましたが、乳母に育てられたんです。だから、一歳前後で乳母が彼を育てる中心だったことが、彼にとっては大変な愛情剥奪体験というか母親の喪失体験で、彼は乳母を拒否し続けて、乳母の手に余って乳母が次々代わっていったことを書いています。そういう外傷的なことも起こるわけですね。ビオンも乳母に育てられたようです。乳母との関係はよいものだったのですが、お母さんとの関係ではもう一つしっくりいかなかった感情をずっと抱えていたみたいです。そうした葛藤が彼にはあったようです。

2　八歳から——英国本土での Bishops Stortford College の寮生活

英国の中流階級ですから、中流階級を維持するために学問を積まなければいけません。それで、八歳のときにビオンは英国本土に一人帰って、**Bishops Stortford College** という全寮制のパブリックスクール準備学校に入学し、そこで過ごすことになります。

当時の英国は、今でもかなり残っていますが、労働者階級と中流者階級では全然違います。たとえば、一九七〇年代の前半あたりまでは労働者階級は月給ではなく週給でした。日本で言えば中学とか高校を卒業したら働くという、そういう世界です。だけど、中流階級は大学に行きます。当時の大学というのはオックスフォードとケンブリッジです。他は大学ではありません。他は専門学校、ポリティクニクスです。大学に入るにはラテン語を知らないと駄目なんですね。昔の日本の漢文の素養とニュアンスは似ているんですけど、ラテン語ができないとそれらの大学に入れないんです。そしてラテン語を教えるのは、パブリックスクールなんです。

パブリックスクールって言うけど私立の寄宿制学校で、授業料がすごく高いところです。ビオンは突然ひとりで本国にやられて、しばらくの間は、その寮で寂しくて泣いていたということです。しかしながら、その生活にもだんだん慣れてきて、彼は体格が良くて運動が得意だったので、それが生きて寮生活の中に居場所を見つけることになります。

3　十九歳〜二十一歳――英国軍戦車部隊（第一次大戦）入隊

そして、卒業する頃に第一次世界大戦が起こります。彼は自ら志願して戦争に参加し戦車部隊に入ります。自分から志願するということはどんなことかというと、皆さんご存知かもしれませんが、「ノブリス・オブリージェ」という元はフランス語の言葉が英国にあります。これは「高貴な者の責務」という意味です。つまり、社会において高い地位にいる人たちは、率先して国を守る義務を果たさなければならない、皆のために尽くさなければならないという考え方が、中流、上流の文化にあるんです。だから、一九七〇年代に英国がアルゼンチンとフォークランド紛争を起こして戦争状態になりましたね。その時にエリザベス女王が自分の息子の一人をそこに派遣したんです。戦争状態だから死のリスクは高いんだけれど、率先して前線で戦うというのが「ノブリス・オブリージェ」なんです。だから、ビオンも戦争に率先して参加したのです。

ところが、対戦国ドイツ軍兵士は優秀です。しかも、当時の戦車は、鉄の塊で銃弾は弾くようにしているんですが、戦場には塹壕が掘られていたり地雷を埋めてありますから塹壕や地雷をチェックしないといけません。ビオンは当時、ごく小さい部隊の長の立場であったんですが、しばしば前に出て戦車を導かなくてはいけない役なんですね。向こうに敵がいたら一番狙われるところに彼はいなくちゃいけませんでした。それはものすごく恐ろしい思いをして、この戦争の時を過ごすんですね。終戦後に勲章をもらうんですが。勲章をもらう時に彼は、自分みたいな臆病者がどうしてこんな勲章をもらうんだろうということを言っています。だから彼は、その時に自分の臆病さを否認しなかったわけです。彼は自分は臆病だということをはっきりと認識しながら、大変危険なところで戦い続けることを成し遂げたんです。

軍隊時代のビオンの写真を見ると、たくましくて強そうですが、たくましい体に物すごく繊細なこころを持っている人なんです。

4　二十二〜二十四歳――復員後　オックスフォード大学クイーンズカレッジ時代

戦争が終わって復員します。いつの時代もそうなんですけれども、戦争から帰って来た人たちは行き場所がない状態になりやすいようです。年は取ってて大学に行くにはもう年なのですが、彼はオックスフォード大学に入って歴史や哲学を学びます。ここでカント哲学を学びます。これが後に分析で使う臨床知識となるのです。

5　二十五〜二十六歳――卒業後母校のパブリックスクール時代（教師）

大学卒業後、母校のパブリックスクールの教師になります。事情があまりはっきりしないんですが、ある種の性的なアビューズを生徒にしたのか生徒の家族に向けたのか、なんかそういうことを疑われて、難しい状況になって一年で彼はその学校を辞めることになります。

6　二十七～三十三歳――ユニバーシティ・カレッジ病院（ロンドン）時代（医学生）

その後、精神分析に関心を持っていたということを背景に、精神科医から精神分析家というルートをこころに置いてユニバーシティ・カレッジ病院にて医学を学びます。

日本とはシステムが違い、西欧では一般の大学を出た後医学の訓練に入ります。医者のことをドクターというのは、全員が博士課程を通っているからなんです。

精神分析家になるために医学部を卒業するというのは、たとえば、ビクトール・タウスクという分析家がいましたが、タウスクは、フロイトに会いに行って精神分析家になりたいと言ったら、「じゃあ、あなたは医学部を卒業しなさい」って言われて。もう彼は若くはなかったと思うんですが、改めて医学部に行き直して、卒業後、精神分析のトレーニングに入るんです。ハンナ・シーガルも精神分析家になることを目指して医学部を卒業していますし、ジョン・パデル先生も精神分析を学ぶためにオックスフォード大学を出た後、医学を勉強して精神分析のトレーニングに入っているんです。そういうルートがあって、ビオンも医学部を卒業します。

医学を学んでいた時に、ウィルフレッド・トロッターという外科の教授がいました。トロッターは、最近はあまり聞かなくなりましたけれども、「群集本能」、人間は群れになる本能があるという考えを主張していた人です。精神分析のシンパでもあったみたいなんですが。トロッターの群集本能が、その後ビオンが集団療法を展開するその背景として大きく影響しているのは間違いないでしょう。そのトロッターにビオンは天才を見ました。その例はビオンがある講演で語っています。そのトロッターの影響をビオンはものすごく受けました。

7　三十六歳〜五十一歳――タビストック・クリニック勤務時代

卒業後、精神医学を選択してタビストック・クリニックに勤務します。後には、所長（一九四五〜四六）にもなります。タビストック・クリニックにいた時に、ビオンはまずサイコセラピーを受け始めます。当時の所長にハットフィールドという人がいたんですが、折衷派の心理療法家でした。その人にサイコセラピーを受け始めます。それはある時点で終わることになってしまいます。

一九三四年から三五年にサミュエル・ベケットのサイコセラピーをしました。サミュエル・ベケットは一九六九年にノーベル文学賞を受賞した戯曲家です。ベケットは当時二十歳前後のひどく悩めるアイルランド人で、ベケットのお母さんが恐ろしく支配的な人だったみたいで、勧められてロンドンに渡って、タビストックでビオンに出会ってサイコセラピーを受けました。不条理劇を始めた、日本の戯曲家で著名な人たちは皆影響を受けている人です。有名な「ゴドーを待ちながら」という演劇があります。「ゴドーを待ちながら」というのは、町外れの分岐点で一本の木が植えてあるところに、二人の汚い格好をした男が立って、「ゴドーがやってこないなあ」、「どうしてゴドーはやってこないんだろう」という話をずっと二時間ぐらいしている。途中馬を連れた人が一人だけ通るんですけど、それが通り過ぎても、「なんでゴドーは来ないんだ」と言い続ける、それで劇は終わってしまう。そういう劇です。ビオンとベケットに関する研究が多く出版されています。

一九三七年四十歳の時に彼は精神分析家になるための訓練を受けようと決心して、ジョン・リックマンという精神分析家の分析を受け始めます。リックマンは当時の英国の精神分析では実力のあった人です。一者心理学、二者心理学、三者心理学という用語を言い出した人は、このリックマンです。ビオンは、このリックマンとの分析を始めます。ところが、第二次世界大戦が勃発したがために、戦争に駆り出され、訓練分析を一九三九年には中断することになります。

8 四十三歳～四十六歳——結婚（一九四〇）と死別（一九四三）

そうした時代でしたが、ビオンは初めて結婚しています。もっと若い頃にある女性と婚約しましたが、突然婚約破棄されてしまいます。

四十三歳になってベティ・ジャーデンと結婚します。ベティ・ジャーデンという人は舞台女優でした。しかしビオンが第二次世界大戦でフランスに行っている間に、ベティは娘のお産の時に出血多量で死んでしまいます。ですからビオンは、戦争から帰って来たら、奥さんは亡くなって幼い女の子を抱えてという、なんとも頭を抱える状況で新しい人生を始めなければならなりませんでした。

この女の子がパーテノープという名前をつけられるんですが、パーテノープは後にイタリアで精神分析家になります。そして芸術家と結婚して、フィレンツェで精神分析家として働いていたんですが、一九九九年にパーテノープとその娘と二人とも交通事故で死んでしまいます。パーテノープが第一回ビオン国際カンファレンスを始めようとしていた年でした。

ビオンは娘一人を抱えた中で、もう一度精神分析の訓練を始めようということで、メラニー・クラインとの分析を始めます。

9 四十八歳～五十六歳——メラニー・クラインとの分析時代

英国精神分析協会に行き、精神分析家の訓練を再度始めるという手続きを進めます。英国協会は最初ウィニコットを訓練分析家としてビオンに推薦したらしいんです。しかし、ビオンはそれを断り、クラインとの分析を選んで歩み出します。

その当時、ビオンは第二次世界大戦で軍隊での戦争神経症者への斬新な集団療法、いわゆるリーダーレス・グループを実践しそれを公表していたので、非常に有名でした。ですから、ビオンが誰の分析を受けるのかは大変注目されていたところでした。ビオンは途中で分析家になることをやめようかと悩んだりしながら、クラインとの分析を実際には五十六歳まで続けます。五十一歳の時には訓練分析としての分析は修了したということで、英国精神分析協会で精神分析家の資格を得ます。

10　五十一歳——英国精神分析協会　精神分析家資格取得　個人開業

分析家となって精神分析の個人開業を始めました。精神分析の個人開業を始めると、彼はその仕事だけです。その後に集団療法を実践することはなく、ずっと精神分析家として働きます。ビオンは精神分析が何より好きだったんですね。きっと。

五十四歳でフランチェスカという女性と再婚します。まだこの女性は存命だと思います。

英国精神分析協会会員になってからは、求められていろんな役職に就きます。英国協会の精神分析クリニック所長を務めたり、所長を務めるといっても自分のオフィスで精神分析を開業していて、必要に応じて分析希望者のアセスメントをするといった仕事です。

さらに六十代後半（六十五〜六十八歳）には英国精神分析協会会長になります。こんなふうに存在感が大きく、ビオンはどんどん偉くなっていきます。クラインが残したさまざまな資料や業績を管理するメラニー・クライン・トラストが設立され、その初代理事長になったりもします。後年ビオンは、「名誉が上からのしかかり、その重さでその人は沈んでしまう」と言っていますが、彼はその事態を嫌い、七十歳の時に米国西海岸に移住します。当時、ロサンジェルス精神分析協会から英国クライニアンに来てくれないかという声がかかっていたのを受けて、とくに自分が呼ばれているわけでもないのに、ビオンが手を挙げたのです。それは突然のこととして、英国精神分析協会では誰も予測していなかったので、大きな衝撃となります。特にクライニアンたちはビオンに見捨てられたと感じたようで、その被害感は今日までも尾を引いています。英国クライニアンはビオンの業績を米国移住以前の時期のものしか認めようとしません。

11　七十歳――米国西海岸への移住時代と晩年のビオン

ビオンは一家でロサンジェルスに渡って、そこで精神分析の個人開業を続けます。ロサンジェルスでは当初七～八名の分析希望者が想定されていたようですが、実際には最初は二人だけでした。それは、相当な収入減になります。経済的に難しい状況から始まりました。しかしながら、だんだん求める人も増えていき生活として成り立つようになります。また、南米のアルゼンチンやブラジルから繰り返しセミナー開催を要望されます。米国では、ジェームス・グロトスタインという日本精神分析学会で講演したことがある分析家がいますが、このグロトスタインがビオンの分析を受けています。グロトスタインは最初ビオンにスーパービジョンを受けましたが、スーパービジョンではピンとこなかったらしいんです。しかし精神分析を受けたら全然違っていたということを言ってまして、ビオンとの分析のおかげで創造性が花開いたと言います。論文や本がビオンの分析を受けるようになった後、書けるようになったと言っています。

ビオンが英国にいる間にビオンの分析を受けていた人で、大きく開花した人がフランセス・タスティンです。自閉症の精神分析的な治療で有名なタスティンはビオンの分析を受けていました。最初のビオンとの出会いは「最悪だった」と書いています。

アメリカでビオンは精神分析家として充実した生活を送りましたが、最晩年になって英国に帰る決心をしました。それで八十二歳のとき、一九七九年九月に英国オックスフォードに帰るんですが、帰ってすぐ白血病が見つかります。それで治療を受けましたが、十一月には亡くなってしまいます。だから、英国の生活はほとんど療養生活でした。翌年の一月にはインド精神分析協会からの招聘を受けており、ビオンは八歳以降初めてのインド訪問を楽しみにしていましたが、それは実現することなく永久に目を閉じたのでした。

Ⅳ　臨床活動と探究

ビオンの臨床活動を大きく区分けします。

一九四〇年代の分析家になる前には、精神療法家としての臨床実践、グループでの創造的な業績を上げていました。一九五〇年代に精神分析家となってからは、統合失調症や境界精神病を対象とした精神分析を実践していきます。この時期はクラインが提示した妄想‐分裂的な心性に関する新たな知識、特に投影同一化、スプリッティング、羨望に基盤を置いて、統合失調症に関する知見を深めていきました。連結することとそれへの攻撃、パーソナリティの精神病部分と非精神病部分の識別等が知られています。

クラインは一九六〇年に死去します。それはビオンには意味の大きな出来事で、ビオンはクラインの軛から解き放たれます。独創性が開花します。精神分析臨床の探究に、彼はこころの機能での思考と考えることの意義を提示して取り組み、科学的な論理と根拠で精神分析体験を理解していくことを試みます。思考の成熟と考えることがこころの成長に関与するところを精査します。それは一九六〇年代前半の仕事でした。授乳に現れる母親‐乳児関係モデル、コンテイナー／コンテインド、α機能、α要素とβ要素、もの想い、Kリンク等の新たな概念を提出します。

それらの考え方に限界を感じ始めた一九六〇年代後半から、面接場面に現れる精神分析的現象を科学的思考法に限定せず、数学、哲学、宗教、美学等のあらゆる思考法を活用して認識する方法を探究します。それらが今日解明され続けているものです。

Ｖ　精神分析の要素

これからいくらか詳しく、ビオンの精神分析を紹介していきたいと思います。ただし、今回は主として六〇年代前半までの基本的で心理療法・精神療法で利用可能な知見に的を絞ってお伝えしようと思います。といいますのは、この時期のビオンは科学的な論理と根拠で精神分析体験を理解しようと試みていましたので、そこまでは精神分析が伝統的に蓄積してきた知識とある程度連接しているからです。しかし、一九六七年以降は極めて独創的な見解を如実に提示していきますので、それは今日の講義の主旨である「夢想すること・思索すること」とはいささか離れてしまうからです。

一九六〇年代前半にビオンは精神分析的相互作用を理解するための四つの要素を提示します。コンテイナー／コンテインド、PS⇕D、K-Link、そして、持ち

♀／♂	container/contained
PS ⇔ D	Paranoid-Schizoid ⇔ Depresive
K-link	K　L　H　−K　−L　−H
Tolerance	もちこたえること

図１　精神分析の要素

こたえること（Tolerance）です。（図1）今日、皆さんがビオンの考えを聞いたけど、さっぱりわからなかったという欲求不満の思いで帰られるとつらくなると思いましたので、これはわかったという気持ちで帰っていただこうと思いのもとで、これからの話を進めたいと思います。

1　コンテイナー／コンテインド

皆さんの心理面接場面を思い浮かべていただくとわかりやすいと思いますが、その二人において作動している力動的相互関係に関し、コンテイナー／コンテインド・モデルを提示しました。「包むもの」と「包まれるもの」という関係です。

たとえばクライエントが自分の感情や思考などを皆さんに表わしますが、それはクライエントが自分の中にある感情や思考をセラピストに投影する、投げ込むことです。そうしたとき受け取るセラピストは、それらの感情や思考のコンテイナーでありますし、クライエントの感情や思考はコンテインドであるわけですね。一方、その治療者がそれらを自分のこころの中に収め、理解してクライエントに返すという作業においては、セラピストが今度はその理解を解釈で伝えようとすることで、コンテインドとしてのことばを表出し、クライエントのこころがコンテイナーとなってそれを受取るという力動的な関係が成立します。ですから、面接における二者関係は、コンテイナー／コンテインドの関係として捉えることができるのです。二人の間に繰り広げられる「包み込むもの」／「包み込まれるもの」という関係性です。

これは、生きているもの同士の二者関係の基本的性質です。ビオンが、コンテイナー／コンテインドにメス（♀）・オス（♂）マークを当てはめているのは、人間の性行為、つまり子宮や膣がコンテイナーで、ペニスはコンテインドです。そして、その交流において子どもが創造されますね。もっと微視的にみますと、卵子がコンテイナーで、精子というコンテインドとして入っていったときに、新しい生命が生まれるということが起こります。赤ん坊とお母さんという関係は、抱えられる赤ん坊がコンテインドで、その赤ん坊を抱えているお母さんがコンテイナーですね。しかし、赤ん坊がお母さんのおっぱいを吸うときには、お母さんの乳首はコンテインドであり、赤ん坊の口がコンテイナーですね。母子間での相互作用がさまざまに展開するのです。

つまり、コンテイナー／コンテインドは、そういう意味での生物的な創造的二者関係を表しています。そして私たちの面接場面も生きている人間同士の関係ですから、コンテイナー／コンテインドとしての相互作用が首尾よく展開するなら、そこに新しい考えが創造されるということです。

ビオンは「ことばでの交わり（verbal intercourse）」という概念を提示しました。分析家の解釈のことば（創造的ペニス♂）が、アナライザンドの心（生産的な膣／子宮♀）と交わって、新たな思考や感情（brain child ＝新しい考え）の誕生に至るという、精神分析における関係性が成し遂げられる創造性を「交わり（intercourse）」というモデルを使用して表わしました。

私たちが面接場面において、コンテイナー／コンテインド関係にいるとの視点は有用です。たとえば、皆さんが、自分自身を三次元的なコンテイナーだというイメージを持って、クライエントの表すものを受け取ろうとする、話を聞くこともできるのではないかと思います。実際の面接場面での私たちのコンテインするあり方を、「コンテイニング」とか「コンテインメント」と称し、今日広く活用されています。

2　コンテイナー／コンテインド関係の性質

(i) 共存的（commensal）

コンテイナー／コンテインド関係には、およそ三つの性質があります。先ほどお話しました、人間の性の本質的にある結びつきが発生した時、そこに赤ん坊が生まれます。二者の相互作用での新しい創造物の誕生です。この関係性を「共存的」と呼びます。そこにはお父さん、お母さん、赤ん坊という三者関係が生産的に成立しているということになります。精神分析関係はクライエントに洞察という脳の子ども（brain child）の誕生をもたらすなら、それは共存的と言えるでしょう。これが、コンテイナー／コンテインド関係が望ましい相互作用であるときに起こる創造的な関係です。

(ii) 共生的（symbiotic）

もうひとつ起こりうるのは、共生的な関係です。共生的な関係では、二者の福利は達成されます。しかし、そこから新たな何かが生まれるということには至りません。たとえば、不安性障害のあるタイプの人と面接していますと、しばらくは雰囲気の良い関係性が続き、症状も和らいで不安で制限されていた行動にはいくらか広がりが出てきます。しかし、あるところで止まり、面接でも深まりが出てきません。そのうち平衡状態と言いますか、停滞に入ってしまうことがあります。やがてクライエントは、毎週の面接から二週に一回とか、月一回にしてくれと言い始めます。だけど、面接をやめようとはしません。通って来ている分だけ関係も病態も安定しています。お互い何か心地好い気分もあり、何かは成し遂げられているような感じもありますが、実際にはそこから次の進展は起こりません。しかし、そのまま続きます。そういう状況は共生的と言える事態です。

(iii) 寄生的（parasitic）

寄生的な関係も、コンテイナー／コンテインド関係で起こるものです。それは一方だけが搾取して利益を得たりしながら、関係はだんだんと悲惨な様相を呈します。摂食障害の人たちの中には親や周りの人たちへの弁明のために治療に通うことがあります。つまり自分を健康に変える気は全くなく、やせていて嘔吐する自分を維持しながら自分は治す気があるのだというポーズを見せるためだけに治療に通ってきます。そこにおいては、治療者は寄生されているだけで本来の機能は破壊され続けます。それは性倒錯や反社会的なパーソナリティ障害の人にも見られますね。

ですから、コンテイナー／コンテインド関係の視点から、私たちの治療ではどんな性質の相互作用が成立しているのかを見てみることで、私たちがセラピーで何ができて何ができていないのかを判断し、必要に応じて修正できると思います。

3　K-LINK

(i)　K

もうひとつに、**K-LINK** があります。人間関係での動因を、先ほどお話ししましたフロイトやクラインの欲動論の視点から、情緒的な繋がりにビオンはシフトさせたのです。その関係の質を **K-LINK** で表現しています。セラピストとクライエントの関係にどういう情緒・感情があるのかということです。ここではビオンは、知と情という習慣的区分けを取り払っています。知ることは感情体験です。

たとえば、皆さんのところに、クライエントが来る時には、自分の苦痛を減らしてもらいたいと思ってくるとともに、その苦痛がどうしてあるのを知ろうという気持ちがあると思います。少なくない人たちが自分を知りたい、あるいは、自分が苦しみ生きづらいのはどうしてなのかを知りたいと思って、皆さんのところに来ると思います。それが、K、**knowing** という「知ること」という感情《フィーリング》です。

(ii) L

ところが、セラピーが続くうちに、その思いから離れてしまって、クライエントには「先生は私を好きなのか」、「先生は私に愛情を持っているのか」とか愛情の有無ばかりに関心を向ける人たちが出てきます。それが、Lという情緒での関係です。Lとは、Lovingという愛情・愛することの記号化です。転移性恋愛を経験されたことのある方は少なくないと思いますが、それは典型的なLですね。もともと自分を知ろうとしているはずの人が、治療者が自分を好きかどうかということだけが主題になってしまう事態です。そこでは知ること、Kは見失われています。

(iii) H

ボーダーラインや自己愛のパーソナリティ障害の人たちと皆さんが会っていると、最初は素晴らしい治療者と理想化されますが、何かのずれからそのクライエントが幻滅することをきっかけに、H（Hate）、憎しみという情緒に二人の関係がすっかり変わってしまうことがありますね。「先生は私のことが嫌いでしょう」とか、自分を見つめることを求めると「なんで私がそういうことを考えたりしたりしないといけないのか……。先生は私を苦しめたいんでしょう」と言い出したりすることが起こってきます。それは関係がHになり、やはりKから離れてしまう事態です。

(iv) −K

もう一つ、−Kがあります。−Kとは、真実、事実を知ろうとするのではなく、事実を隠すために知識を使うありかたです。単純に言えば、嘘をつくことです。反社会的な人に見られます。また、摂食障害を治療したことがある方はお分かりになると思いますが、摂食障害の人は必ず嘘をつきます。まったく食べていないのに「今日はきちんと食べてきました」とか「もうずっと吐いていません」とか、事実と全く違うことを平気で口にします。−Kによって治療は意味のないものにされます。

もちろん、治療者自身もL、H、-Kといった情緒に支配されているときがあるでしょう。二人の関係にL、Hか-KというKを妨げる情緒が生じているなら、その面接を有用なものにするためには、それをどのようにしたらKに変換できるかを考えて、働きかけるという視点が生まれます。ビオンが提示した理論が、日常の臨床に使えるもう一つの例ではないかと思います。

4 PS⇕D 心的構え

続いて、PS⇕Dです。すでにクラインの講義でお分かりになられていると思いますが、PSとは、**Paranoid-Schizoid**、つまり他罰的で被害的な心性ですね。そして、事実からこころが離れてしまうというあり方です。一方、Dというのは、**Depressive**、内省的で他者肯定的なあり方です。

クライエントは面接場面でPSであったりDであったりします。たとえば、クライエントが、自分に問題がありそこから人間関係が難しくなるようだと内省しているときは、Dの心性にあります。ところが、お母さん、職場の上司が悪いから私が苦しむとか、セラピストはわかってくれないとか言っているときには、PSの心性ですね。ですから、自分の事実をみることができていません。

皆さんが面接場面で、皆さん自身がPSであるかDであるかは自分でモニターしたらわかりますね。たとえば、「この人の話はもう聞きたくないな」と面接中に思ったり、「自分のことを見つめたらいいのに、この人は何でしないんだ」といった他罰的な感覚です。PSになっているときですね。そうではなく、こういうところが辛いんだなと受容的に聞いているときには、Dですね。

クライエントがDであるときにはクライエントは内省的で、自分を知ろうとする心のあり方になっています。ですから、そのときにはセラピストはクライエントについていくだけでいいでしょう。クライエント自身で振り返ることができるからです。ところが、クライエントがPSである時には、クライエントをPSからDに移行させる介入が大切になります。そうした時、セラピストがDであるなら、クライエントがPSであろうとそのままクライエントの思いを味わうことができるでしょう。ところが、セラピストがPSであるなら、クライエントがDであろうとPSであろうと、セラピストは、クライエントと共感的に繋がれなくなっている事態に陥っています。その時にはセラピストが自分自身の逆転移を見直して、被害的になっている自分に気づいてPSをDに立て直す必要があります。このように心のありようを見直すときに、PSかDかはわかりやすいチェックポイントになります。

しかし、実際の臨床はもっと込み入っています。私たちやクライエントの中でPSとDが入れ替わります。あるいは、ひとつのセッションの中でもしばしばPSとDが交替しますし、長期的に見ても同様です。私たち自身がDの気持ちで関わっているはずにもかかわらず、やり取りの中でPSになっていたということもあるわけです。

こうしたコンテイナー/コンテインド、K-link、PSとDは、皆さんの日常臨床で使える概念ではないかと思います。

5　もちこたえること

それからもうひとつは、「もちこたえること」です。つまり、私たちが何かを達成しようとしたり、何かを充足しようする時に、今はそれができないという欲求不満に持ちこたえることが必要だということです。これは、私たちが治療者であるとき持っていなければならない、現実原則に基づく姿勢として重要なポイントだと思います。

子どもを世話するお母さんの必要な要件の一つは、子どもの情緒的な耐えられなさにお母さんがもちこたえるということですね。子どもはお母さんは怒ってばかりいたと記憶しやすいものですが、それでも、お母さんが欲求不満の苦痛もちこたえているという姿に子どもは学ぶ機会を手に入れるでしょう。それと同じように、クライエントのもちこたえられなさを私たちが〝もちこたえる〟ということで、クライエントは視点を変換でき、学ぶことがあるでしょう。私たちがもちこたえていたら、ある時クライエントが、「今まで私は相手が悪いとばかり思っていたけれど、自分に問題があるのかもしれないと思うようになりました」と言う時がありますね。それは、治療者がクライエントにもちこたえる関わりがなされてないと起こりにくいことですね。治療者の方がもちこたえられなくて、クライントに年中説教や教育をしていると、クライエントはいつまで経っても、「いやそうじゃなくて、私には何も問題ないんだ」と言い続けるだけになってしまいやすいものです。

ビオンは、このもちこたえること、とくにわからないことに持ちこたえることを、「負の能力」（negative capability）とか「知らないままでいること」（not knowing）という表現で言ったりしています。

Ⅵ　夢想すること・思索すること

1　面接者のこころのあり方

（i）もの想い・目覚めていて夢見ること

ビオンは面接の中で私たちが精神分析的なセラピストとして機能するときのこころの在り方を、「もの想い」（reverie）、「目覚めていて夢見ること」と表現しています。

私たちはクライエントの話を意識的に一生懸命に聞くのではないのです。意識的に懸命に聞いたら、語っている内容は聞けますが、心を聴くことができなくなります。こころの真実に近寄れなくなってしまいます。私たちには心を聴く必要があります。心を聴く聴き方がもの想いなのです。わかりやすく言うと、目覚めていて夢見ているこころだということです。

(ii) 記憶なく、欲望なく、理解なく

それは、フロイトが言う「平等に漂う注意」をもたらします。ビオンは別の表現で、「記憶なく、欲望なく、理解なく」面接に臨むように、と言っています。「記憶なく」とは、自分がそのクライエントについて、あるいは理論等でそれまでに知ったことを頭において聞かないということです。「欲望なく」とは、治って欲しいとか、わかって欲しいとか、セラピストのいかなる欲望のもとにも聞くものではないとのことです。「理解なく」というのは、自分がすでに持っている概念や理論をなぞる聴き方をしないということです。たとえば、前日に読んだ本に書かれていたことやスーパービジョンで指導を受けたことを意識的に自分の頭の中に置いて次の面接に臨むことはしないようにしましょうということです。これらの表現で、クライエントのこころにそのまま出会い、それを感知することを勧めています。

2 「思考」と「考えること」

(i) α機能

精神分析では「無意識を意識化する」と言いますが、一つの見方を示すなら、それはクライエントが本当には考えられていない考え、つまり無意識である思いを、意識的に考えられる思考にどのように変形させるかです。そこ

において ビオンに従うなら、面接の中で私たちが感知したものを私たちの中にある α 機能（dream-α）を活用して「考える人のいない考え（thoughts without thinker）」を考えられる思考に変えるという関わりと作業を私たちがしていくことです。そこに、α 機能が働いているとビオンは想定しました。

お母さんは赤ん坊がただ泣いているのを見て、もの想いの中でそこにあることばにならない思いを感知します。それは、「この子はお腹をすかしている」とか、「眠い」とか意識的な思考として母親の中に認識されてきます。赤ん坊は自分の考えを考えとしては表せていません。赤ん坊は自身の空想の中で空腹の苦痛を排泄しています。それが泣いたりわめいたりという行為で表現されますが、お母さんは α 機能を通して成熟した概念として捉えることができるのです。

ビオンは、赤ん坊はお母さんの α 機能を取り入れて、自分の考えを展開でき意識化できるようになるのだと考えました。皆さんが日本語で考えるのは、日本語で関わるお母さんに育てられたからですね。もし英語で関わるお母さんに育てられていたら、英語で考えるようになるでしょう。日本語で考えるのと英語で考えるのとでは、文法や分節化が全然異なるので考え方のパターンが違ってくるでしょう。そうした α 機能を私たちは手に入れているのです。

ところで、ビオンの発想の大変興味深いところは、私たちは考えるから思考が成熟する、発達すると考えていると思いますが、そうではなく、思考が考えること、考える機能を促すと考えたところです。この背景には、コンテインドがコンテイナーの働きを促すという考え方があります。赤ん坊は生来原始的思考を持っていて、原始的思考が母親に投影され、母親はそれをもの想いに収め、母親の α 機能を作動させます。それは見方を変えると、赤ん坊の原始思考が母親をして考えさせ、その思考を発達させるのです。

ここからはいささか難しくなりますが、ビオンの考えをより正確にお伝えしたいためです。クライエントが、面接場面で語り表すことという現象は、何がしかの思考であるとの見解がビオンの考えの根底にあります。

(ii) 現象は思考であること

それは自然科学の基礎的な考え方で、たとえばケプラー（一五七一～一六三〇）は「物質のあるところ、幾何学がある」と言っています。物質とは外界に具体的に存在するあらゆるものです。それを、私たちが認識してこころ／頭の中に位置づけることができる作業は、すべて幾何学と表現されている、記号と記号の配置によってなされうるということです。ガリレオ・ガリレイ（一五六四～一六四二）も「自然という書物は、数学的記号で書かれている」とほぼ同じことを言っています。つまり外界のものである自然は、それを私たちのこころに収めるときには変形され、何らかの数学的記号の形で収めることができるということですね。たとえば、現象としての「水」は、私たちの中では水の画像的なイメージや「水」、「みず」、「water」という文字像として認識され、他者と共有されますが、究極の抽象化は「H_2O」という記号ですね。

このようにクライエントが表している原始的な思考、つまり現象としてはあるがクライエントには考えられないものを、私たちはα機能を作動させて、私たちの内で意識的に認識できる思考に変形させることを為し、それを解釈として伝えることができるとビオンは考えてきました。

実のところ、原始的な思考はクラインが「無意識的空想」という名称で位置づけたものです。クラインの無意識的空想は、子どもがプレイという形で表わす原始的な思考です。その現象をクラインは空想として認識し、解釈という形で（つまり思考に変えて）子どもに返したのです。ビオンは、クラインが無意識的空想と捉えたものを、本人は意識化して考えられない原始的な思考、β要素とかα要素と名付けました。夢思考も含まれます。

ビオンは「グリッド」を作成し、そうした思考が原始的な水準で生成され成熟していく発達段階を構成表にし、縦軸に置きました。ちなみに横軸はそれらの思考の使用法を並べました。

(iii)「グリッド」——思考の成熟表

グリッドの表（部分）をここに示しています（図2）。私たちが、こうしてことばを使って意識的に考えているときは、思考の水準では「概念」（縦軸：E列）を使っています。私たちが普段に使っている思考水準ですね。これより上方のA、B、C列を、より原始的な思考とビオンは位置づけました。

グリッド縦軸最上部A列の「β要素」が最も原始的な思考です。私たちの内側に置くことができない原始水準の思考を、ビオンはβ要素と命名しました。統合失調症者が体験している妄想対象、たとえば私が分析していた男性が語った彼の胸の中にある「女性性器」。彼はこれについて性欲であると概念化して考えることはできず、胸の中から押し出そうとしていました。

次がB列「α要素」です。α要素とは、自分の中で認知されるが意識化を維持できない水準の思考です。たとえば、赤ん坊にはものごとやりとりはわかっていても

	定義的仮説 Definitory Hypotheses 1	ψ psi 2	表記 Notation 3	注意 Attention 4	問い Inquiry 5	行為 Action 6	…n
A β要素 Beta-elements	A1	A2				A6	
B α要素 Alpha-elements	B1	B2	B3	B4	B5	B6	…Bn
C 夢思考・夢・神話 Dream Thoughts Dreams, Myths	C1	C2	C3	C4	C5	C6	…Cn
D 前概念 Pre-conception	D1	D2	D3	D4	D5	D6	…Dn
E 概念 Conception	E1	E2	E3	E4	E5	E6	…En

図2　グリッド（F以下は省略）

喃語にもできない状態が成長段階にありますが、その水準の思考がα要素です。

そのα要素が成熟すると、C列「夢思考・夢・神話」水準の思考になります。α要素が連接することによって、赤ん坊は夢見ることができるようになって、夢思考・夢・神話の思考に成熟するとビオンは言っています。

これらの原始的思考は、面接場面において、現象として立ち現れるとビオンは認識しました。つまり、ことばにはならない本人の態度、振舞いやその場の空気として表されるものなどです。ですから、私たちは面接でただ聞くだけではなくて、もの想いをとおして、面接場面で起こっていること、面接室の現象をいかに全体として感知するかが精神分析の実践に必要であると考えたのです。

グリッドに戻りますと、「夢思考・夢・神話」水準の思考の次には、無意識に置かれているD列「前概念」があります。たとえば、ことばにはできないけれど何か摑んでいる感じがクライエントにある時に、皆さんが「あなたは寂しいんですね」とことばにして伝えて、「そうです。私は寂しいと言いたかったんです。」とクライエントが応えたとしたら、それはクライエントの前概念が解釈によって概念になったといえるでしょう。

ⅳ「夢思考・夢・神話」水準の思考の臨床での重要性

分析臨床で一番重要と思われる思考の水準は、C列 夢思考・夢・神話水準の思考です。まず、皆さんが見た夢を思い出してみてください。夢は「視覚要素」が大きいですね。それから、それがあまりに奇妙奇天烈であったとしても「物語り」があります。「視覚」と「物語り」は「行為」で表されますね。さらに、そこに「象徴」が作動しています。ビオン流には夢を解読するということは、夢が表している非言語的で意識されていない原始思考が、連結され圧縮された末に「概念」になることなのです。

夢思考だけを見ると概念と受け取られそうですが、そうではなくて夢と夢思考を区別せずに併せた思考水準であり、神話にも共通する、視覚的要素と物語りと行為と象徴とで成り立つ思考がC水準の思考です。物語り性は、時間の要素も含んでいますね。つまり神経症水準の転移現象は、面接場面でこの思考を表出しているのです。たとえば、私が昔診た当時十八歳で高校を卒業し働き始めた青年がいました。インポテンツになってしまったのではないかと怖れて、病院に来たのでした。進学校に通い成績優秀な彼でしたが、遊び人の父親と離婚し肉体労働で生計を立てていた母親から大学をあきらめて働いてくれと言われて（つまり去勢されて）仕事につきました。精神療法開始後三十セッションほどを経過した頃に、私に仕事を辞める許可を出して欲しいと毎回言うようになりました。面接場面で彼は私に仕事を辞める許可を嘆願しました。私は辞めてよいとは言えず、そうすると、ますます彼が許可を迫るという切迫した事態が展開しました。転移的には、彼の去勢する母親である私に抗議するというドラマティックな場面でした。この状況は分析用語で「転移神経症」と言われますが、ビオン流にはC列 夢思考・夢・神話水準の思考の現象です。

当時は初心者なのでできませんでしたが、もし私がもの想いができて「私があなたを去勢する母親なんですね」と解釈できていれば、クライエントは「ああ、私は去勢を怖れていたんだ」と気づいて、私に辞職の許可を求める行為に母親に対する去勢不安があったと認識できたかもしれません。彼の表す現象を、夢思考・夢・神話水準の思考として私が感知していたなら、私はそれを意識化し概念としてまとめ、彼に解釈できたのかもしれません。

3　二者の交流と思考

これから精神分析において注目すべき二者の交流、母親と乳児の交流と分析的面接での面接者とクライエントの交流に目を向けてみましょう。

(i) 母親と乳児の交流

ビオンが理解する精神分析における二者の相互作用のダイナミックスは、精神分析の伝統に則り、人生の始まりの乳児と母親の交流をモデルとしています（図3）。たとえば、赤ん坊は、お腹がすいているという苦痛のとき、泣いたり手足をばたつかせたりします。メラニー・クラインの用語を使うなら、その赤ん坊は空想の中で自分の苦痛を排泄している、つまり具体的な投影同一化を行なっているということになります。その排泄しているものとは、ビオンによればα要素やβ要素である思考です。赤ん坊はそれらの思考を排泄していますが、母親はコンテイナーとして受取ります。それから母親のα機能／もの想いの中で考えられる思考に変換させ、概念化して具体的な行為とことばで赤ん坊に戻すのです。「お腹がすいた？」と語りかけ、おっぱいを与えることをするのです。

(ii) 精神分析的交流

同質の交流を精神分析ではクライエントと面接者が行っているとビオンは考えます（図4）。クライエントの乳児部分との交流において、彼／彼女が自分自身では考えられない考え、つまりβ要素やα要素を、あるいは概念化しているけれども間違って概念化した思考を、面接の中で排出あるいは提示するわけです。クラインの概念からすれば、面接場面での投影的な排泄をしています。そこにおいて、面接者がその考えられない思考を面

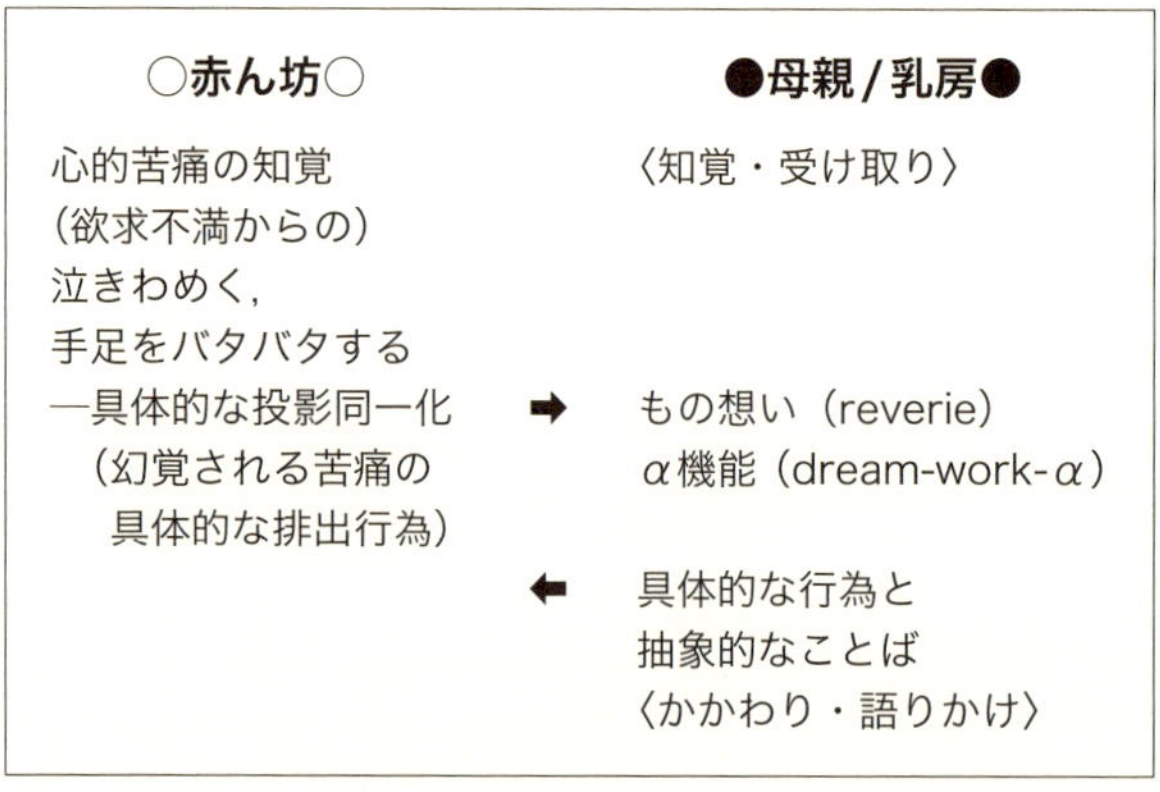

図3　母親と乳児の交流

接者のもの想いにコンテイニングし、その思考を意識的に考えられる概念に変形して解釈して返すという作業をします。これがビオンの考えです。

ちなみにビオンは、パーソナリティの精神病部分と非精神病部分の識別を述べましたが、精神病部分とは、いわば快‐苦痛原則、一次過程で働いている心の部分、つまり赤ん坊の心の部分と同じです。考える機能が作動していない心の部分から思考が面接室に排泄されるのを、治療者がどのように受取ってもちこたえて理解していくかが大切になります。

Ⅶ　こころの発達と思考の生成

これから「乳児でのこころの発達の基盤を作るための思考の生成」という、思考にかかわる重要なビオンの貢献をお話しします。乳幼児臨床に励んでおられる川野先生の討論につながると思います。

1　よい乳房の「正の現実化」とこころの発達

まず、生まれたての赤ん坊を思い浮かべてください。

赤ん坊は、お腹が空いたこと、概念を使えば、「飢餓」を体験し始めているとします。まだ苦痛ではありません。そこでありうることとして、お母さんが赤ん坊の

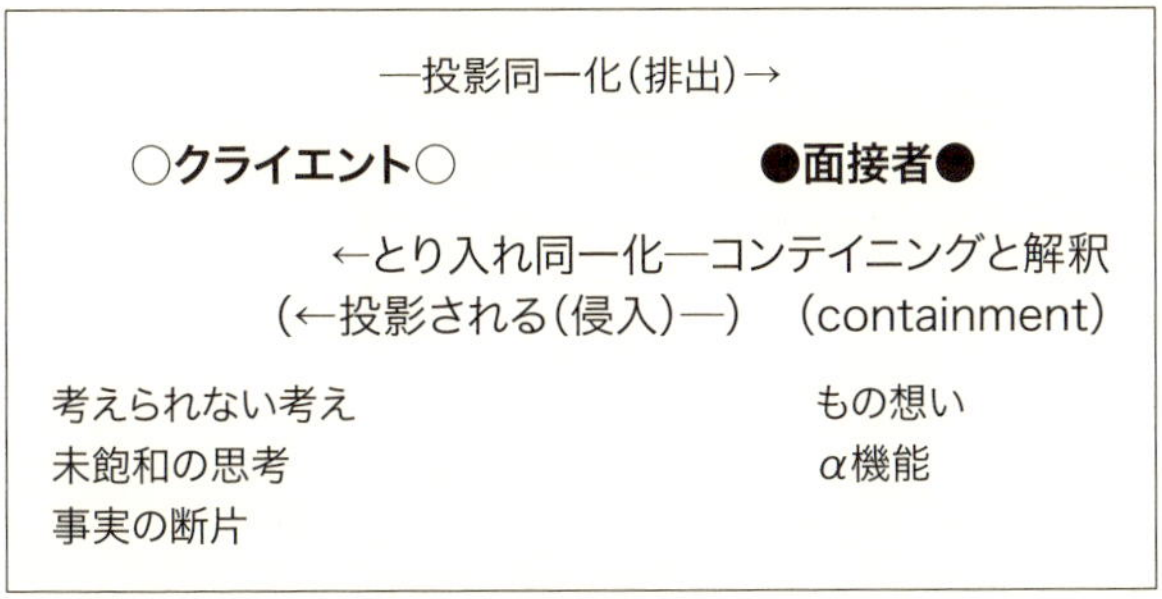

図4　精神分析的交流

飢餓に直ちに認識し、「この子はお腹を空かしている」とお母さんは乳房を提供します。その時、赤ん坊は、内側にある飢餓に該当する「生来の前概念」と、乳房という外界の現実とがつながって満足が発生することになります。欲求不満を経験することなく満足をもたらすよい乳房という正の現実化です。ここにおいて、「乳房」という観念は生まれますが、それは、母親の万能的な対応がある限り、使う必要がないので、「考えること」という心的装置は使われません。つまり、赤ん坊の飢餓にただちに対応し、欲求不満を起こさせないお母さんがいる関わりの状況では、赤ん坊に考えることは必要ないのです。

お母さんが敏感かつ過剰に世話を焼き、子どもの頃に欲求不満をほとんど体験できなかったために、観念は大量にもっていているけれど、「考えること」という心的装置を発達させられなかった人たちがいます。社会的には高学歴のエリートになれる人たちです。この人たちが職場で本格的な挫折を初めて体験したとき、その欲求不満の苦痛を考えられないために、その挫折から立ち直ることができなくなってしまう事態に至ります。この人たちは臨床場面で、考えなくてコミュニケーションできないから「発達障害」だと言われてしまうかもしれません。しかし本質は、乳児のナルシシズム的万能感が修正されなかったための考える機能の未発達と理解されるべきでしょう。ベースが自閉症の病理である発達障害での「考える機能の欠落」とは異なります。

ここで少し、先ほど少し触れました「観念」と「思考」についてお話しておきたいと思います。観念とは、「ばなな」といえばバナナの像や文字が浮かびますね。それらはどちらも心的形象を表しています。観念はそうした心的表象にすぎません。お腹が空いてきているがまだ求めていないのにお母さんが乳房をくれるということは、赤ん坊は欲求不満を体験しませんから、快感原則は放棄されません。だから、その赤ん坊は「満足させてくれるおっぱい」という原始的感情を含む「観念」は手に入れます。たとえば、学校での成績が大変優秀な人たちには写真的記憶力がありますね。目にしたものを写真に撮るように見てそのまま覚えています。それによって、観念を大量に手に入れています。だから超一流大学に入れて、超一流の職場に入ることができます。一方ビオンの言う思考は、これから述べますように、現実検討での必須要素である、空間や時間を含んだ心的過程や心的作業を含み、その結果、複雑な情緒を含みます。両者には大きな違いがあります。

2　よい乳房の「不在」

しかし、実際には普通のお母さんは、子どもが欲求不満の苦痛をほとんど感じないですむほど、敏感かつ万全に対応して充足させることはできません。母親にはさまざまな事情があり、そこから行き届かず、赤ん坊は満たしてくれるおっぱいが手に入らなく、苦しい欲求不満が発生します。飢餓なのに乳房／母親が「不在」であるとの欲求不満の苦痛が赤ん坊に発生します。これが人生最初の苦痛の発生です。つまり、乳房（おっぱい）が不在なのです。欲求不満の苦痛の解消に必要な対象の不在です。赤ん坊がこの苦痛な体験をしたときに、三つの展開が想定できます。

3　乳房の不在の欲求不満への不耐性とこころの発達　その1

飢餓なのに乳房／母親が不在であるとの欲求不満の苦痛が赤ん坊に発生したとき、その苦痛にほんの瞬時も耐えられない赤ん坊は、苦痛を感じる知覚機能やα機能といったこころの機能を崩壊させて何も感じなくするでしょう。こうしてこころが生きて機能するものではなくなります。これが自閉症の病理とその発生に関するひとつのモデルです。しかし、今日はこのモデルには詳しくは触れることはできません。

話を戻します。飢餓なのに乳房／母親が不在であるとの欲求不満の苦痛が赤ん坊に発生したとき、赤ん坊がその苦痛におおよそ耐えられない時、その赤ん坊はどういう体験をするのかというと、赤ん坊はその満たしてくれるよい乳房の不在を、赤ん坊が自身の飢えとして知覚するのではなく、「飢えという苦痛で攻撃してくる悪い乳房が自分を苦しめている」と具体的に体験します。このとき、乳房はβ要素、つまり具体物です。つまり赤ん坊は、自分を攻撃し苦しめる悪い乳房を「幻覚」します。

この事態が、大人になって発生したときには、被害的な幻覚と妄想からなる精神病状態です。統合失調症の病理についての一つのモデルです。発症してまもない統合失調症の人たちは、ほとんどすべて幻覚を伴う被害妄想を抱いています。

4　乳房の不在の欲求不満への不耐性とこころの発達　その2

次に、欲求不満にいくらかはもちこたえられるけれども、そこにおいて、欲求不満を回避するやり方が発生してきます。実際には、乳房はないのに、あたかもおっぱいがあるように空想して振舞う万能空想で回避する方法です。たとえば、赤ん坊が口をもぐもぐもぐとさせていることがありますが、それは乳房がないことを受け入れず、おっぱいを吸っている空想に入っていることですね。

あるクライエントは、子どもの頃に自分の乳首を指で触って口をもぐもぐさせる小児神経症を持っていましたが、それは、あたかもおっぱいを吸っているかのような万能空想に浸って、欲求不満を回避していたのです。こういう万能的な空想に固執してしまうと、自分の中で考えていることと外で起こっていることの区別がしばらくの間つかなくなってしまいます。考えることよりも行動優位で葛藤や苦痛を処理しようとする人たちをパーソナリティ障害と言いますが、その行動化の背景には万能空想があります。パーソナリティ障害の病理がここに見出されます。

5　乳房の不在の欲求不満にもちこたえることと思考の生成

そして、赤ん坊の欲求不満の苦痛への対応の最後の形態を示します。赤ん坊は、その欲求不満の苦痛にもちこたえることができるとのことです。それができるとき、修正が生じます。ここで、はじめて思考が発生することになります。

先ほどは、赤ん坊が苦痛のために泣いてなくても、お母さんがお腹がすいたのではないかと直ちに察しておっぱいを与えるときには、正の現実化（positive realization）が起こると話しました。一方、ここでの場合は、負の現実化（**negative realization**）が起こります。つまり、赤ん坊が欲求不満の苦痛にもちこたえたとき、赤ん坊の持つ「生来の前概念」は、感知している「ないもの」という現実対象と出会うことになります。そこに初めて思考が発生することになります。つまり、「ない乳房（no breast）」という概念が発生するのです。したがって、ここで私たちは始めて、乳房が不在であるということを認識するための、「思考」という道具を手に入れることになります。「ない乳房」は思考であり幻覚のような具体物ではありませんので、心的世界を占拠しません。

そして、そこから進んで、「ない乳房がある」と二分節の考えを構成できるなら、「ない乳房がある」という乳房の位置づけによって、空間がそこに定位されるようになります。心的空間が具体物で埋まらず、広い空隙が生まれます。さらに、それが「乳房がない」という考えに進むことで時間が含意されます。「乳房がない」ということは、今は乳房がないということを意味しますから、やがては乳房があるかもしれない、かつては乳房があったということを意味しますね。つまり、ここに現在、未来、過去という時間の流れが出現してきます。それは、今は乳房がないというよい対象の不在を初めて「喪失」として実感しているということです。それまでは対象の不在は、赤ん坊本体の崩壊や赤ん坊への具体的な迫害、あるいは万能空想への没入でしかありませんでした。

このように思考は、目の前にはないものを「ないもの」として受け取り現実的に対処するために必要な、現実原則に則った二次過程で機能するこころの発達に必要不可欠なのです。母親の死（永遠の不在）と母親がどこかに出かけていること（一時の不在）の違いは、思考のこのような発達に基づいて初めて認識できることなのです。

対象の不在をどう体験しどう生きるかについては、私が『不在論』に書いています。対象の不在が原初的にはどのように体験されて、対象喪失が対象喪失として真に体験されるためにはその苦痛にもちこたえるという段階をどうやっていけばいいのかなどについては、『不在論』をお読みいただければと思います。

本日はビオンの貢献について、基本的なところを皆さんに聞いていただきました。とりあえずここで終わらせていただいて、ディスカッションに入りたいと思います。

～討　論～

司会　ありがとうございました。では、川野由子先生、指定討論をお願いいたします。

川野（指定討論）　ありがとうございました。先生のお話をもう少しぎりぎりまで聴きたかったのですが……。ここであまりしゃべりすぎてもフロアの先生方の質問を奪ってしまうことになりますので、たくさんの連想の中で、今日は二つだけお聴きしたいと思います。

さて、ご講義の中でも仰っていた、ビオンの臨床スタイルのいわゆる原点みたいなところが母子臨床に通ずると捉えるなら、つまりコンテイナー／コンテインドとか、赤ちゃんとお母さんの関係性とかを基盤にしているとするなら、面接空間の中で、クライエントが現すサインや、あるいはことばにならない現象についての対応について、ビオンはどう考えていたのかを今一度確認させていただきたいと思います。

たとえば、母子臨床であれば、赤ちゃんのサインやことばにならないそれらの現象に対して、お母さんが直感的共感性でもって情緒的なところで受け止めた後、観察を通してことばにして子どもに返していきます。それに子どもがフィットすれば、ニーズが満たされて落ち着いていくし、フィットしなければ不快が続いて、さらなるお母さんとの交流の中で欲求不満の収まり具合が満たされていく関わりが展開されていくと思うのですが。

ビオンのいう成人のコミュニケーションに対して、その原点の快／不快が、赤ちゃんのいう不快（つまり苦痛）という形で置き換えられるとしたならば、母子臨床的に考えると面接場面で求めるのはその不快を快に変えることなのかなと。しかし、それは大人の場合は違って、苦痛にもちこたえることだと仰っておられた。そのあたりを解釈というものがなすものだと思ったのですが、そのあたりをビオンはどんなふうに捉えているのかを教えていただきたいと思いました。

もうひとつは、言葉というのは、今お伝えしたように情緒的なところが動かされて、理解につながって、そして最終的にことばが生産されて、共有につながると思うのですが。面接空間の中で二人が行っていることを転移と逆転移というふうな視点で捉えたときに、ビオンはその言葉をどのように捉えて臨床に生かすべく説明をされているのかをお聞きしたいと思いました。

松木　ありがとうございます。大事なところを訊いていただきましたので、追加の説明ができます。今、仰ったように、お母さんが乳児に関わっている場面で乳児のこころを理解するお母さんというモデルを、精神分析セッションの中で治療者がクライエントのこころを情緒的に感知して思考に変えるという実践の背景に、ビオンは置いています。

ただ違うのは、順序は逆なのです。精神分析場面で観察されることに基づいて、母親と乳児の交流を想像的に構成しています。これは精神分析の伝統ですね。ですから、母子臨床のように直接の観察ではなく、その患者／クライエントの心的事実としての母親と乳児の交流の体験です。

ご指摘されたように、お母さんはできるだけ子どもに快を提供し苦痛を取り除こうとすると思います。とりわけ相手が赤ん坊の場合ですね。意識においてですね。だけど、お母さんは無意識的にはその子どもを成長させたいと思っていると思うんです。成長させたいと思っているから、そこには快の提供のみではなく、苦痛への対処も伴います。赤ちゃんにことばかけをしたり、赤ちゃんが苦痛であるときに一緒に沿おうとしたりすると思うんです。そして、私たちの臨床においては苦痛に対処できない赤ちゃんと私たちはいると思います。その部分がよりピュアに展開しているモデルが、精神分析における乳児と母親の関係であり、ビオンが想定しているものではないかと私は思います。

たとえば、ビオンはその分析家の解釈が、クライエントに意味のあるものとして届いた時、お互いが非常に悲しい気持ちになるということを言っています。われわれが現実を認識するのは、悲しい体験なんですね。楽しく現実を認識する部分ももちろんあります。だけど、私たちにおける真実の体験というのは、悲哀がそこに伴うと思います。そのことを、ですから、「お互いの悲しみ」と表現される、苦痛を分かち合う、乳児とお母さんの関係が持つその成長的な意義にビオンは目を向けていたのではないでしょうか。

それからもう一つ、皆さんは経験的にご存知だと思うんですけれども、面接を重ねていくとクライエントは退行しますね。子ども返りするということです。それは視点を変換すると、その人の中の子どもの部分が現れてくるということですね。それは苦しむ子どもです。ですから、クラインは、相手が大人であろうと子どもであろうと、その人が退行して表す乳児の部分に注目しました。一方ビオンは、その乳児部分に働きかける母親／治療者のこころの機能に注目したわけです。

たとえば、先ほど、私に会社を辞めさせてくれと言っていた青年について述べました。それは、パーソナリティの大人の水準で捉えたら、会社を辞めたいと訴える大人の青年がそこにいるということになります。しかし、それをエディプス的な水準で捉えるなら、自分のペニスがインポテンツ、つまり切断されているんじゃないかという感覚に悩む子どもの彼がいて、彼を去勢する、彼のペニスを切断しようとするお母さんとしての私がそこにいる、ということとして理解できるでしょう。

それをさらに乳児水準で私が想定できたなら、彼はその乳房が与えられないために死んでしまいそうになっている赤ん坊として今そこにいるという、去勢を死として彼が体験している水準として理解できたところがありうるかもしれませんね。そうだとしたときには、私が彼に対して、「私があなたに栄養を与えることを拒否しているから、あなたは今死んでしまいそうな怖さを抱えているのですね。」という解釈ができたかもしれません。最初のご質問へのお答えです。

それから、二番目のご質問の、転移／逆転移においての言葉について述べます。ビオンは、自分自身の言葉を手に入れて自分の言葉として鍛えなければならないと言っています。つまり、私たちがクライエントとの間では、最初は感覚として感知しますから、言葉にならないものです。もの想いの中で何らかの感覚印象だったり視覚像で体験するもの、それを、お母さんが赤ん坊との体験をことばにするように、私たちは、ことばにするという訓練、鍛錬が必要だと思います。私たちは専門の仕事をしていますから。それが鍛錬された時に、逆転移の体験や転移としてそこに現象として起こっていることを、適切なことばにより正確にできるようになっていくでしょう。

ビオンは、定義上逆転移は無意識であるのだから、利用できないと言います。私たちは面接場面での現象を見つつ、もの想いの中で乳幼児としてのそのクライエントの母親との関係の質を思い浮かべ、つまりそれが転移ですが、それを的確なことばで正確かつ精密に表現する訓練が専門家として必要であると、ビオンは各地のセミナーで繰り返し言っていると思います。この答えが質問に沿っているのか、ちょっと自信がないですね。

司会　あの、明確になりましたか？

川野　はい、ありがとうございます。

司会　えー、質問ある方、どうぞどうぞ。

質問者　先ほど川野先生が子どもの場合は快を与えるということになっているのではないかというお話があったかと思うんですけれど。なんか私の感覚はそれとは違うような気がしていて。先生がたとえば乳房の考えで、いつも欲求不満を起こさせないお母さんということがあるのであるのならば、快を与えるということができるんだけれども、普通そういうお母さんてなかなかいないと思うので。どうしても、こう、なんていうのかな、子どもが欲しがった時にそのままそれをすぐに与えるということができないので、その時に母親の方も、悪かったねと辛い気持ちにもなるし、子どももその辛い気持ちというのを共有するところがあるような気が私にはするんですね。

だから、松木先生は、無意識的にはよい成長をさせてあげたいと乳児に沿うような母親があるんではないかとおっしゃったんですけれども。無意識的じゃなくても意識的にもそういうふうな母親がいるような気が私にはして仕方がないのですが……。

松木　ありがとうございます。仰っていること、すごく大事なことを言われているなと私は思いました。確かにお母さんは万能ではないですから、赤ん坊は欲求不満になって苦しい状態が発生します。そこに、お母さんが意識的につきあっていけることが大切というのはその通りだと思います。ですから、苦痛な状態の赤ん坊に、お母さんがコンテイナーとして一緒に苦痛を味わいながら関わっていくというのは、精神分析において、苦しみを抱えてきているクライエントに対して、治療者が沿うときのあり方と重なるものとして意義があると私は思います。ですからおっしゃったことはそのとおりで、無意識的とは限らず、赤ん坊の苦痛な部分とやっていこうとする気持ちは意識的にも抱くもので、それに母親がもちこたえることは非常に大事なことですね。

司会　ありがとうございました。ちょっと時間が押し迫っておりますので。まだまだ聴きたいところはあるんですけど、ちょっと時間がきましたので、このあたりで終わります。

二〇一四年三月三十日　開講

第7講　サリヴァン――その生涯と対人関係論

横井　公一

はじめに

今日は「サリヴァンの生涯と対人関係論」ということで話をさせていただきます。サリヴァンの「人」と「人生」に重心を置いて、話ができればと思っていますので、よろしくお願いいたします。

I　ハリー・スタック・サリヴァンという人

ハリー・スタック・サリヴァンという人ですが、私自身、サリヴァンという人に対しては複雑な気持ちがあります。精神分析の世界から言ったら「異端」とされていた人だし、アメリカの精神分析の学会にも主流として受け入れられた人ではない。サリヴァンの考え方というのは貴重な考えだと思う一方で、やはりフロイトとの関係を考えると異端ということになるので……。私自身、ウィリアム・アランソン・ホワイト研究所で勉強をした時代がありますけれど、サリヴァンに同一化しきれずにいて、複雑な心境になるんです。実は、サリヴァン自身も、もともと複雑な人だった、性格的にもね。『サリヴァンの生涯』という本がみすず書房から出ていて、Perryさんっていうサリヴァンの晩年の秘書をしていた方が、その後、文化人類学者になって、サリヴァンの伝記の大著を書いています。読まれたら面白いと思います。文化人類学の読み物としてもとても素晴らしい本ですけど、その中でPerryさんはこう書いています。

「精神科医の同僚たちに、サリヴァンは、いったいどんな人だったかと聞くと、答えは必ず次の三種類の性格のいずれか一つになる。」第一は、「人を避けて引きこもりがちな気難しいアル中」ということで、そういう人だと。それから、「見栄っ張りで、上昇志向者で、知的な気取り屋だった」という人もいるし、「これまでにこんな人はなかったぐらいに、最高にやさしい心を持って、それから、人の心の読みが深い人」だという人もいたようです。ある人にとっては、この内のどれかということで、この三つの姿を同じ人に見せることはなかったというふうに書いています。

サリヴァンの生い立ち

この三つのサリヴァンの姿なんですけれども、サリヴァンがそういう三つのパーソナリティを形成してきたというのは、サリヴァンの育ってきた成育歴が、大きく関係しているのではないかと思います。サリヴァンは、アイルランドからの移民です。移民の三代目で、おじいさんがアイルランドからアメリカにやってきて、お父さんであるティモシー・サリヴァンという人は労働者です。このお父さんというのは、のちに、奥さんの実家の農場に婿養子みたいな形で入って、そこで農場の仕事をやった方なのですけれど、その前はハンマー工場に勤めていました。この人がやはり、アルコールをよく飲んだし、寡黙で、ほとんど人と話をすることがなかった人だったのです。とくに奥さんの農場に入ってからは、人と話をすることもなく、黙々と、その農場の仕事を亡くなるまでやられた方なのです。なので、一番目の、「人を避けて引きこもりがちな気難しいアル中」というサリヴァンのイメージは、このティモシー、お父さんですね、この方との同一化みたいなのがあったんじゃないかというふうに思えます。

アイルランドの移民であるということは、アメリカの社会において、文化的に、社会的にも重要なことというか、意味のあることなのです。アメリカという国は、みんな移民なのですけれど、皆さんもご存じのように、最初に入ってきたのは清教徒です。ピューリタンが入ってきて最初の入植者になった。それから、そのあと、レイトカマーとしてやってきたのが、アイルランド系の人たちであったり、イタリアから来た人たちだったのです。なので、新参者なんですね、アメリカの社会の中で。そういう人たちが、ＷＡＳＰの支配が強いアメリカの社会の中でどうやって生きていくかということは、とっても大変なことだったのです。

アイルランドはカトリックで、もともとピューリタンとは宗教が違う。アイルランドとイングランドとは仲がいいわけではなくて、アイルランドの人たちは迫害されていたわけです、母国において。そのアイルランドが一八四五年から何年間かにわたって、ジャガイモの立ち枯れがあって、飢饉に陥ります。「飢餓熱」という病気が流行ったりして、大変な状況になるわけです。この一八四五年から数年間にわたって、アイルランドの小作農の人たちは新天地を求めて、アメリカに大量に移民するんです。

船にたくさんのアイルランド人が乗り込んで、アメリカに着くわけですけれど、無一文で、貧しい農民が着く。そういう人たちは、アメリカ社会の中でどういうふうに生き延びていったかというと、着いたら、だいたいそこに仲介人みたいな人がいて、無一文でたどり着いたその人たちに、一時金を手渡すわけです。とりあえず、食べるお金を渡して、手付金ですね。それでそこから、ニューヨークの内陸部へ送り出す。ニューヨークというのはニューヨーク・シティですが、ニューヨーク州の一番下の端っこにあるんですけれど、そこから上に扇形に広がってニューヨーク州が続いている。奥の方になると、もう、山の中なんです。当時、鉄道がアメリカ全土に敷設、建設されている状況だったので、そこで雇われて、アイルランド系の移民は鉄道建設の労働者として山の渓谷の中に連れていかれたのです。サリヴァンの生まれたシェナンゴ郡のノーウィッチという町も、その山の中、渓谷の谷間の所なんです。サリヴァンのお父さんの家系も、お母さんの家系も、アイルランド人だったんですけれど、そういうかたちでニューヨーク州の渓谷の中で、鉄道作業の労働者として連れていかれた。そういう人たちが、そこで何を目指したかというと、自分の土地を持つことだった。お金を稼いで、ある程度の資金を貯めて、自分で、自前の農場を持つということが、この人たちの生活設計です。将来の夢だったのです。

サリヴァンの両親もそういう人たちで、シェナンゴ郡のノーウィッチに来たわけです。サリヴァンは、Harry Stack Sullivanと名乗っていて、スタックというのは、お母さんの方の名前なのです。サリヴァンというのはお父さんの方の名前で、お父さんはハンマー工場の労働者だったけれど、お母さんの方は、お母さんの親の代、二世の時に、スマーナという町に小さな農場を持つことができたのです。ですから、お母さんの方が同じ移民の中でも成功していたわけです。移民の中でまあまあ成功したスタック家のお母さん、エラ・スタックと、ティモシー・サリヴァンという労働者の階級に留まっていたお父さんとが結婚して、そして生まれたのがハリー・スタック・サリヴァンというわけです。

お母さんのエラ・スタックっていう人は、やはり自分たちの一族が農場を曲がりなりにも持てたということで、自分たちのスタック家に誇りを持っていたのです。家族の伝説というか、家族神話みたいなのがあって、スタック家のアイルランドの血筋っていうのは、お母さんに言わせると、誇り高い専門職の家柄であった。これは家族神話です。実際そうであったかどうかは分からないんですけれども、祖父の代に移民して、社会的地位がそこで低下して、そこから未だ回復していない。でも、そのスタック家の家系には神話的祖先があって、その祖先は「西風（ウエスト・ウインド）」の家系である。西風というのは、象徴としては「馬」があって、大地とともに未来の中に馳せ参じる、未来の中に突き進んでいく家系なのだという、お母さんの家族神話があったのです。なので、お母さんとしたら、ティモシー・サリヴァンと結婚したというのは不本意な結婚だったわけです。

サリヴァンは、このお母さんのことを成人になってから、こう言っています。「お母さんが言う息子（一人っ子だった）ハリーは、つまりお母さんが言う『私の息子』っていうのは、私と違い過ぎていた。お母さんは、私をお母さんの精巧にできた幻想の織物をかける衣装掛けに使った」って言うのです。だから、織物の中身はお母さんは見ずに、お母さんが幻想をその上に掛ける。ハリーの上に綺麗な織物の幻想をかける。だから、残りの、中身の私は要らないんだという気がしたくらいだった、とハリーは言っているのです。この二番目の、つまり、エラ・スタックがハリーに掛けた幻想の織物というのが、おそらくは、さっきの二番目のサリヴァンです。「どこか見栄っ張りの、上昇志向者で、知的な気取り屋だった」という印象の、それを与えていたのじゃないかなというふうに思われます。

後年、サリヴァンが里帰りした時の家族三人で撮った写真を見ると、農場の敷地の中で三人並んで写っています。お父さんお母さんがいて、サリヴァンは、ちっこくなって横に座っています。サリヴァンは、お父さんお母さんのどちらに対しても、複雑な気持ちを持ちながら育ってきたんですね。エラ、お母さんの方が年上で、ティモシー、お父さんはちょっと年下で。結婚したのが、エラが三十三歳の時、ティモシーは二十八歳の時。ようやく、その年代で所帯を持つことができたということなのですが。サリヴァンは、精神科医になってから、ハリー・スタック・サリヴァンと名乗ったわけですけれども、小さいときには、そういう名乗り方ではなかった。ようやく自分が精神科医として独り立ちできた時に、ハリー・スタック・サリヴァンと署名するようになった。小さい時に、スタック家とサリヴァン家との緊張の中で過ごしてきていたのが、ようやく、精神科医になることで、ハリー・スタック・サリヴァンというふうに、「スタック・サリヴァン」を名乗ることができたという、そういうことだったようです。

「第三のサリヴァン」ですけれども、先ほどのPerryさんの言葉で言うと、第三は「これまでにこんな人はなかったぐらいに、最高にやさしい心を持って、それから、人の心の読みが深い人」という、そういうサリヴァンです。

これが、もしかしたら、一番、サリヴァンの本当の自己というか、サリヴァンの持って生まれた資質だったのかもしれません。サリヴァンは小さい時、お母さん方の農場で育って、一人っ子で、その農場っていうのが、隣の農場まで一マイルもある、ずいぶん孤立した場所だったのです。なので、近所に遊び友達はいなかった。ハリー・スタック・サリヴァンが亡くなった時に、親友の、同僚だった、クララ・トンプソンが追悼の言葉を述べている中に次のような言葉があります。「少年時代の親友は家畜でした。家畜と居る時だけは気持ちが和んで、あまり淋しくなかったそうです。遊び仲間は一人もいませんでした。……長い年月を孤独な人たちを理解しようとすることにささげたサリヴァン先生の少年時代は、このようなものでございました」と、クララ・トンプソンは言っています。たぶん、三つ目のサリヴァンの優しさというのは、この少年時代の親友だった家畜とかに向けられていた、そういうやさしい気持ちだった。それは親密さです。動物っていうのは、ほら、無条件に、なんか、親密でしょ？　言葉が介在せずに、あるいは、お互いの社会的立場とかそんなことは関係なくて、言葉なくして気持ちを通い合わせることができるわけで、そういう体験ですね。そういうことがサリヴァンの三番目のそういう資質になったのだと思います。

そのクララ・トンプソンの追悼の挨拶のなかで、次のように書かれています。「そして、この人は、なるほど、出来の良くない論文を、傷口に塩を塗りこむような、きつい皮肉を口走りながら、皆が見ている前で、論文を破って細切れにしてしまうほどのことを平気でやる人だった。けれども、私たちの親しい仲間はもう一つ、サリヴァンには別の面があることを知っていたんです。それは、優しくて、温かくて、労りがあると申しましょうか。そして、この方のサリヴァンの一面が、彼の患者に向けられている、本当の面でした。緊張病患者と彼の話している姿を見たことがある人ならば、あれが、外連も防衛もない、ありのままのハリーだということがお分かりになるでしょう。彼の優しさには、センチメンタルなところがありませんでした。彼の優しさからは、深いところで、何か、理解されているという感じが伝わってくるようなものでした」と書いています。

Ⅱ　サリヴァンの二つの基本的前提

そういうサリヴァンなのですが、ここから少し、サリヴァンの考えについてご紹介しないといけないと思います。大きな、サリヴァンの人間に対する考え方の前提は二つあった。それは「人類同一種要請」というものと、「共同体的生存の原理」というもので、それをサリヴァンは考え方の中心に置いたのです。

1　人類同一種要請（one-genus postulate）

「人類同一種要請」というのは“**one-genus postulate**”という難しい言葉を使っていますけれど、これは簡単に言ったら、「人間っていうのは、誰もみんな同じ人間なんだ」という考え方なんです。サリヴァンは難しい言葉遣いをしていますけれど、「一般的に言えば、我々は何よりも先ず等しく同じ人間である。幸福な成功者であろうと、超然と自足している者であろうと、悲惨な境遇の精神病者であろうと、その他どのような者であろうと、人間である。ただ、シンプルに、人間である。この点においては変わりはない」のだと。「誰でもみなすべて何よりもまず端的に人間である。そして、人間、すなわち別の言葉で言いかえるならば、人類のパーソナリティっていうものは、世間の何物よりもずっと、人類のパーソナリティの他の個別例に似ている」と。人はいろんなパーソナリティの人がいるけれども、他の物と比べると、みんなそれぞれ、それよりずっと他の人のパーソナリティと似ているんだと、そういうふうに言っています。人間みんな同じだ、っていう、そういう考え方です。

2　共同体的生存の原理（the principle of communal existence）

それから、もう一つの考え方が、「共同体的生存の原理」です。これも"the principle of communal existence"という難しい言葉を使っていますが、これも別に難しい話じゃないのです。つまり、人間というのは、「『個』として主体があって、その外側に、その『個』が働きかけたりする外界がある、環境がある、対象があるというのではない」ということなのです。つまり「共同体的な存在として、もともと人間というのは存在している。共同体の中の一部として、人というのはその構成員として、そこに居る」ということなのです。だから、われわれが、個人個人、って言うけれども、それは幻想に過ぎないということを、サリヴァンは言っています。その説明として、生物学のレベルにおいては、たとえば、「植物にしても何にしても、生きとし生けるものは、その必須環境とでもいうべきものから切り離されたときは生きていけない」。植物だって、土壌から抜き去られたら生きていけないし、酸素が無ければ動物は生きていけないし、日光がなければ植物は育たない。そういう生物学レベルにおいても、環境と生物、それは切り離されるものではない。われわれは環境の一部であり、共同体的な existence である、ということなのです。

それをサリヴァンは心理学的にも、そのことは妥当であると考えたのです。人間が植物とも動物とも違うところは、人間が生きていくというのは、「文化」を含めた環境との交流を必要としている。なので、われわれは文化との間で communal existence を形成しているという考え方です。つまり、「個人」という人間がいて、その人間が何らかの文化を創り出すとか、文化を変容するとか、外の世界に対して働きかけていくという、その方向性のベクトルだけじゃない。われわれ「パーソン」は、（インディヴィデュアルとは言わないで）パーソンと言うんですけれど、インディヴィデュアルっていうと、それ以上細かくできない一つの「個体」になりますが、そうではなく、そういう「パーソン」に対して、環境というものが、パーソンを作り上げていくんだという、そういうふうな考え方なのです。心理的な、われわれが考えたり、思ったりする「思考」も含めてです。それは、ビオンの思考についての考え方とは全然違うと思うんですけど、「われわれの思考というのは、他者との間で共同構築される、あるいは、文化との関わりのなかで養われる、そういうものだ」と考えているのです。

この二つの考え方というのは、おそらくは、サリヴァンが移民としてアメリカの土地にやってきて、その中で、アメリカの文化にアコモデーションする、サリヴァンが生きていくための方策ですね、そういうことのなかで感じてきていたものだと思われます。これは、ハルトマンが言う「平均的に期待される環境があって、そこに個人という種が蒔かれたら、そこから栄養をもらって、個体は育っていく」という自我心理学的な考え方とは、全く違っている。相互交流のなかでしかわれわれは生存できないという、そういう考え方が根っこにあったのだろうというふうに思います。この二つの考え方を基本的な前提として、サリヴァンの発達論もそうでありますし、病理論もそうでありますし、それから治療論もそうでありますけれども、それがこの思想の下に構築されているということなのです。それが、のちに「対人関係精神分析」というものに結実するわけです。

Ⅲ　サリヴァンの発達論

さてここから、サリヴァンの発達論ということをお話ししたいと思います。サリヴァンの業績のなかで、大きいのは、やはり、この発達論です。これが、非常に大きなサリヴァンの思想の中核になります。この発達論について、今日はたくさんお話して、それから、あとちょっとサリヴァンの行った仕事の話をして、それから最後に時間があれば、サリヴァンのもたらしたものの話ができるといいなと思うのですけど、今日はメインとして、サリヴァンの発達論の話をしたいと思います。

サリヴァンの発達論は、フロイトの発達論とは全然違います。フロイトの発達論というのは、精神性的発達論です。性的なもののフェイズがあって、口唇期とか肛門期とか、性感帯がどこに中心になるかで変わってきて、やがては性器期に統合される。つまり欲動がどういうふうに統合されていくか、そして、どのように成人の性的な成熟に導かれるかというのが、フロイトの発達論です。つまりベースに欲動があって、その欲動のベースにはさらに性感帯という身体があって、という、そういう発達論です。スタート点は身体にあり欲動にあるわけですけれど、サリヴァンの発達論はそうじゃないんです。文化と、対人関係が、欲動の代わりに重視されるのがサリヴァンの発達論です。そのサリヴァンの発達論を何が支えているか、というか何を軸としてサリヴァンは見ているか、ということですけど、一つは「言語」なんです。言語を軸として見ています。それから、もう一つは「親密さの形態」です。これを軸として発達論を見ています。そしてもう一つ、三番目はおまけなんですけれど、「サリヴァン自身の発達に基づいた発達論」ということでもあるんですね。

1　言語に基づく発達論

まず「言語に基づく発達論」としては、ちょっと難しい話をせざるを得ないのですけど、皆さんご存知の「プロトタクシス的体験」とか「パラタクシス的体験」とか、「シンタクシス的体験」とかがあるわけです。これは、言語の水準での発達を軸とした心的発達の流れなのです。難しい言葉なので、もう、簡単に言っちゃうと、「プロトタクシス的体験」っていうのは、言語のシンボルができる以前に起っている体験です。何かが起こっている。出来事が、体験として。でも、それを意味づけるような言葉を子どもはまだ持っていない。だから、そういうものが次々と自分の中に、あるいは自分の周りに、体験として生起してくる。消えてはまた生起してくるという、言葉で持って、それをまとめたりとか、意味付けたりとかできないような体験です。これが「プロトタクシス的体験」の水準です。

やがて、子どもは自我の発達とともに、言葉・意味・シンボルというものを考える能力が出てきます。そのときにできあがってくる体験を把握する様式が「パラタクシス的体験」です。「あそこに歩いている大きな動物、これは馬なんだ」とか、あるいは、もっと、その家族内でしか通じないようなシンボルとか意味とかがあったりします。たとえば、「Aさんのお家では猫のことはニャンニャンと言うけれど、Bさんのお家では猫はニャンコという」とかね。それはそこで、意味・シンボルができるわけですけれど、パラタクシスっていうことになると、それはその文化の中で、あるいは家族文化のなかでできあがった、意味やシンボルによって理解されるような体験の様式なのです。ですからこれは、外の世界で通じないかもしれないような、そういう体験の様式なのです。家庭内文化のなかでの意味やシンボルですね。そういう体験の様式です。

そして、それがもっと社会化されてくると、「あなたと私、それから彼・彼女」といった、三者以上の人たちが「俺のところはこうだけれど、君のところはどう?」みたいな感じで、合意によって確認をしていくわけです。それで伝達可能となる言語、社会的に伝達可能となる言語ができるわけです。だから、犬は「犬」。日本語では犬。「犬」と言えばみんなの中に「犬」というイメージが沸き起こる。そういう言語になってくる。そういう言語の発達をわれわれは行っていて、精神的な健康、成熟した人たちというのは、「シンタクシス的体験」の様態を伝えられる言語を用いている。でも、たとえば神経症、あるいは統合失調症の人たち……統合失調症はどうかな、統合失調症は「プロトタクシス」が入ってくるかもしれないけれども……そういう人たちっていうのは「パラタクシス的体験」の様式で現実を見ている。これは、フロイディアンの言葉で言えば「転移」ということになりますけれど、そういうものだというふうに考えています。これが言語に基づく発達の理論です。

2　親密さの形態に基づく発達段階

それから、もう一つは、「親密さの形態による発達段階」ということをサリヴァンは考えていました。これは「幼児期・小児期・児童期・前青春期・青春期」に分けているのですけれども、大まかに言うと、「幼児期」というのは「対人的道具として意味のある言語を発生する以前の時期」です。赤ちゃんの時期です。それから、「小児期」というのは、「言葉を発するようになる。でも言葉を発する相手は家族である時期」です。就学前、子どもとそれを世話する人（母親的役割の人）という二人の、非常に緊密な関係のなかで、親密感があるなかで育てられてくるような、そういう時期」なんです。この時期に「パラタクシス的歪み」、お母さんが使った言葉を子どもが取り入れて、それが、そのことを指すのだ、という、そういった言語体験ができあがります。それは家庭のなかで過ごしていた時期で、親密さというのは、お母さんとの二者関係の親密さなのです。

それから、学校に上がります。そうすると「児童期」というふうにサリヴァンは言うんですけれども、児童期になると、今度は、家族以外の同年代の友達とのかかわりが出てくる。そうすると、「あれ？　家ではこんなだったけれど、この子たちの所では、そうではないんだ」みたいな体験が起こってくる。そこで、パラタクシスなモードというのが、シンタクシスなモードに徐々に変形されてくる。学んでくるわけです。そこで、合意による確認が、「僕にとってはこうだけど、君にとってはどうだ？　ああ、じゃあ、やっぱり同じだね」みたいな、「合意による確認」ができあがってくる、そういう時期です。

そして、それからさらに進むと、「前青春期」に入る。これは八歳〜十一歳ぐらいみたいにサリヴァンは書いていますけれども、その時期になると、今度は「チャム」が登場します。「チャムシップ」ということが、そこで起こるわけです。つまり、親友ができます。その親友との間で、お互いが非常に内密の体験を、お互いの間で検証しあう、という、そういう関係が出てきます。「俺、この頃、こんなふうに自分の中で思ったり、感じたりしているんだけど、お前はどうだ？」「俺も、なんかちょっとそんな感じするよな」とか、心の内側のものを、お互いに親密さの中で語ることができる親友ができて、その二人の間でさらに、合意ができていくわけです。「このことができて初めて人は人らしくなっていく」んだと、そういうふうにサリヴァンは言っています。

「前青春期」が終わると、次はどんな親密さの形態を求めるかというと、異性になるわけです。それがこの「青春期」で、次には、異性に対して、前青春期にもった、心の内側を明かす形での親密さということを、今度は異性を相手に、それを達成しようとする、そういう発達の段階になります。

なので、親密さの形態の変化ということで、サリヴァンは発達段階を考えていて、これはフロイトのいう性感帯の変遷、それから最後に性器統裁ですね、そういうものとは全く違った、欲動ベースではない、対人関係とか、そこでの親密さをベースとした発達段階の区分なのです。一見、これは似ています、フロイトのものと。でも、全然、裏表みたいな、そういう発達段階の考え方なのです。

3　対人関係的発達論

こういう発達の考え方をサリヴァンが作り上げたというのは、実は、サリヴァンという人の実際の体験が影響しているんです。サリヴァンは後々、講義をします。本はほとんど残さなかった。ただ、講義をして、こういうことをたくさん学生たちに語ったわけです。その講義録がまとめられていて本になっていて、中井久夫先生が訳されて出ています。それを見ていると、その中で、例として、「この時期の子どもはこんなことがあるんだ」みたいなことが書いてあるのですけど、それは、ほとんどサリヴァン自身のことが書いてあるんです。そういうふうにして、自分を語りながら、サリヴァンは発達論を作っていきました。

(i) 幼児期 (infancy)

まず、幼児期です。まだ、言葉が出る前の時期。これは、サリヴァンにとっては、生き延びるだけで幸運なスタートだったんです。移民で、貧しかったというのもある。ノーウィッチのレックスフォード街でティモシーとエラは結婚するんですけど、ティモシーはハンマー製作所の工員でした。晩婚でしたが、子どもが生まれるんです。一人目の子どもはウィリアム。この子どもは冬に生まれたんですけど、七カ月と十一日目でコレラで死にました。この頃は衛生状態が悪いので、冬に生まれた子は、夏の暑い時期に感染症に罹らずに、それを乗り越えて秋まで生き延びるというのは稀、稀かどうかは知らないけれど、幸運な状態だったんです。次の子ども、アーサーは、この子も冬に生まれたんだけれど、最初の夏を越せずに、大小腸炎で亡くなりました。三番目の子どもが、ハリーだったのです。一八九一年二月二十一日に生まれました。当時、エラは三十九歳でした。幸いにして三番目の、このハリーだけが、夏を越えられたんです。生き延びられたという。ですから、生き延びるだけで、幸運なスタートだったんです、ハリーは。それだけで、人生よかった、よかった、で終われる、終わっていいぐらいの幸運だったのです。

後々、サリヴァンは、人間が生きていくモチベーションは何かということを考えるようになります。何を求めて人間は生きるか、ということを考えるようになります。サリヴァンは、それを二つの欲求として述べています。一つは、「満足への欲求」です。それからもう一つ。これは、サリヴァン独特なのですけれど、「安全への欲求」ということを、もう一つ、それに並ぶ欲求として考えたのです。この二つは、人間が生きていくモチベーションとして大きな動因になるけれども、この二つは、互いに、手に手を取って、仲良くは進まないというのが、サリヴァンの考え方でした。

満足への欲求(need for satisfaction)**と安全への欲求**(need for security)

「満足への欲求」っていうのは、フロイトの欲動みたいなことですけれども、サリヴァン流にそれを対人関係化しています。何か満足を得る、自分の人生の中で何か満足を得たいから生きているんだ、そういうものです。「安全への欲求」っていうのは、自分が他者から承認されて、他者の中で不快な思いをせず、安全感を感じながら、孤独にならず生きていける、そういうことを求めるモチベーションなのです。そういう欲求がある。その二つがあるんだ、というのがサリヴァンの考え方で、これもまた、フロイトと違うところです。

「満足への欲求」っていうのは、たとえば、食べ物・暖かさ・酸素などを欲する欲求とかそういうものです、生物学的には。それを心理学的に言うと、他者との接触への欲求なんです。接触して満足を得る、他者からの満足を得る。接触ですね、近づいて満足を得る。ちょっと、「アタッチメント」みたいな感覚もありますけど、心理的にも生物学的にも、そうやって満足を得たいという、そういう欲求があるということです。

それに対して、「安全への欲求」っていうのは、不安から自由であるようにする欲求なのです。不安っていうのは常にある。サリヴァンは生きていくなかで大変な思いをしながら生きてきた。満足への欲求もなかなか得られなかったし、それから、スマーナの牧場で父親と母親の間にある非常に緊張感に満ちた雰囲気の中で生きてきた。その中で自分が不安を感じずに、安全に生きていけることは大変だったんだろうな、と思います。なので、サリヴァンは、そういう安全への欲求ということを、大きなモチベーションとして考えたんです。だから、もし、生きるということが、単に満足を得るだけの人生ならば、それはとても簡単なことなんだけれど、いや、そうはいかないんだ、っていうのが、サリヴァンの考え方だったのです。

やさしさの定理（theorem of tenderness）と感情移入（empathy）

サリヴァンの考えのなかに「やさしさの定理」っていうのがあって、子どもが満足を得られなくて緊張している、あるいは、不安になって緊張している、そういうときに、それを目撃した母親っていうのは、その子どもの緊張を低減させてやろうという行動を起こすわけです。そういう方向に向かう活動がある。その活動が子どもの方に向けられる。そうすると、それを受けた子どもの方には「今、自分はやさしさ行動を受けている」というふうに体験される。そういう体験を積み重ねると、その緊張の緩和に、相手の共同作業を必要とするということが感じ取れるようになって、その二人の間で、そういう人間関係、互いに不安を低減させていく人間関係というものができあがる、というのがやさしさの定理というものです。その際に「感情移入（empathy）」ということが重要な役割を果たします。これは、コフートの言う〝empathy〟とは違うんですね。「共感」という概念とは違うんです。「感情移入」というのは、すなわち「感染」なんですね、感情の。感情っていうのは、ノンバーバルな次元でプロトタクシス的な体験様態のなかで、うつっちゃうということです。感情が伝染するんです。だから、ある人が不安であれば、それと共にいる人も不安になる。なんか知らないけど、その人と居ると不安になるなあ、とか。あるいは、ある人がやさしさを持っていたら、それと一緒にいる人も、なんか知らないけど、自分もやさしい気持ちになれる、とかね。感情っていうのは empathy でもって、感染するんです。そういうのが、「感情移入」です。これはまた、関係性の中で、大きな役割を果たしてもいます。

相互作用帯（zones of interaction）

それから、もう一つは、「相互作用帯」というサリヴァンの考え方があります。これは、フロイディアンの言葉で言うと「性感帯」ですね、「erotogenic（性の元となる）ゾーン」です。サリヴァンはこれを「interaction のゾーン」と言いました。だから、フロイトの言った、口あるいは、乳房というのは、そこに性感の源泉があるんじゃなくて、そこは相互交流の通り道に過ぎない。そこを通って、やさしさがやり取りされたり、不安がやり取りされたりする。そういうふうな考え方だったんです、サリヴァンは。

擬人存在（personification）――よい自分（good me）、わるい自分（bad me）、自分でないもの（not me）

そういうやり取りを、母親と子どもがやっていくなかで、どういうことが起こっていくかというと、そのような相互交流のなかで、子どもは体験を取り込んで、自分の一部とします。それをサリヴァンは「擬人存在」と呼びました。たとえば、もし、母親が不安じゃない時には、授乳はスムーズに進みます。そうするときに、良い感情の体験というのが二人の間で起こるわけです。そういうものが、「よい自分」という体験になる。よい自分というセルフパートじゃないんです。これは、体験なんです。「良い自分体験」ということ。ところが、母親の不安が強い時には、同じ行為を行った時でも、子どもの中で何か居心地が悪い、「悪い自分体験」みたいなのがそこに残っているわけです。お母さんの側に不安があれば、何かそれが伝染して、同じように授乳はされているのだけれど、何か悪い体験として受け止められる。それから、もっと悪いのは、お母さんの不安が、お母さんがパニくっているぐらいの、自分で処理しきれないぐらいの不安な状態である時に、子どもと関わったとしたら、そこで起こってくる体験というのは、その子どもは、自分の体験の中に組み入れることができなくなって、本当に、「自分じゃない体験」のように感じて、これは自分の体験に取り込むことが、とっても苦痛なので、それはもう、解離するわけです。解離……フロイトでいえば、「無意識の中に押し込める」ということなのだけれど、サリヴァンは、解離と言う。解離して、無かったことに、自分の外に置いちゃうわけです。そういう三種類の体験を、子どもと母親はしていて、病理を起こすのは、この「良い自分」「悪い自分」「自分でないもの」という間の葛藤であるとか、あるいは「自分でないもの」、解離されたものが回帰する、自分の中に回帰する。それは、統合失調症になるわけですけど、そういうものが病理を起こす。だから病理の源泉は子どもの側にあるのじゃなくて、不安の側にあるんだということが、サリヴァンの病因論なんです。フロイトが欲動に病理の源を置いたのと、また、全然違う考え方です。

サリヴァンは、この「**not me**」を体験していたみたいなんです。それは、ハリーのお母さん、エラが、ハリーが二歳半の時に消えたんです。消えたのを、**Perry** さんも後々に、一生懸命にどこに行ってどうなっていたのか探したのだけれど、記録がないんです。二年ばかし姿を消した。どうも、精神障害を起こしたかなんかで、療養していたみたいなのですけれど。Perryさんは、サリヴァンの親戚の所に行って、いろいろ訊いたんだけれど、何が起こったのか、憶測しかできない。そのことに触れると、親戚や隣人は物が奥歯に挟まったような言い方をするけれど、それから見ると、精神的な破たんをしていたらしいということで、サリヴァンは一時期、お母さんが消えてしまうんです。お母さんが消えたもので、ハリーを育てる人がいなくなる。それでハリーは、お母さんの実家のスマーナの牧場にやられるわけです。そのハリーのお母さんの実家のスマーナの牧場にいたのは、母方祖母、メアリ・ホワイト・スタックというおばあちゃんです。この人は、アイルランド移民の一世です。だから、英語ができなかった。ほとんど、ゲール語（アイルランドの古い言葉）を話していた。そのメアリ・ホワイト・スタックおばあさんが面倒を見たのです。この体験が、母親の喪失と、メアリ・ホワイト・スタックによる養育体験とが、**not me**の体験をサリヴァンの中にたくさん作った。お母さんがいなくなった年の十二月にマイクル・スタックが、メアリ・ホワイト・スタックの旦那さんだから、お母さん方のおじいさんですね、スマーナ農場の主が亡くなった。それでどうするか？っていうことになって、結局、ティモシー・サリヴァンをこの農場に婿養子という形で迎え入れて、ティモシーはそれ以後、スマーナに戻って、農場を動かすものに選ばれたのです。でも、結局は、農場の労働力としてしか扱われなかったわけで、実権の方は、お母さんのスタック家の方が握っていた。お父さんはただ、一生懸命働いて、無口で、家に帰ってはアルコールを飲んで、寝て、朝起きたらまた働いて、という生活を、ずっと晩年までおくったわけです。

サリヴァンが見た夢――「自分でないもの」の回帰

サリヴァンが見た夢、というのがあります。これは、サリヴァンが治療者として統合失調症の治療を始める直前に見た夢なんです。サリヴァンはこの夢を見ることができて、自分は統合失調症の治療者としての仕事を始めることができた、と言っているんですけれど、その夢は蜘蛛の夢なんです。それにまつわって、サリヴァンは次のように言っています。「幼少時代の私は蜘蛛が大変怖くて、蜘蛛の死骸が階段の最上段に置いてあると、それだけで、私が歩こうという努力は萎えるのだった。実は、よく階段から墜落していたんです。むろん、蜘蛛は母親のシンボルだと考えられるし、この事件は二歳半から四歳までのことであるから、母親への敵意とか何とかを抑圧しているという図式が書けるだろう」。ここら辺は、もう、フロイディアンの解釈ですね。これは、もちろん、サリヴァンは冗談で、皮肉で言っているんですけれども、これはどういうことだったかと言うと、次のようなことだったのです。メアリおばあさんが、地下室にものを取りに行くときに、サリヴァンは付いていこうとしたんですね。で、階段から転げ落ちたということがあったんで、その階段の入り口に、サリヴァンが付いてこないように、蜘蛛の死骸を置いたらしいんです。こういうのは、アイルランドの人たちはよくやるんだそうです。暖炉の前にネズミの死骸を置いといたりして、子どもが誤って暖炉の火の所に行かないようにする、とか。だから、メアリとしては、とても子どものためになることをやっているんだけれど、サリヴァンとしては、何でそうなっているのか分からない体験、つまり not me の体験です。そういう体験として感じ取られていて、それが、ずっとサリヴァンの中であって。つまり、母親がいなかったこと、それから、メアリ・ホワイト・スタックに育てられたこと、という、not me 体験として、ある種、解離されて、サリヴァンの not me の中に組み込まれていたという、そういうことがあったのです。

そして何年かして、四歳になってから、お母さんは帰ってきます。でも、帰ってきたお母さんは、愚痴ばっかり言う嫌なお母さんになっていた。そしてそのお母さんが、サリヴァンに自分の幻想の織物の衣装を掛けて、サリヴァンはそれに従って、一生懸命勉強したわけです。

(ii) 小児期（childhood）――自己組織（self system）、安全保障操作（security operation）、パラタクシス的歪み（parataxic distortion）

お母さんがサリバンに掛けた幻想の衣装、「それに合わせる」っていうのが、サリヴァンの言う「自己組織（self system）」なんです。セルフっていうと、ウィニコットのセルフとか、セルフ・サイコロジーのセルフっていうのは、もっと自分に近いものなんだけど、サリヴァンのセルフっていうのは、防衛の組織なんです。そういう、お母さんに対して、セルフ・システムを働かせて、不安を回避する。お母さんが嫌がるような、まずいことを避ける、そこで起こるような、まずい対人関係の体験を避ける。そういうのが「自己組織」で、これは防衛組織です。そしてそのために、「安全保障操作」というのをするのです。「前はこういうことをしたら、こういうbad meを感じたから、その記憶があるので、今度こういうことが起こりそうになったら、それを予見して、そうならないように自分は振舞う」という、「安全保障操作」ということを行うわけです。そのことで、安全感を保つことができるけど、そこにはこれよりも大きな犠牲があるわけです。

つまり、その人のセルフは、それ以上発達しない。過去の母親との間での非常にyou and me pattern、あなたと二人限りでのパターンしか、その人のレパートリーのパターンができないわけです。だから、防衛ではあって、不安から守るものではあるけれども、それは、自分の成長を損なう、阻害するものなのです。そこで起こってくるのが「パラタクシス的歪み」で、それは「個人的な生活史の中から生まれた、その個人独特な認知の形態」なのです。これをフロイディアンでは、「転移」と呼びますね。

(iii) 児童期（juvenile era）――合意による確認、シンタクシス的態様

そういう状態でサリヴァンは、スマーナの農場で暮らしていたのですけれども、やがて、児童期がきて、サリヴァンは学校に行きます。スマーナの学校ですから、小学校からハイスクールまでみんな居るわけです。そのなかで

サリヴァンは学ぶわけですけれど、優等生でした。学業がよくできて、先生のお気に入りだった。その反面、友達はいなかったというか、サリヴァンだけカトリックで、後は、みんなプロテスタントの人たちだから、当然、宗教が違うから排斥されるし、今までスマーナの農場の山奥にいたわけだから、他の友達と馴染みもないし、教会も違うし。なので、周囲の子どもたちと比較すれば、サリヴァンは一種の異星人だった。入学はこれまでの人生で最大の変化だった。そこで、何が行われたかというと、サリヴァンは、「陶片追放」と書いていますけれど、仲間はずれ、いじめにあう、ということになります。そして孤立した。同級生はいるんだけれど、孤立した状況をずっと過ごしていたのです。なので、この児童期に本来起こるべき「合意による確認」、仲間との共同作業とか、自分と違う誰かとの間に「こうなんだ」って話し合うことで合意が成立するとか、そこで共有された文化のシンボルが形成されるとか、そういうことが、サリヴァンの児童期にはおこらなかったわけです。

この「パラタクシス的歪み」ですけれども、一つの例で、サリヴァンが講義の中で語っていることなんですけれど、こういうことがあったようです。「ある日、小学校二年生の私は、初級読本であったか何であったか、本の中で、t-o-g-e-t-h-e-r という文字の組み合わせに出会って、面食らいました」。読めと言われて、絶句したんです。全く見たことのないような単語だったのです。考えてみれば、サリヴァンが育ったスマーナの農場で〝together〟という言葉は使われなかった。みんな、それぞれバラバラな生活をしていて、みんなで一緒に何かをするとか、そういう感覚のない所で育っていたわけです。だから見たことなかったんです。先生の、優等生としてお気に入りだったわけですから、先生に言われて、励まされて「私（サリヴァン）」は読んだんですね。「トゥ・ゲット・ハー（to-get-her）」と読んだんです。そうすると、みんなが、ガハハハ・グハハハと、同級生からの盛んな嘲笑がありました。その後、いろんな単語でこういうことが起こったらしいです。こういうことは、異常だと言われますけれども、孤立している子どもにとっては、例外的ではないんだということを、講義の中で述べているんです。〝together〟という言葉をサリヴァンが学べなかった、ということも非常に意味深いし、〝to-get-her〟と読んだというのも、その後のサリヴァンが一生独身で、人からは同性愛者だと噂される、そういうサリヴァンの孤独な生き方を暗示しているような、そういう出来事ですね。

ⅳ 前青春期（preadolescence）――前青春期の静かな奇跡、親密欲求、チャム

ただ、サリヴァンにとって救いがあったのは、「前青春期」なんです。「前青春期」というものを、発達段階の中に置くのは、サリヴァンぐらいかな？　エリクソンも置いてないし、フロイトも置いてないんじゃないですか。「青春期」に入る「とば口」です。これは短い、非常に短い期間だけれど、発達にとって、とっても重要な段階なんだってサリヴァンは言うのです。この時期は、新たな形態の親密さを特徴とする発達段階で、それは同性のチャム（親友）です。そこで、パラタクシス的歪みの是正を、児童期にやれなかった、取り残されていた課題をここでやることができるんだ、とサリヴァンは言っています。これは何が起こったかというと、サリヴァンが八歳半のときに、スマーナの村の学校で一人の友達ができるんです。サリヴァンの農場のさらに奥に農場があって、クラレンス・ベリンジャーというサリヴァンよりちょっと年上の子が、この人も一人っ子だったんですけど、いたんです。クラレンスは学校の通学用に馬車を家の人に与えてもらっていて、そこで、サリヴァン家とベリンジャー家で相談があって、そうしたら、「途中だからハリーを乗せていってあげるよ」ということになって、二人はこの馬車に乗って学校に通うようになって、そこからとても親密になったんです。この二人が親友になって、チャムシップを結んで、二人の間でいろんなことを話すことができた、っていう体験があった。サリヴァンは、後々、自分は良性の統合失調症に罹ったんだっていうことを、親しい友人たちに漏らすのだけれど、そこで、「良性の」とサリヴァンが言ったのは、サリヴァンがここで前青春期にこういう体験を得たから、自分は良性で済んだんだ、というふうにサリヴァンは考えていたようです。

サリヴァンは「前青春期の静かな奇跡」ということを書いているんです。大体八歳半か九歳から十一歳半までの間と講演で述べるんですけど、それはまさしく、サリヴァンのベリンジャー体験の歳なんです。この年齢に「愛の能力の初期の形態が現れる。この時点において、愛とは、ある他者、ある特定の相手が体験する満足と安全とが、自分にとっても、自分の満足と安全と同等の重要性を持つようになる」と言っています。自分と同じぐらいに他者が大切になる時期、チャムですね。同類だ、という感じがある。これが、愛というものの原初の発生の仕方なんだ、と言っているんです。そういう奇跡が起こって、これを経過すると人は十全に人間になれるんだ、というふうにサリヴァンは言ったりしています。

それから「チャム」、親友ができると、合意による確認、これがチャムの間でできるんだ、というんです。それができると、その人は、今まで感じたことのなかったような意味で、自分が人間であるということを実感するようになるし、その人は、「共通の人間性」が他の人々の中にも存在していることを認めることができるようになる。こうなった時に、本当に、人は今までよりも「全幅な」人間となる、というふうにサリヴァンは語っています。

(v) 青春期 (adolescent) ――情欲力動態勢

そのあと、サリヴァンは「青春期」に入るわけですね。サリヴァンは優秀だったので、コーネル大学の奨学金を獲得しました。これは、競争試験で、コーネル大学が、ニューヨーク州の各郡に一人ずつ、一番成績の良い人に奨学金を出して、コーネルに入れるという制度です。アイビーリーグの立派な大学なんですけれど、そういう制度を持っていた。サリヴァンはシェナンゴ郡のただ一人の、一番優秀な奨学生になるんです。サリヴァンは十七歳の年にコーネル大学に入学します。物理学が志望だった。コーネル大学に入ったのだけれど、ここで破綻をきたすんです。停学になり、そのまま大学に戻らなかった。何があったのかと言うと、一つは、寮に入ったんだけれど、その寮の先輩の手下になって、郵便物を使って何か非合法的な活動の使い走りをさせられた。それで裁判にかかった、ということがあるのと、もう一つは、その時期に、精神的な錯乱をきたしたというのがあって、結局停学処分になって、それから、もう、コーネル大学には戻らなかったんです。ここで、サリヴァンは二年間所在が不明になるんです。この期間、精神科病院に入っていたのかもしれないのだけれど、これもPerryさんが調べたけれど、ちょっと、その証拠は見つからなかった。けれど、とにかく、二年間所在不明になります。

ここでもう、サリヴァンは、消えてしまったかもしれない、歴史的に。そういう可能性があったのだけれども、二年して、サリヴァンはもう一度、歴史上に姿を現すんです。そして、シカゴ医学校に入学をします。このシカゴ医学校っていうのは、シカゴ大学の医学部じゃなくて、非常に速成栽培の医者を作る学校で、設備も悪いし、良い大学じゃなかったのだけど、そのシカゴ医学校に入学して四年間で卒業して、卒業して二年後にM・Dを取って、それからシカゴで軍務について、軍医として転々とすることになります。そういう生活を送ります。

コーネル大学でサリヴァンに何が起こったか、というと、思春期に入って、「情欲力動体制」というのが企図されます。つまり、性的に成熟する、性的・性器的な関心が頭をもたげる。そうすると、これまでの満足への欲求と安全への欲求と、それから、性的な関わりを持ちたいという欲求の三つ絡みになっていくわけです。それの衝突が起こる。つまり、セキュリティーの欲求と、親密さ（intimacy）・満足の欲求と、それから、性的な満足を求める欲求、これが衝突するんです。多くの人たちは、これをなんとか統合して成人的な、フロイトの言葉で言えば「性器統裁」の段階に入るのだけれども、サリヴァンは、この中の安全保障感とか、親密欲求が脆弱であったので、この性的欲求を扱いかねた。サリヴァンが後に書いた統合失調症の論文の中で、ケースを描写しているのですけれども、大学に入った青年が、学業がついていけなくなって、勉強しなくなって、映画館に入り浸るようになる。映画を観る。映画を観たら、そこに美しい少女が出てきて、その少女のことを好きになって、それで、だんだん、頭の中で、その少女と付き合うファンタジーが出て、結婚するファンタジーが出て。そのことがファンタジーであるだけじゃなく、まるで現実にそうであるような、現実とファンタジーの境目がなくなったような感じになって、混乱して統合失調症を発症した、という事例を、サリヴァンは論文の中に書いているんです。それは、おそらく、サリヴァン自身の体験だったのではないか、というふうに言われています。

サリヴァンはそこで、消えて、次に姿を現したのは軍医のサリヴァンだったわけです。ここから、サリヴァンの精神科医としての仕事が始まるわけです。

ⅵ 成人期（adulthood）——対人的に適切な成人性

ようやくサリヴァンが、仕事ができる状態になったところまできて、もう、ほとんど言いたいことは言い尽くしてしまったような気がするんですけれども（笑）、サリヴァンの仕事ですね。第一期から第四期までに分けます。

第一期は、統合失調症治療者の時期で、これは皆さんもよくご存知なシェパード・アンド・イノック・プラット病院のサリヴァンの病棟での仕事です。そこで統合失調症者をどんどん治してしまったという病棟です。

そのあと、第二期はニューヨークで開業して、そこで主に行ったのは、組織作りです。統合失調症との治療の中で見出した知見を広めたい、つまり、そういう治療をできる人をたくさん増やしたい、ということで、「ウィリアム・アランソン・ホワイト財団」というのを作って、その財団の下に「ワシントン精神医学校」というのを作りました。それから、「サイカイアトリー」という雑誌を作りました。そして、そこで後進を育てるための礎を作った、というのがニューヨーク時代です。ただ、ニューヨーク時代のサリヴァンは、お金に無頓着で、借金を抱えて二度破産して、ニューヨークに居られなくなります。

そしてベセズダという町に、メリーランド州のボルティモア・ワシントン地区ですね、そっちの方に隠遁します。第三期です。ここで恵まれたのは、チェスナット・ロッジが近くにあって、そこのデクスター・バラードっていう院長先生が「うちで講義とディスカッションをしないか？」ということで、そこでコンサルタントをして収入を得られたので、ベセズダ時代は食べていけたのです。

最後、第四期、これはほんの束の間ですけれども、第二次大戦後にサリヴァンは、冷戦下で緊張緩和の仕事をします。このころ、もう、病気で海外なんかに行ける状態ではなかったのだけれど、無理矢理行って、亡くなってしまうという、そういう最期だったんです。そういう仕事人生でした。

第一期——統合失調症治療者の時期

第一期、統合失調症の治療者の時代ですけれど、軍医になって、シカゴでいろんな雑役をしていたサリヴァンが、表舞台にまた登場してくるのが一九二一年なんです。セント・エリザベス病院という、皆さん地図を見ながら聞いてくれると地理関係が分かると思うのですけれど、ワシントンの中にセント・エリザベス病院というのがあって、これは国立の病院です。ワシントン・ボルティモア地区の病院でいえば、この、ワシントンのセント・エリザベス病院という国立の病院と、その北東にある、ボルティモア市ですね、そこに、ジョンス・ホプキンズ大学というのがあります。この二つがこの地区の精神医学の中心地だったんですね。

このセント・エリザベス病院にいたのが、ウィリアム・アランソン・ホワイト院長です。ジョンス・ホプキンズ大学にいたのが、アドルフ・マイヤーというスイス生まれの精神科医です。この二つが大きな病院だったのですけれども、このセント・エリザベス病院の、たまたま、そこの復員軍人局の連絡将校として、仕事をするようになるんです。軍医なんだけれど、復員軍人局とセント・エリザベス病院との連携をやるような仕事です。これが一九二一年で、一年と二カ月ほど過ごしたのだけれど、ここでウィリアム・アランソン・ホワイトと知り合うわけです。ウィリアム・アランソン・ホワイトもサリヴァンの能力を買っていたわけです。サリヴァンは、ここで常勤として勤めたいのでポストがないか、ってホワイトに訊いたんです。そうすると、ホワイトさんは、「いや、今ちょっとポストがいっぱいで……」と言って、シェパード・アンド・イノック・プラット病院というところがあるので、そこに紹介しましょう、ということで、紹介してくれる。シェパード病院はボルティモアのまだ北ですね、タウスンという町にあって、そこにロス・マックリュア・チャップマンという院長がいたのですけれども、その院長宛に、「こういうものがいるから使ってやってくれ」といって紹介したんです。一九二二年、そこに勤務することになります。

そして、このワシントンからタウスンに移るときに見た夢が、先ほど言った、蜘蛛の夢なんです。この夢をサリヴァンは、しょっちゅう授業の中で語っているのだけれど、つまり、not me というものが統合されるときには、精神病状態のときにそれが統合されるか、あるいは夢で見てそれが統合されるかである。だから、not me というのを回復する、自分のものとして me の内に入るのは、その二つだと言うんです。サリヴァンは、統合失調症というのは、クレペリンが言うような解体・荒廃するプロセスではなくて、再生のプロセスだと言います。not me を統合失調症者は取り入れて、それを新たに自己の部分とするという、コンサーバティブという言葉を使うんですけれど、そういう保存的・保護的な病でもあるんだ、ということを言っています。

そこで夢を見て、夢の中で、「あっ、これで俺は統合失調症の治療者としてやれる」って思った、って言っています。夢の中で、蜘蛛の巣の夢を見た。蜘蛛の巣の奥のほうから蜘蛛がワーッと襲い掛かる夢です。蜘蛛が大きくなってきて恐怖に襲われて、でも、ここで恐怖に襲われてはいけない、と思ってその蜘蛛をジーっと観察していたら、恐怖がなくなった。観察したんですね。サリヴァンにとって観察ということがとても自我の機能として大切で、それが、いろんな苦難を乗りこえる源だった。そういう夢を見て、フッと目が覚めて。目が覚めた瞬間、ワシントンにいたのだけれど、「あれ？　これ、どこにいるのかな？」みたいな、ちょっと朦朧とした状態だったんですけれど、その夢を見て、シェパード・アンド・イノック・プラット病院に赴任したんです。

そこで、サリヴァン病棟、六床の男子急性期病棟を与えられて、男性看護師のみの治療病棟を作って、そこで階層とか、ステータスとか、権威ですとか、そういうものを排除した治療共同体みたいなものを作ったんです。そこで統合失調症の患者さんが、本当に良くなって、アメリカの全土にサリヴァンの名前が広がっていったっていうのは、この「統合失調症治療者時代」ということなんです。

そこでやったことは何か、というと、simply human ということだったんです。統合失調症者といえども、何らわれわれと変わらない、という思想でした。急性期病棟六床で女性を排したというのは、サリヴァン自身が女性から迫害的な、bad me 体験をたくさん得ていたという……not me も得ていたかもしれないですけれど……ことがあって、そこで男性看護師だけで、つまり、看護士による前青春期社会の創出を行ったのです。その病棟の中で、チャムシップを創出した。そこで、患者さんたちは、急性期の緊張病の患者さんたちですが、そういう中でどんどん良くなって、退院していくという、伝説の病棟を作り上げました。

「類は類を癒す」の法則とサリヴァンは言いますけれど、そういうのに当たった看護士さんたちもやはり、統合失調症を発症していたかもしれないが、もし発症したとしても、予後の良いグループに属す、そういう人たちでした。ここで花開いたのは、本物の友情です。「患者と職員の間には本物の友情と私には区別がつかないようなものが吹き出た。そうすると、そのアパシーと言われるものの徴候は、控えめに言っても、色褪せた。」というふうに、サリヴァンは言っています。

サリヴァンはここで、七年間ぐらいだったか、仕事をして、業績を挙げるのだけれど、辞めざるを得なくなります。これは、ひとえにサリヴァンの行状のなせた業で、まさに自業自得なんですけれど、金銭に頓着がない。前借りをする。気前よくそのお金で看護士さんたちと宴会をする。自分の家に集めて、議論しながら酒を飲む、みたいなことをして。で、どんどん、どんどん給料を前借りしていたんです。

それから、もう一つは、看護部を無視した。看護部っていうのは、大きな力があります。それを無視した。それに対しての、病院のスタッフからの風当たりが強くなった。結局、新しい受け入れ病棟を作ることになったのですけど、どうも、そこには、ディレクターとしては、サリヴァンは任命されない、という状況に追いやられたんです。

それから、理事会の反発がありました。辞める時というのは、一九二九年。何があったかというと、ニューヨークの株の大暴落、大恐慌です。理事会としても、サリヴァンのやり方っていうのは採算が合わない。病院の運営から考えると、こんなことは認められない、ということで、その反発の諸々があって、一九三〇年、チャップマンに手紙を書いて、サリヴァンは辞職しました。

第二期——ニューヨークでの開業と組織作り

そしてサリヴァンはどうしたかというと、ニューヨークに移ったんです。ニューヨークには、クララ・トンプソンが居ました。トンプソンの話は、今日はあまりできなかったけれど、サリヴァンの親友で、女性の精神科医です。サリヴァンはニューヨークに移って、オフィスを構えて、開業しました。この時期は、統合失調症の人は診なくて、強迫神経症の人たちをたくさん診ています。

ここでもまた、サリヴァンは金銭のトラブルを起こします。サリヴァンがしたかったのは、開業して、お金を儲けて、そのお金を使ってウィリアム・アランソン・ホワイト財団を立てて、ワシントン精神医学校を作って、サイカイアトリーという雑誌を出して、つまり、サリヴァンがしたような治療ができるような感性を持った精神保健スタッフを作りたかったんです。そのために随分お金を使った。そのわりには、一九三〇年代、アメリカは大恐慌の時代だったので、患者さんは、あまり来ないです。お金のある患者さんは。なので、サリヴァンは、このニューヨーク時代に二回、破産申請を出しているんです。でも、そうしながら、この三〇年代は非常に社交的になって、本来のお父さんの流れの、無口なシャイなサリヴァンじゃなくて、お母さんの流れの、上昇志向の強い、そういうサリヴァンみたいな様相だったようですけども、どんどん組織を作って、地固めをしたのです。

当時、やっぱり仲間がいた。ゾディアック・クラブというのを作って、ニューヨークで月曜日ごとに夕方から集まって飲むわけです。飲みながら患者さんの話をいろいろとする。そういう仲間ができて、後輩のシルヴァーバーグ、それから、クララ・トンプソン、それから、カレン・ホーナイ、それから、エリック・フロム。そういった人たちが集まって、毎週月曜日の夜に患者さんの話や、精神療法の話をしていた。そういう仲間がいたんです。

この一九三〇年代、サリヴァンのニューヨーク時代、何が起こったかというと、オーソドックスの人たちがヨーロッパ大陸からアメリカにどんどん亡命して来はじめたんです。一九三一年、ニューヨークにNew York Psychoanalytic Institute が設立された。一番エスタブリッシュメントなインスティチュートですけれども、そこに、どんどんとナチスに追われたユダヤ人の分析家が入ってきたんです。その一方で、ニューヨークでは、サリヴァンらの流派があって、何が起こったかというと、この二つのグループが対立し始めた。どんどんと分析家が移民してきて、自我心理学を打ち立てていきますから、サリヴァンたちは排斥されたのです。サリヴァン自身も、こういう政治的なトラブルに巻き込まれたくなかった。もっとしたいことがあった。なので、破産して、ニューヨークの生活が成り立たなくなったというのもあるし、そういう学派同士の争いということに嫌気がさしたのもあって、ベセズダという田舎町に引きこもるんです。

第三期——ベセズダでの出会いとコンサルテーション

地図を見てもらうと分かるかと思うんですけれども。ボルティモアが北東にあって、ワシントンが南西にあって、ワシントンのちょっと北側にロックヴィル市というのがあって、ここにチェスナット・ロッジという病院があります。フリーダ・フロム・ライヒマンがここで働いていたのです。これも私立の有名な病院で、お金持ちの人たちがたくさん入る病院だったわけですけれども、ここに、デクスター・バラードという院長がいて、彼が、チェスナット・ロッジのコンサルタントとしてサリヴァンを雇ってくれました。その少し下に、「ベセズダ」があります。ここから通って、チェスナット・ロッジで講義と討論をやって、そこで給料をもらうということでした。

この時代のサリヴァンが作り上げた思想が、後々その講義録が財団の手で本になって、今、中井久夫先生たちが訳してくださっている、われわれが読めるサリヴァンの思想となっているわけです。この時期、チェスナット・

ロッジでコンサルテーションをして、それから、ワシントンにあるワシントン精神医学校で講義をして、それから、ニューヨークに、ワシントン精神医学校の分校としてウィリアム・アランソン・ホワイト研究所ができたので、そこに行って講義して、ということで、このチェスナット・ロッジ、それから、ワシントン精神医学校、それから、ニューヨークのウィリアム・アランソン・ホワイト研究所というところでサリヴァンは教えるという生活を、一九四〇年代はしたわけです。

その間、アメリカの精神分析からは、文化派、対人関係学派は排斥されました。その一方で、サリヴァンの考えは精神分析とは認めてもらえなかったけれども、精神医学の中にはずいぶん浸透したのです。サリヴァンが、生前に出した唯一の本は『現代精神医学の概念』という本ですが、これは一九三九年の秋にワシントンで「ホワイト記念講演」というのをして、サリヴァンが講演をしたんです。その講演をまとめて、「サイカイアトリー」というウィリアム・アランソン・ホワイト財団の雑誌に載せたわけです。それが、たちまち売り切れた。それでもまだ、欲しいという人がいたので、増刷した。一応、ハードカバーにして、手作りで財団が増刷して、本を作ったら、それが飛ぶように売れて、ということがあって、サリヴァンの思想が広がっていったわけです。その流れが、アメリカで自我精神分析が席巻したその裏側で、密かにアメリカの精神医学をサリヴァンの考えが支配していった、と言われるような状況になったわけです。

チェスナット・ロッジ病院での講義ですが、サリヴァンは寛いでいました。いろんなしがらみから抜け出して、本当に気の合った同僚・仲間たちに自分の考えを話しながら、議論をして意見をいただきながら、自分の考えをまとめていく過程、だったのです。デクスター・バラードが序文を書いているのを見ると、こう書かれています。「本書のもととなったサリヴァンの講義をチェスナット・ロッジ病院で聴講したのはもう一昔より前になる……何度か私の眼前には当時の情景がまざまざと浮かび上がり、サリヴァンとそのグループが醸し出していた雰囲気が心に蘇る。……場所はチェスナットの敷地内にある、（バラードの）自宅のレクリエーション・ルームでした。スタッフは、昼ご飯を済ませてくることにしていました。寒い季節には薪をくべた暖炉の前にみんなが集まって、議論をしました。そうすると、よく、私の犬のグレートデンが、暖炉の前のマットに寝そべりに来て、それを合図にサリヴァンは話し出すのだった」。そういうような雰囲気の中で、議論をしていたのです。

そこでできあがったのが、「精神医学は対人関係論である」というサリヴァンの考え方です。これはちょっと理屈っぽいけれど、一応、エッセンスだけでも読んでおいた方がいいかなと思うので読みます。こう書いています。

「精神医学の対象範囲は、精神障害者個々人ではない。さりとて、人間集団の中において時にみられるところの、超然たる第三者的客観性をもって観察できるような――成否さまざまの――過程でもない」。つまり、対象範囲は患者個人ではない。それから、第三者的客観性をもって観察する、というのは、中立的な分析者が観察するような、そういうプロセスでもない。「精神医学とは二人以上の人間を包含し、人と人との間において進行する過程を研究する学問である。」つまり、精神医学の対象範囲は対人関係の世界である。いかなる事情の下にある対人関係かは問わない。とにかく「一個の人格というものを、（これは、individual ではなく、person ですね。）その人がその中で生き、そこに存在の根をもっているところの対人関係複合体から切り離すことは、絶対にできない」と。これが、よく引用される、「精神医学は対人関係論である」という言葉です。

それから、もう一つ、これも重要な、よく引用される「関与しながらの観察」なんですけれど、観察できるものは何かという問題です。サリヴァンが言うのは、人の心の中の仕組みとか構造、超自我とか自我とかは、観察できない。あたかもそういうものが心の中にあるようなふうに語るけれども、実証できない。科学的に観察可能なものは、ある場におけるその人間の営みである。すなわち、何事を語り何事をなすか、である。それよりは確実性は劣るけれど、その人が自分の中で起こっていることを語ってくれるならば、これもまた、科学的に観察することが可能である。自由連想っていうのは信憑性からいうと、その人が何を語り、何をするか、に比べると、自由連想を完全否定していたわけではないけれど、ちょっと落ちる、ということなんです。

「我々が観察の対象とする人間、患者と、我々とが関わり合ってつくる対人的な場において〈関与しながらの観察〉を行う、という技術ならば、これは〔我々の努力によって〕改良進歩させてゆくことが可能である。これこそが精神医学の唯一の方法である。私がこの方法を推奨してやまないのは、これが精神医学の方法論の大前提であるということを含んでのことである」ということです。

第四期――第二次世界大戦後：サリヴァンの最期の仕事「緊張緩和」

そういう仕事をずっとして、サリヴァンは自分の思想を固めたんだけれど、やがて、サリヴァンは健康を害します。一九四五年というと、第二次世界大戦終戦の年ですが、広島に原爆が投下され、終戦ということになります。その年にサリヴァンは、細菌性心内膜炎にかかります。非常に病状が悪化して、幸い、ペニシリンがこの頃、ようやっと使われるようになって、それで命を取り留めた。しかし体調は最悪の状態になった。アルコールも飲んでいたし、不摂生もしていたので、そうなっていたのだと思うんです。

ここから、戦後、何があったかというと、東西の冷戦です。アメリカと、今、ソ連って言うと、若い人だと分からないかもしれないけど、ソ連との間で冷戦があった。その中で、冷戦下の世界に生きる子どもたちが健康に育つためには、そこには、何らかの精神医学、あるいは社会学からのアプローチが必要だろうということで、精神保健活動と予防精神医学に力を注ぐようになります。「世界精神衛生連盟」を作ろうと発起人になって、世界各地を飛び回りながら、志を同じくする精神科医や、政治家や社会学者と会合を重ねて、組織作りをしようとしました。その途上、一九四九年、アムステルダムの会議の後、パリに寄っていて、そこで、亡くなります。

「環境の問題」と言っていますけど、サリヴァンは最初、個人治療をやりました。今で言う、環境療法です。それから、その次には、それをもっと大きく広げた、そういう環境療法をできるような人材を作れる環境を財団で作り上げました。でも、治療を受けた人たちが帰っていく環境というのが、やはりまた、大事で、その環境が緊張のない環境でないと、その人たちは、また再発するのではないか、そういうふうにサリヴァンは考えて、その「緊張緩和」、世界の緊張緩和をしたいと考えた。これは、考えてみると、サリヴァンが育ったスマーナの農場なんです。エラ・スタック、お母さんと、それからティモシー・サリヴァン、お父さんがいて。その二人の間の緊張関係、それが常にスマーナの農場を支配していた。その中でサリヴァンは、病に陥らざるを得なくなった。その家を変えたかったんじゃないかと思います、その父と母の関係を。それを世界的な冷戦の中で、「冷戦の緊張緩和」ということで、果たそうとしたのを、サリヴァンは最後の仕事にしたんだと思います。

その途上、一九四九年一月十四日、パリで、サリヴァンは亡くなります。一人で出掛けていて。みんな、行くなと言ったのだけれど、一人で行って。Perryさんの伝記によると、「彼は朝食のルームサービスを頼み、来るのを待つ間、新聞を広げた。……客室係のボーイが朝食を運んできた時の彼は、まだパジャマを着てテーブルの前に腰かけて新聞を読んでいた。痛みが彼を襲ったのは給仕が引き下がってからに違いない。盆を下げようとして、一時間後、給仕が部屋に入ったとき、食べ物は手つかずでサリヴァンは呼吸を停止し、床に長々と横たわっていた。周りには錠剤が散らばっていた。」

この状況から、サリヴァンは自殺したんじゃないか、という説もあったのです。亡くなった一月十四日というのは、サリヴァンのお母さんの誕生日だった。そういうこともあって、自殺じゃないかという噂も流れたけど、おそらくは、心内膜炎を起こしていたので、そこで、塞栓が起こったんじゃないか、血栓が飛んだのではないかと思いますけれど、亡くなってしまいました。

パリで焼かれて、遺骨は大西洋を渡ってアメリカへ。アメリカでお葬式があって。サリヴァンのお墓は、アーリントン墓地にあります。ワシントンにあって、ＪＦＫのお墓とか、ロバート・ケネディのお墓とかありますけど、何かというと、あれは、軍人さんの墓地なんです。軍務についた人は、あそこに葬ってもらうことができる。そこに、ハリー・スタック・サリヴァンのお墓がある。一時期、軍医でしたから。でも、世界平和で命を落として、軍医のお墓に入っているのは、一つには、財団にお金がなくって、立派なお墓を建てられなかったので、アーリントン墓地で葬ったのもあったみたいなのですけれど、墓標は、〈ニューヨーク州出身　第一次世界大戦の予備役軍医大尉　一八九二・二・二十一生　一九四九・一・十四没〉という、簡単な墓標です。

というあたりで、サリヴァンの生涯と思想の紹介は終わりですけれど、じゃあ、岡先生に指定討論をしていただいて……。

〜討　論〜

岡達治（指定討論）　理論や実践というのは、すべての分析家が、もちろんその人生に一致して、その人なりの精神分析を作っている。ということは、どの分析家についても言えるし、フロイトは特に、科学者としての出自から始まって、やはり、一生涯、その視点というものを変えなかったと思うのです。だから、フロイト的な見方は、科学者の見方であって、そこから精神分析は始まっているということなんでしょうけど。サリヴァンについて、今日、私が思ったのは、サリヴァンほど、それが顕著であって、露骨なまでに明らかである人はいないんじゃないかと思いました。確かに、サリヴァンの言っていることは、すごく難しい。「パラタクシス的歪み」と言っても、ちょっとイメージできない。でも今日お話を聴かせていただいて、結局、サリヴァンの生涯で一番、彼が、明らかに求めていた安全感ということに、絶えず突き動かされていたように思います。アイルランドの移民の子として、剥奪的な状況で育って、特に、上二人の子はすぐに死んでいますし、おそらく、お母さんは、私の想像だと、息子をきちんと、優秀な人間に育てたいという願望が非常に強くて、ある種、ナルシスティックな人だったと思うんです。それに見事に応えるかたちで、サリヴァンは生き抜いていって、しかも、かなりいろいろな bad me 体験のみならず、

not me 体験、共感不全の体験であるとか、そういうことを体験しながらも、それを、なんとか対処している。それを「自我が強い」という言い方で言ってはいかんのだと思うんですけど、not me については、いったん、棚上げしながら、何とか生き延びていったんだなあ、というふうに思うので、改めて、感動したというか、驚きの気持ちでした。

特に二歳半の時にお母さんが消えていたというのは、考えてみたら恐ろしい話です。しかも、誰も周りにサポートしてくれる人がいないという状況だから、よくそこでグレなかったな、というか、すごい素質を持った人だなと思いました。今、「グレる」という言葉を使ったけど、おそらく、この環境だと「グレようもない」んだと思います。グレたら死にますから。グレるというのは一種の甘えですから、それすらできないというか、安全な環境というのが、ある意味、欠損しているなかで、よく生き延びてこれたなあと、そういうふうに思いました。

それと、お母さんがいなくなって、メアリ・ホワイト・スタックのようなある種、訳の分からない人の所に放り込まれた。そこでも、またなにか、経験することができない経験です。not me の部分が、随分と、どこかにあった。おそらく、サリヴァンが言っているのは、無意識のうちに抑圧するというようなレベルのことではなくて、その程度では、ちょっと緩和できないような、ある種、外傷的でほとんど扱えないものを抱え込んできた、そんなふうに思いました。

それをずっと抱え込んでいきながら、もう一つ思ったのは、非常に観察力に秀でているということです。そういう中でも破綻せずに、たとえば、蜘蛛の恐怖の体験もあったけれど、ある種、その意味付けということを棚上げしてでも、not me の部分でも体験し続けていく、そういう強靭さがあるような気がしました。それによって、精神病的な破綻をきたさない、というか、クライシスにギリギリ陥らないで生き抜く力があった、と僕は思ったんです。

サリヴァンがすごいのは、観察力と知性です。ものすごい知性と、観察力と。観察力というのは、単なる科学的な観察の意味ではなくて、観察するということで自分を保つ。観察することで、仮にそれが not me に仕分けされるようなものであっても、観察し続けて、一旦は、意味付けのないままにしまえる。これがやっぱりすごいな、と私は思いました。

それから、秀才だったから、次に物理学に行って、その後、謎の時代があったみたいなんですけれど、全然わからないんですよね？　サリヴァン自身も語らなかったんですよね？　多分、サリヴァンにとって、not me の時代とか、not me の部分って、最後まであったんじゃないかな。だからちょっと話は飛躍するんだけれど、客死というか。サリヴァンっていうのは、結局、未完成のままで、残念ながら亡くなったというか。これからもっと生きていたら、どうだったんだろうって。でも、サリヴァンという人の魅力は、ある意味、ちょっと統合されてないというか、最後まで not me の部分を持ち続けて、それに苦しめられながらも、それをクリエイティブに使っていった人で、なんかそこにすごく魅力があるのかな、とは思っています。

横井　時間があまりないんですけれど、ちょっとだけ（笑）。サリヴァンは「未完成」でした。サリヴァン自身が精神分析とは名乗らなかったんです。サリヴァンの考え方をクララ・トンプソンが、ウィリアム・アランソ・ホワイト研究所でエリック・フロムの考え方とかと統合していって、そこでできたのが「対人関係精神分析」なんです。その流れはずっと排斥されたまま、メインストリームの自我心理学から認めてもらえなかったのだけれども、それは本当に大変な、不幸な歴史だったと思うんです。対人関係学派の持つ、たとえば、環境とか文化が人に及ぼす影響ですよね、養育で言えば、母親がどういうものであるかとかいうことですよね、子どもが育っていくなかで。そういう次元を精神分析の理論の中に取り組むことを、自我心理学のメインストリームは潔しとしなかった。欲動とその派生物というなかで精神分析を作り上げてきた。これは、それはそれで潔くって素晴らしく魅力的なんだけれども、そのことで臨床的ないろんな有益なものが失われたと思うのです。だから、あの時点で、もし対人関係精神分析が合流して、そういう発想もアメリカの精神分析の中に注ぎ込むことができていたら、もっと、こう、精神分析のための精神分析じゃなくて、それを求める患者さんとかクライエントに役に立つ、精神分析の形ができたんじゃないかな、という気がするんです。それが、ようやっと、その機運がアメリカで出てきたのが一九八〇年代になって「関係精神分析」という考え方が萌芽して、ようやくそれができたので、それが無かった時代というのは、ある種、ちょっと残念な時代だったんじゃないかと思います。今後、こういう考え方……治療関係にしてもそうです。セラピストがニュートラルで、患者さんの心の中の展開だけを診ていくのじゃなくて、セラピストが、患者さんとの二人の関係の中で、何か影響を及ぼしている部分があるということも、やはり視野に入れながらの治療状況の見方というか、そういうことが理論的に統合されていくっていうことが、今後の精神分析の発展にとっては、本当に大きなポイントになるんじゃないかという気がします。

二〇一四年四月二十七日　開講

第8講　コフート――その生涯と自己心理学、その先に彼が見たもの

富樫　公一

はじめに

自己心理学はコフートの考え方から発展したものですが、現代の自己心理学者の多くは関係精神分析の理論家との交流を活発に行っています。私は、自分を関係論的《リレーショナル》だと考えていますが、ルーツが自己心理学にあるという意味では、関係精神分析家というよりはコンテンポラリー・セルフサイコロジスト（現代自己心理学者）、あるいは、自己心理学的間主観理論家と自分を位置づけています。これは自分を、コフート理論に関係論的な視点、間主観的な視点を入れた臨床家と考えているからです。この新しい考え方をまとめたものとして、『ポスト・コフートの精神分析システム理論』が二〇一一三年に誠信書房から出版されていますので、ぜひご覧ください。

今日のテーマは「コフートの人生」ですが、これを理解することでより見えやすくなるのが自己対象概念です。今日私は、自己対象概念がどのようなものなのかについて、コフートの非常にナルシスティックで厄介な性格を取り上げつつお話ししてみようと思います。おそらく、今年大阪精神分析セミナーで取り上げられる著名な精神分析家は、いずれも厄介な人たちでしょうが、コフートも厄介さにかけては他に負けてはいません。

コフートは一九八一年に亡くなりました。彼は一九七一年に最初の本である『自己の分析』を出した直後にリンパ腫と診断されて、それ以後の十年間を悪くなる一方の体調と戦いながら過ごしました。コフートとその理論を理解する上では、コフートの最も創造的な時期がそういう状態だったことは、押さえておかなければなりません。

コフートがやり残した仕事は二種類あります。一つは先ほどお話しした関係論的な視点です。もう一つは「人らしさ」「人間らしさ」の体験についてです。これは、まだ私が日本では話したことがない内容です。それについて私は、最近アメリカで話す機会をいただいたので、その内容をまとめたものをお話ししてみたいと思います。

コフートの晩年の写真を見ると、非常に痩せています。彼には強迫的なところがありました。彼はシカゴに移住してからは、毎日長距離のジョギングをしていました。体調管理に非常に気を配る人だったため、リンパ腫の前から痩せてはいたのですが、病気になってからますます痩せていきました。

コフートの人生は、本当のところはよく分かっていません。なぜかというと、彼はあまり自分のことを語りたがらない人だったからです。しかし、コフートの論文に「Z氏の二つの分析」というのがあります。これは彼が一九七九年に書いたものですが、ここに出てくるZ氏はコフート本人ではないか、と言われています。これを言い出したのは、私の友人のチャック・ストロジャーです。彼は分析家ですが、歴史学の教授でもあります。コフートの人生を調べていた彼は、Z氏の背景とコフート本人の背景が極めて近いことに気づき、「Z氏はコフート本人だ」と結論づけたのです。異論もあるのですが、国際自己心理学会では現在、ほぼそれは間違いないだろうと認められています。ストロジャーはその調査に基づいて、非常に詳しいコフートの伝記を出版しました。これは、私たちが翻訳しましたので日本語でも読むことができます（『ハインツ・コフート――その生涯と自己心理学』）。金剛出版から出版されています。総ページ五七〇ページぐらいの分厚さで重い本です。鈍器みたいで、これで人の頭を殴るとちょっと危ないぐらいの重い本ですが、興味のある方は買ってください（笑）。

Ⅰ　コフートの人生――ウィーン時代

ハインツ・コフートは一九一三年五月三日にウィーンで生まれ、一九八一年十月八日にシカゴで亡くなっています。六十八歳の若さでした。彼は同化したユダヤ人夫妻の、父フェリクス、母エルセの一人息子として生まれました。お父さんはピアニストで、第一次世界大戦に従軍するまではウィーンのレストランでピアノを弾いていました。お母さんは歌手で、夫フェリクスのピアノの伴奏で歌を歌っていたと言われています。この夫婦は、フェリクスが第一次世界大戦から戻ってから非常に仲が悪くなって、それぞれ別のパートナーがいたようですが、夫婦の形態はそのまま継続していました。

コフートがウィーン大学医学部の単位を取り終わったころ、ナチスがオーストリアを併合して、ユダヤ人は医師免許資格試験を受けられなくなりました。一年後にその年限りという条件で一回だけ受験を認められたことがあって、彼はそれに合格して免許をとり、一九三九年三月にナチスドイツに追われて出国します。彼は一年間イギリス郊外の難民キャンプで過ごした後、一九四〇年三月に米国に亡命してシカゴに居を構えました。

ウィーン時代から、四人の重要な人物についてお話したいと思います。

１　父親　フェリクス

父は第一次世界大戦中、ハインツが六カ月から五歳までの間、ずっとロシア戦線に出ていました。彼はたまに帰ってきて、息子のハインツと会う程度でした。父について、Z氏の中に出てくる有名な夢があります。お父さんがたくさんのプレゼントをもって帰宅し、Z氏、つまりハインツの部屋に入ろうとするのですが、少年は外からドアを開けようとするお父さんに逆らい、お父さんを追い返すかのように、内側から強くドアを閉めようとしている、という夢です。

「Z氏の二つの分析」には、二つの分析過程が書かれてあって、Z氏（＝ハインツ）が分析を受けにコフートを二度訪れたことになっています。Z氏は実在せず、それがコフート本人だとするならば、一度目の分析はルース・アイスラーによるものです。ハインツ・コフートはシカゴに移ってから、シカゴ研究所で訓練分析を受けます。そのときの訓練分析家がルース・アイスラーでした。彼女はクルト・アイスラーの奥さんで、伝統的で古典的な精神分析家でした。「Z氏」の中では、最初の分析では自我心理学の解釈が与えられたことによってある程度よくなったと述べられています。

夢の解釈で言えば、父親のプレゼントの夢はエディプス葛藤を表すという解釈がZ氏に与えられた、と書かれてあります。ハインツは一人息子でした。お父さんは五歳までほとんど家にいなかったわけです。世界が激動している中、不安でいっぱいのお母さんは、ハインツを離さなかった。二人はべったりだったと言われています。その文脈でなされた夢の解釈は、息子が内側からお父さんを閉めだそうとしたのは、自分とお母さんとの融合関係を壊しにきたお父さんに対する恐れと怒りからだ、というものでした。

二度目の分析は、それからしばらくして、まだ良くなっていない部分があるからと戻ってきたZ氏に対し、すでに自己心理学の考え方を発展させていたハインツ・コフートが、それまでの解釈や考え方とは違った新しい理解の仕方で分析した、という形で描かれます。第一番目の分析は、コフート本人がルース・アイスラーから受けた分析について記述し、第二番目の分析は、コフートが自分自身を振り返って、こういう考え方もできるのじゃないかと自分の理解を記したのだろう、と言われています。

二度目の分析では、この夢はお父さんへの恐れを表したものではないと解釈されました。むしろこれは、お父さんをずっと待っていた少年の夢だと理解されました。待ち焦がれたお父さん、理想のお父さん、そしてお母さんとの融合状態をうまく解決してくれるかもしれない強いお父さん、そういうお父さんを長い間待ち続けていた少年の期待が膨らみきっていたところに、お父さんが突然たくさんのプレゼントを持って帰ってきたので、彼は驚き、恥ずかしくなり、「来ないで」となった。少年の期待が予想外に叶ってしまったので、びっくりして押し返した、という解釈です。

これは非常にセルフサイコロジカルな解釈です。父に対する理想化は、彼の中におそらくずっとあったと思うのです。戦争の途中で一時的に帰ってきたときの父はそれなりに颯爽としていたんでしょう。闘っている途中ですから。ところがオーストリア帝国が負けて、しばらく捕虜収容所に入っていた父はすっかり別人のようになっていた。「Z氏の二つの分析」には、「(帰ってきた父は) まるで老人のようだった」という記述が出てきます。すっかり覇気を失った父がピアノを弾かなくなってしまったことに、ハインツはショックを受けました。ハインツは父を強く理想化していて、大きな期待を持っていて、それを膨らませ続けて、いつか帰ってきてくれないかなと思い続けていた。その父を再び手にすることができたのに、しかしその父は全く別人のようにしぼんでしまっていたという失望、彼は、大きな期待と失望を同時に体験したと考えられます。父は白血病で一九三七年十一月に死亡し、この後彼はウィーンで精神分析を受け、アイヒホルンに出会っています。

2　母親　エルセ

母のエルセは、これがまた大変な人で、ハインツにつきまとっていた悩みの種でした。彼女は自由気ままな人で、幼少期のハインツに対しては非常に侵入的かつ操作的、融合的だったと言われています。ただハインツが六カ月から五歳までの間、夫は不在で、母と子二人だけの生活でした。しかもヨーロッパ全体が戦争の中にあり、エルセとハインツはウイーンから疎開して親戚の家で暮らしました。疎開先の生活自体は平和だったようですが、そのような環境では、彼女が子どもにべったりになったのも不思議ではないという感じはします。

有名なエピソードは、エルセが、思春期のハインツの全身を強迫的にチェックしていたことです。彼女は、かわいいハインツの肌に出来るニキビが大嫌いでした。彼女は中学生くらいの息子を裸にして、膿んで先が黒くなって熟したニキビを見つけては、爪の先でピッと潰すことを毎日繰り返していたんですね。ハインツは痛い思いをしながらも、これは毎日の儀式だから耐えなくてはいけないと思っていた。最悪なのはニキビが見つからないときで、見つからないのはおかしい、どこかにあるはずだ、と彼女は必死になって探し、あまり黒くなくても無理やり潰して膿を出すか、あるいは延々と探し続けるばかりでした。ハインツはいずれにしても、自分が思うようにふるまうことは許されませんでした。

ハインツが幼少の頃、エルセはひと時も彼を手放すことなく傍においていました。ベッドもずっと一緒だったようです。日本の文化ではあんまり不思議な感じはしないかもしれませんが、当時のユダヤ人の文化では、そのような関係は考えられないくらい近すぎるものでした。十歳までハインツは学校に行っていません。六歳から十歳までは母が最初の家庭教師をあてがって、学校に行かせることなく家で教育していました。彼女が息子を離せなかったんだろうと思います。精神分析家になったあとでも、コフートが人にべったりするところがあるのはよく知られていました。彼は自分を語らないにもかかわらず、いつも誰かが側にいないといけないという人で、そういった傾向は母との近い関係にルーツがあるんじゃないかと思います。

エルセは、ハインツにべったりだった一方、非常に活発な側面も持っていました。彼女はウィーンでもシカゴでも、荒っぽく車を運転しては、他の運転手と口論しているところをたびたび目撃されています。第一次世界大戦後はウィーンで文房具店を開いていますが、シカゴに移住してからも自分で商売を起こして生計をたてていましたので、生活力は相当あったのでしょう。コフートは一九三九年に亡命のために出国しますが、エルセの亡命はその一年後です。この後一年間ユダヤ人迫害の嵐が吹きすさぶウィーンで、エルセは一人で暮らしています。

ハインツは、母の過剰な注目を受けたかと思うと突然それを失う、という体験を繰り返していました。ハインツが十歳を過ぎると、彼女は彼に新たな家庭教師をあてがって、男性との恋愛を楽しむようになりました。夫のフェリクスにも別の女性がいたようです。彼は、自分にべったりだったお母さんが他の男性に注目を移し、誰も自分には注目してくれないという体験をしていたことになります。

晩年になると母エルセは、妄想的になり、認知症様の症状を示しながら、おかしなことを言うようになったといいます。そのとき初めてハインツはほっとしました。母の認知する世界と自分の認知する世界のずれにずっと苦しんでいた彼は、おかしいのは自分の方だとずっと思っていました。しかし母親がこうなって初めて、おかしいのは母の方なのだ、とようやく思えるようになったということです。

3　家庭教師　モラヴィッツ

ハインツが十歳になってから出会った二番目の男性家庭教師がモラヴィッツという男性です。彼は「Z氏の二つの分析」ではキャンプ・カウンセラーとして登場します。キャンプで出会ったちょっと年上のお兄さんという設定です。モラヴィッツはコフートに非常に大きな影響を与えました。

モラヴィッツは家庭教師ですが、日本で通常私たちがイメージするような、学習机の横で勉強を教えるような家庭教師ではありません。彼は知的な意味でのハインツの友人でした。実際母エルセもそのようになってくれる人を探しました。彼はハインツにとっての最初の親友だったとも言えます。当時のギムナジウムは午後一時に学校が終わるので、放課後一時になるとモラヴィッツがハインツの所にやって来て、「さぁ行こうか」と美術館やオペラなど、さまざまなアート関係の施設へと彼を連れ出します。彼らはそこで芸術についての議論を楽しみました。アートはハインツにとって生涯にわたる重要な関心事となり、彼は息子のトマスをたびたび美術館、博物館、オペラ、ミュージカル等に連れ出しています。ハインツは、政治や歴史の議論もモラヴィッツとしています。二人はことあるごとに語り合い、知的な遊びを楽しんでいたようです。たとえば「ソクラテスが死ななかったら、ウィーンの建築様式はどのように変わっただろうか」という問いをモラヴィッツがたてると、ハインツが「こういうふうじゃないか」と答える。「いや、ぼくはそうは思わない」、「いやこうだろう」といった話を二人はずっとしていた。そんな会話ができる相手だったようです。

ハインツの人生に、母以外の親しい他者が出てきたのはこれが初めてでしょう。二人は愛情と親密さ、深い共感的結びつきを体験し、ハインツはそれを通して世界を学びました。二人の関係は、心理的、身体的に非常に近いもので、ときには性的な行為も含まれていたのではないか、と言われています。「Z氏の二つの分析」には、キャンプ・カウンセラーが少年であるZ氏に性的な行為をしようとして、うまく挿入することができずに途中で挫折したけれども、二人は裸で抱き合っていた、というシーンが出てきます。ストロジャーに言わせると、こうした記述が出てくるのはモラヴィッツとの関係にそういった性質が含まれていたからです。ただこれにはいくつか反論もあって、本当のところはどうか分かりません。

ハインツ・コフートは人とべったりとくっつきたがる傾向がありました。特に彼は、男性とべったりする傾向があったことが知られています。その後生涯の友となるジークムント・レヴァリエとロバート・ワズワースとも、ハインツはずっと行動を共にしていましたので、彼はしばしばゲイではないかと噂されました。伝統的な精神分析家は納得しないかもしれませんが、モラヴィッツとハインツに性的な行為があったとしてもなかったとしても、「Z氏の二つの分析」の二つ目の分析では、これが性的な問題として解釈されていないことが特徴的です。そこでの解釈のポイントは、仮に性的な行為があったとしても、二人が非常に共感的な関係、情熱、愛情で結びついていて、これがその少年を支えていたという点にあります。つまり、性的な侵入とか苦痛がなかったとは言わないし、それが問題でなかったとは言わないけれども、大切なのはこの二人が深く結びついていることによって、ようやくこの少年は生きることができたという点です。非常に侵入的な母と、理想化を叶えてくれない父との間で苦しんでいたハインツが、ようやく自力で立つことができた、という点に意味を見出すような解釈になっています。二人はアートのセンスを共有し、互いに相手の中に自分の姿を見出せるような特別な関係だったということです。

私がここでこの三人を挙げたのは、コフート理論の中核となっている自己対象転移の三つの型に符合するからです。父はコフートの「理想化転移」概念のルーツ、母は「鏡映転移（または鏡転移）」概念のルーツ、そしてモラヴィッツは「双子転移」概念のルーツです。私はアメリカでずっとツインシップ（双子転移）の研究をやっているんですけど、「双子自己対象転移」または「双子自己対象体験」の概念は、「同じものを共有し、自分たちは同じだという感覚を共有できる相手との結びつきによって、自分の存在を確認できる」という体験を意味するものです。モラヴィッツとの関係はまさに、非常に重要なところで、そうした体験と繋がっているのではないかと思っています。

4　分析家　アイヒホルン

アイヒホルンは、ハインツ・コフートの二番目の分析家です。彼の一番目の分析家はマルセイユという分析家らしいのですが、二人の関係はすぐ終ったようです。事実上、最初の分析家がアイヒホルンです。特徴的なのは、ユダヤ人迫害の中で、医学生だったハインツが求めた分析家が、医師ではない非ユダヤ人だったことです。アイヒホルンは教育者のような感じの人で、サイコロジストでさえありませんでした。当時戦争で家を失った少年たちが街にあふれていましたが、彼はそういう非行少年たちを集めて、少年院のような施設を二つ作りました。彼はそこで、少年たちに対する心理的援助をやっていたのです。彼はその内容を一冊の本にまとめていますが、これは日本語でも翻訳が出ています（『手におえない子ども』）。

アイヒホルンは、精神分析の訓練を受けて分析家の資格も取っているのですが、その治療スタンスは比較的自由なものでした。彼が思春期の荒れている子どもを支援していたということもあるのでしょう。中立性や禁欲原則には拘らない人で、臨床場面でも自由に発言をしたことで知られています。「俺についてこい」みたいなことも言っていたようです。つまり彼は、あえて理想化の対象になるようにふるまうことさえあった。彼は、治療的中立性を超えた分析家の言動に、治療的な意味を見出した気さくな分析家だったわけです。

二人の作業はコフートの亡命で終了します。アイヒホルンはコフートに亡命を勧めるのですね。アイヒホルン自身はユダヤ人ではないので、そのままそこに留まります。最後のセッションで、彼は、「長い間、カウチに横たわる君を私は見てきた。君がカウチに横たわる私を見るときだ」と言い、いよいよ最後なので今度は自分がカウチに横たわるから、その写真を持っていきなさいと、カメラマンを呼び入れ、横になっている自分の写真を撮って持たせたといいます。非常に自由な感じの人のようですね。コフートも比較的自由な治療的スタンスを維持していますが、おそらくこの時の体験が影響しているのではないかと思います。

最初のマルセイユという分析家も非ユダヤ人のサイコロジストですが、ハインツがなぜそういった人たちを選ぶのかについてはしばしば議論になります。コフートは、自分をユダヤ人とは思っていなかったのではないかという意見も少なくありません。ユダヤ性はユダヤ教徒であるかどうかが重要な問題です。父はユダヤ教徒です。母はユダヤ人として登録され、結婚しているのですが、キリスト教に二回改宗していたことが死ぬ直前にわかります。ハインツは母の改宗を知らなかったので、彼女が亡くなる直前に「私はキリスト教徒なのに」と発言したのを聞いて混乱しました。この辺の宗教的な感覚が日本人には分かりにくいのですが、コフート自身は、ストロジャーに対して「コフート家のアイデンティティがぐらつきやすい状態にあった」と述べています。コフート自身もシカゴではユニタリアン教会に所属していて、ユダヤ人だとしてもどちらかというとキリスト教的な方に偏っていたとも言われています。ただ、一人息子のトマス・コフートは同じユニタリアン教会で育ちましたが、去年私がアメリカに行った時、最近彼がユダヤ教に改宗したという話を耳にしました。

ここまでがコフートのウィーン時代の話です。これと関連付けながら、コフート理論の中核となる自己対象体験モデルを見ていきましょう。

Ⅱ　コフートの自己体験対象モデル

1　自己愛転移

精神分析的自己心理学は、自己愛性パーソナリティ障害の患者さんが持ち込む治療関係の理解と、その治療的介入を明らかにしようとするコフートの試みから始まりました。自己愛性パーソナリティ障害と呼ばれる問題をもつ患者さんは、治療者との関係に自己愛転移と呼ばれる関係を持ち込みます。この関係性、関係の在り方を分類したのがコフートです。

この基本的な分類方式は、自己心理学に限らず他の学派でもある程度共有されていると思います。自己愛というとその問題の中核は自分ばかり愛することにあると思われがちですが、そうではありません。彼らの問題の中核は、彼らの持ち込む関係性にありました。私たち分析家が治療的に扱うのは転移における関係性です。コフートは、それが治療関係にどう表現されるのかを分類したのです。

自己愛性パーソナリティの人たちは自分の問題を分析家と話し合い、分析家の解釈を聞いて、「私にはそういう問題がありますね」と洞察を深めたり、探索したりするというよりも、「治療者が理想化対象イメージを維持してほしい、立派な人であってほしい。私の先生なんだからすごい人であるべきだ」という期待が強く、それを実現させようとします。彼らは「治療者に自分の存在や成果を認めてほしい」「自分の存在に意味があると先生に見てほしい」「治療者が自分と同じ世界観をもっていることを明らかにして、それを維持してほしい」「先生は私のことをずっと見続けてほしい」など、多くの要求を出すばかりでそれを変えようとしないので、分析家からすると厄介な患者さんに見えます。コフートはこういった自己愛転移を――彼は一九七一年にはまだ〝転移様の現象〟と呼んでいるのですが――分かりやすく分類しています。

2　鏡映転移

自己愛転移の一つ目は「鏡映転移」です。コフートの三部作の翻訳では、これは「鏡転移」とされています。これは、患者さんが分析家に自分の話を目を輝かせて聞いてもらいたいと願うばかりで、分析家の意見には関心を持たず、自分の話を超える分析家のコメントが出てくると「私の話を大事にしてほしい」と怒り出すような状態です。コフートのF嬢のケースでは自分の話をしている彼女に対して、コフートが「あなたの話の背景にはこういう葛藤がありますね」と解釈すると、彼女はどーんと落ち込んで「先生は私の話を破壊してしまった」と述べるシーンが出てきます。つまりF嬢の話を大きく逸脱しない範囲でコフートがコメントをするのはいいのですが、コフート独自の意見が少しでも加わると「私を壊してしまった」となってしまうのです。患者の話す範囲以上に出てはいけない、つまり、分析家の主体性や分析家個人の意見を入れてはいけない、という転移です。

3　理想化転移

次に「理想化転移」です。これは、患者さんが分析家を自分の理想通りの人と見たがり、そうではないと感じると怒るような状態です。私の例でいえば、風邪をひきお腹をこわしていた私が、ある方とのセッション中にトイレに行かせてもらったことがありました。さっぱりして戻ってきたら、その方は下を向いて落ち込んでいるのです。「今、私が中座したことで何を感じましたか」と私は尋ねました。私は、自分が中座したことに対する彼の怒りがあるのかなと、彼は自分の大切な時間を無駄にされたと怒っているのかな、と思ったのですが、しばらく黙っていた後に彼が語ったのは、「先生が病気になるのは非常に怖い。先生がお腹を下すというのは非常に怖い、何か壊れてしまいそうだ」ということでした。彼は私の理想化されたイメージが壊れるのが怖くて、落ち込んでいたわけです。つまり、先生が自分の考えるような一定の強さをもっていないと、自分が壊れてしまうので「先生、しっかりしてください」という転移です。

4　自己愛転移の病理性——双子転移

「双子転移」には二つ単語があります。それは、alter-ego transference「分身転移」または「もう一人の自分転移」と twinship transference「双子転移」です。今は alter-ego は、あまり使われません。双子転移は、「先生は私と同じ価値観を持っていてください。そうでないと私は怖いです。生きていられません」という転移ですね。これは私が十年以上追求してきたテーマなので、あとでもうすこし詳しくお話させてください。

これらの自己愛転移は、従来の精神分析の考えでは病的なものです。他人を自分の一部であるかのように体験する、あるいは他人が自分の一部として動くことを期待するというのは、自他の境界が未分化な状態なわけですから、非常に未熟な体験だとされます。お母さんは自分が望むように動いてくれるはずだ、自分がちょっと泣いただけで、おむつを換えてくれるはずだ、自分が何も言わなくてもおやつを出してくれるはずだなど、自分がそのように言葉にしなくても、相手が自分の思い通りに動いてくれることを期待している。だから非常に病的だというわけですね。他者がいないと自分が安定しないようでは、人は生きていけない。「先生は私が望むように強い人でいてくれないと私は壊れてしまいます」というようでは健康ではない。分離を発達的達成と考える精神分析からすると、これは非常に厄介な状態でしかないわけです。

5　自己愛転移から自己対象転移へ

この考え方を変えてしまったのがコフートです。コフートは、「他者が自分の一部であるかのように体験したい、他者がいないようでは安定しない、というのが、本当に不健康なのだろうか」と考えました。たとえば、少年がずっと七十点だったのに百点をとった。家に帰って「お母さん、ぼく百点取ったよ。これ見てよ！」と言った時に、お母さんが昼のドラマを見ていて「ふーん」と言ったら、自分の価値がなくなってしまったような、自分の成果に意味がなくなってしまったように感じるのではないか。つまり「ぼくをちゃんと見てください。そうでないと私自身の意味がなくなってしまいます」、「あなたは立派であってください。そうであることによって、私も誇らしく思います」、「あなたは私と同じようなものを共有してください。そうすることで私は本当に繋がっているように感じます」という関係自体は、病的だとはいえないのではないか、と彼は主張するわけです。

コフートは、他人を自分の一部であるかのように体験するのは当たり前である、他人がいないと自分が安定しないというのは当然のことである、と考えました。人は他人がいることによって初めて、自分自身を活力に満ち、価値があり、喜ばしい存在だと体験するというわけです。これが、彼の考えで最も批判されるところです。

では自己愛転移は病気ではないのかというと、おそらくコフートは、それはそれで病気なときもありますよ、と言うでしょう。それはどの部分かというと、自他の境界の区別がない点ではなくて、表現が極端なところです。たとえば私に対して「先生が本を出したと聞いて書店に行ったら先生の本があったので、自分のことのように誇らしかった」と感じる患者さんの気持ち自体は病気ではない。しかし「だから先生もっと本を書け」と言いだしたら問題です。つまり彼は、相手への要求の程度が問題なのであって、自他の未分化自体が問題なのではないと考えたのです。そうなってくると、「自己愛転移」という言葉は、彼が考える転移とはニュアンスが異なるようになり、彼はそれを「自己対象転移（selfobject transference）」と呼び変えます。

6　自己対象転移――他者の体験と共にある自己

自己対象転移は、「私」という体験は他者がどうであるかによって変わるというものです。「先生は講演をする人なんですね。先生が立派だと、ぼくも嬉しいです」というのは、理想化転移の例ですが、これは先生が立派であると自分の気持ちが昂ったり、自分の価値が上がって体験されたりすることを意味しています。「お母さんがぼくのことを目を輝かせて見てくれるように、他人が目を輝かせてくれる」というのは「鏡転移」あるいは「鏡映転移」のキーワードです。皆さんが今私の話を聞いていて、私の話に全く興味がなく、とろーんとした目をしていたら、私は「ぼくはだめだなあ」とだんだん小さくなっていく。目の前にいる皆さんが私を見て、私を見ている皆さんの目が輝いているということが、私自身の活力になる、というのが「鏡映転移」です。これもまた、自分の価値が相手の様子によって作られていることを意味しています。

そうなってくると、ここで述べているのは「自己愛」ではないということになります。コフートは、自分の理論を構築していくにつれて、自分は「自己愛」を語っているのではない。自分が語っているのは、「私という感覚が、いかに活力があって、価値があって、喜ばしいと思うか」だったのだと気がつきました。つまり彼は、自分の精神分析は自己の心理学だったことを改めて認識します。これが自己心理学（self psychology）です。

自己は、他者が自分を体験する様式の感じ方によって組織されます。他者が私を価値があると思って目を輝かしてくれているので、私は価値があるのであって、他者が私を価値がないと思って見ていれば、私の価値がなくなってしまう――これが、コフートのいう自己の体験です。伝統的な精神分析が仮定する「分離」を前提とした自己とは全く違うことがわかるでしょうか。人は本質的に他者の体験を通してしか、自分の構造的一貫性、時間的連続性、肯定的な感情的色彩、すなわち「自分というもの」を体験することができないのです。「他者と無関係に体験される自分は存在せず、もしあるとすればそれは他者から完全に孤立した自分であり、それこそ病的かもしれない」（富樫、二〇一一）のです。「分離」を突き詰めていくと、宇宙の中で一人ぼっちになっても生きていけることが発達的達成になってしまいます。コフートは、それは健康な人ではないと考えました。彼にとっては人と一緒にいながら安定できるのが健康な人であって、四十年間ずっと誰かと会わずに生きていられる人は健康ではない、というわけです。

こういった考えは、コフートが父母との間で苦しんでいたことを背景としているのではないかと思います。ハインツは、父には自分が願うような立派な父でいてほしいと願ったけれども、復員した父はそうではなかった。母には自分のことをちゃんと見続けてほしかったけれどもそうではなかった。彼は、自分は価値があると思いたかったのだけれど、それを得られずに苦しんでいた。それが彼の理論として展開したのではないでしょうか。

ざっくばらんにいうと、対象関係論が自己や他者がその患者さんの心の中の表象として存在するという理論だとすると、自己心理学は、私というものが自分の中にあるのではなくて、他者の中にあると考える理論です。これは正確に言うと誤りなのですが、わかりやすくするとこうなります。私が元気で活力を感じられるのは、お母さんがみた私が元気だからだ、という体験を理論化したものと考えるとわかりやすいでしょうか。当然のことかもしれませんね。お母さんが息子／娘を見る時に、「立派になったなぁ、大きくなったなぁ、嬉しいなぁ」という体験をするからこそ、息子／娘は「私は生きている価値があるんだ。存在する意味があるんだ」と体験する、ということです。

Ⅲ　コフートの性格

1　コフートの人生――米国時代

ユダヤ人迫害の中、コフートは亡命してシカゴに移住し、シカゴ精神分析研究所でトレーニングを受けたのち、精神分析家としての人生をスタートさせます。そこで彼は三番目の分析家を見つけます。これがルース・アイスラーです。実はコフートは研究所の入学面接に一度落ちています。ストロジャーによれば落とされた理由は要するに「非常に自己愛的だから」だったそうです。彼は困ってアイヒホルンにルース・アイスラーを紹介してほしいと頼み、分析を受け始めます。分析を受けはじめてから四年後、彼は再び面接試験を受けてようやく合格することができました。

精神分析研究所を出たあとの彼は、自ら冗談ぽく「私はミスター・サイコアナリシスだ」と言うくらい、当時のアメリカ自我心理学の正統派分析家になっていきます。彼はフロイトの授業を担当していたらしいのですが、彼にフロイトを語らせたら、これ以上分かりやすい考え方はないと言われるくらいに、非常に分かりやすい講義をしたと言われています。

妻のエリザベス・マイヤー・コフートはソーシャルワーカーで心理療法家です。彼女は、自らの成功を望むようなタイプの人ではなく、コフートを支え続けてほとんど表に出ることはなかったということです。

コフートは一九七一年に『自己の分析』を出してから、周りの人たちから次第に批判されるようになりました。彼は自分を慕ってくれる若い人たちを集めて、自己心理学を構築する十年間を過ごしました。その時集まった中核メンバーは七人いて、「コフート七聖」と彼自身が呼んでいました。コフート七聖は、ゴールドバーグ（Goldberg）、トルピン（Tolpin）夫妻、オーンスタイン（Ornstein）夫妻、ウルフ（Wolf）、デビッド・ターマン（David Terman）です。

2　コフートの性格

コフートは非常に自己愛的な人で、それがよい形で出てくると知性とユーモアに溢れた楽しい人になりましたが、悪い形で出てくると自分勝手に人をコマのように使う人になりました。

コフートの初期の自己愛理論を簡単にいうとこういうものです――自己愛の悪い形、自己愛の病理の中核は他人を自分の一部のように使うところにあるけれども、それが発展すると、知性やユーモア、人に対する共感性などの良い形として表現される。コフートの患者に対する扱いは非常に共感的な温かなもので、ユーモアに溢れたものだったと言われていますから、彼は自分のことを理論化したのでしょうね。

ウルフの奥さんのアイーナ・ウルフ（Ina Wolf）は、「ハインツ・コフートは相手の指先と自分の指先とが繋がったような人で……相手はどこで彼の腕が終わり、どこから自分の腕が始まるのかが分からなくなってしまう」と評しています。私はコフートの人間性について調査を行ったことがありましたが、そのときに話を聞かせてもらったデビッド・ターマンは、「嫌いだった。理論はとても素晴らしかったけれど、我がままだった。とても付き合いきれなかった」とはっきり言っています。デビッドがコフートと一緒にウィーンに行ったときに、コフートは「ウィーンを案内してあげる」と彼を連れ出したらしいのですが、道中コフートは八時間喋り続けたそうです。そのことを取り上げてデビッドは「もう嫌になった」と言っていました。ウィーンに対する思いがあったにしても、あまりにも共感性の欠如がある、とそう感じさせる人だったようです。

コフートは電話をかけるのが好きで、ゴールドバーグとウルフに電話をかけるんですけど、各家庭では"The Call"と言われていたようです。夕方になるとコフートが電話をしてきて、それを一回とると数時間話が終らず切ることができない、というエピソードが残っています。

ジョン・ゲドはコフートグループができたときの初期のメンバーで、優秀な精神分析家なのですが、「ハインツは同性愛だった。ぼくのことを何度も誘惑した」と言っています。私はジョン・ゲドに会ったことはないですが、彼もなかなかの豪傑で、当時のシカゴの精神分析家の問題を否定的に評した"Spleen and Nostalgia"という本を出しています。コフートが同性愛だったかどうかは分からないですが、ある特定のタイプの男性を非常に好んだようなので、おそらくジョン・ゲドはコフートにべったりされたのでしょうね。

コフートの我がままなエピソードの一つに、ユダヤ教に則った食事を出すコーシャーデリで、ハムとチーズのサンドイッチと牛乳を注文したというものがあります。コーシャーでは出せるわけがないのですけど、「私は私の欲しいものがほしい。欲しいものはハムだ」と言って、店員にくってかかって怒ったというエピソードが残っています。

彼のエピソードに私が好きなのが一つあります。ミリアム・エルソンの自宅のパーティでの逸話です。立派なダイニングテーブルの上には最高級の食器がずらっと並べられ、食べ物やワイングラスがたくさん乗っていました。

コフートが「ディナーをみんなで共有しましょう」と言いだします。「面白いことをやってみましょう。さあ皆さん両方の小指を出してください。それをテーブルの下に当てましょう。ものすごく重いテーブルですよ。今から深呼吸をしてください。私が一、二、三と声をかけますので、みんなで持ち上げてください。そうしたらテーブルが上がりますよ」と言います。十人が小指だけをテーブルの下に入れて、一、二、三と言ったらすっと上がったのです。エルソンは「豪華な食器が全部台無しになるかもしれない」と真っ青になった。だけどその時はすっと上がったんです。しばらく後に、今度はエルソンがコフート家のディナーに招待された。コフートはワインに非常にこだわった人なので、テーブルの上には最高級のワインやヨーロッパ式の食器が並んでいる。そこにやっぱり七、八人が集まっていたので、エルソンは自宅でのパーティを思い出して、「あれをまたやりましょうよ」と言ったらしいんです。コフートは怒って「ぼくの食器を壊すつもりか。駄目だよ」と言ったそうです。ひどい話です。

3　精神分析の改革者

こういうコフートが精神分析の新たな考えを提唱していきます。私はコフートの考え方がアメリカの精神分析を最初に改革したと思っています。この後スティーブン・ミッチェルとかボブ・ストロロウが登場して関係論や間主観性理論が出てきますが、そのような、関係性を中心とみる精神分析を最初に考えたのはコフートではないか、と思っています。

私は「パラダイムシフトの第一段階」と呼んでいるのですが、ここで考えられたことは患者の中だけに病気、病理があるのではない——治療者との関係の中で病気が発生する、関係の中で病気が浮かび上がるのだ——というものです。先に述べた自己 - 自己対象体験という考え方がそうですよね。ただこれは、現代でいう純粋な二者関係論ではありません。「他者がこう体験されることで私が変わる」という理論なので、初期のコフートの理論は一者心理学なのです。治療者が目を輝かして私を見てくれている、と患者が体験すればいいのであって、実際に目を輝かして見ているかどうかはあまり問題ではありません。眠くてあくびをして、涙で潤んできらきら輝いていても構わないわけです。患者が「この人が私を見てくれる」と体験している限り、私は価値があると体験できるという理論です。しかし転移関係を突き詰めていくと、実際のところは、治療者が主体的に自分の意思で「この人いいな。愛情が湧くな」、「この人はいろいろ病気はあるけど、実力があるんだな」という目で見るから、患者が元気になるわけです。そこまでいくと、一者心理学というよりは二者心理学的な側面が含まれてきます。これがコフートの後期の理論です。実際の治療者が患者の価値を認めるかどうかによって、患者が変わるという話です。現代の関係論、間主観性理論に直結する考え方だと思います。

コフートの最大の貢献は、彼が精神分析の内側から精神分析を変えようとしたところだと思います。彼は政治闘争の中で次々と新しい考え方を出していくので、シカゴ研究所の理事を追放されました。公式の理由は、精神分析の創始者はフロイトではない、と言ったから、というものです。ただ実際は、コフートがこれまでとは違う考え方を出し過ぎることと、コフートがゲイだという噂が流れたから、という説が有力です。七聖の人たちは「シカゴ研究所の理事たちが言うような精神分析が正統派の精神分析なら、あなたの考え方はすでに精神分析を超えているので、ここから出ましょう」と言いました。しかしコフートは一切それを認めませんでした。「私が話しているのは精神分析だ」とずっと主張した人です。これがユング、アドラー、ロジャースなど精神分析の外に出ていった人との違いでしょう。彼はあくまでも精神分析家として、その内側からなんとかしようとした。それが結局、将来における精神分析の大きな変革を生んだのではないか、と思っています。

4　臨床家としてのコフート――自由さ

臨床家としてのコフートですが、アイヒホルンの自由さを受け継いでいるところがあります。たとえば鬱で非常に元気を無くした男性患者が退室するときに、「頑張れよ」と言ってお尻を軽く蹴とばしたというエピソードが残っています。もちろん、患者は怒ったらしいですけど、怒りが出てちょっと元気になって帰って行った、という話です。また、非常に depressive な女性患者がカウチの上で小さくなって喋れなくなっているときに、指を二本出して「これを握りなさい」と握らせたままセッションを続けた。触れさせたのですね。晩年には「ぼくは車が分からないけど、君は詳しいでしょう」と、車のディーラーをしていた患者に「車を選んでよ」と言ったこともあります。これが倫理的に適切かどうかは別として、患者からすると自分の才能を認めてもらった、という体験にはなっていたかもしれません。

これを適切な臨床的介入だと主張するためにお話をしているわけではありません。コフートは、こういうことをやってしまう人だというお話です。マリアン・トルビンの教育分析では、分析中彼女はカウチに横になって話をしていたんですけど、彼女が自分の患者の話をしたいと言うと、コフートは「カウチを降りて話しませんか」と言い、対面でスーパーヴィジョンをやったということです。教育分析とスーパーヴィジョンの境界が明確でなかったけれど、それが非常に助けになった、とマリアンは言っています。これも議論の余地は多くあると思います。

5　臨床家としてのコフート――自己状態夢

自己心理学の考え方を紹介するときに私が必ずお話しすることがあります。それは、コフートにスーパーヴィジョンを受けていたミラーが紹介しているコフートの言葉です。彼によれば、コフートは「分析家はすぐに隠された意味を探そうとして、単純で最も明らかな意味を無視してしまう傾向にあるが、それは間違いだ。分析家は分析の素材を、まずはストレートに捉えた方がいい」と言っていたそうです。

コフートは自己状態夢という考え方を一九七七年に出版した『自己の修復』で紹介しています。フロイトは、夢を顕在内容と潜在内容に分けます。患者さんが語る内容は顕在内容ですが、それには何か隠された内容があって、本当の内容ではないとされます。顕在内容の裏には潜在内容があって、そこにはリビディナルな衝動性とかアグレッションが隠れていて、分析家はこの願望を探し出す必要がある、と言うわけです。つまり分析家というのは、自由連想にしても空想にしても夢にしても、患者さんが語った内容を鵜呑みにしてはいけないわけです。自我心理学だけではなく、精神分析は全般的にそのような前提を持っている。

だけど、コフートはある患者が「私の足元がまるで崩れていくかのように不安なんです、不安な感じがする」という夢や、「まるで宇宙空間の中で、私が一人でふわふわ浮いていて、ロープ一本でつながっている感じ」という夢を語ったときに、そこには裏の意味はないだろうと考えるわけです。患者が人と繋がっていなくて、孤独で寂しくて、その状態がただ夢に現れてきただけであって、顕在内容と潜在内容を区別することに意味はないのではないか、と解釈するのです。

フロイト流の夢分析を批判したり、否定したりするわけではないですが、「いつも分析家は裏の意味を読みすぎる。出てきた内容をそのまま捉えるのがいい場合もたくさんあるのではないか」と言ったのが彼ですね。

Ⅳ　リンパ腫との戦いとやり残した仕事

コフートは一九七一年にリンパ腫と診断され、八一年に亡くなりましたが、驚くことに彼は、死の四日前にシカゴからカリフォルニア州のバークレーで講演をしています。このときのビデオはインターネットで検索するとすぐ出てきますから、ぜひご覧ください。このときの話は共感についてでした。コフートは一九五九年に共感の論文で、精神分析の本格的な探求をスタートさせました。最後の講演のときも彼は病状を隠していて、同僚もコフート七聖の一人のアンナ・オーンスティンも彼の病名を知らなかったといいます。本当に親しい人以外には、彼は自分の病状を全く明かしていません。患者が「先生は癌なんですか」と聞いた時に、「いや、ぼくは心臓が悪くてね」と語ったというエピソードも残っていますので、自分の病気について彼は嘘をついていたわけです。これは非常に興味深いところです。自分のことを明かさない伝統的な分析家だったなら分からないでもないのですが、患者に車の選択を頼む人が、自分の病名を言わなかったわけで、彼はよほどそれを言いたくなかったんでしょうね。

1　やり残した仕事――自己 - 自己対象ユニット

ここからは私の考えなのですが、コフートがやり残した仕事は二つあると思います。一つは、最初に述べたような自己対象体験の関係論の側面ですね。自己 - 自己対象ユニットという言葉があります。それは何を意味しているのでしょうか。コフートは「自己」について語った人です。彼は、自分は自己愛を論じているのではなく「自己という体験について語っているのだ」と言い、自分の精神分析は「自己の心理学」であると言っていた。そのコフートは最終的に、「自己は何によって成り立つかというと、自己対象、つまり他者の体験との結びつきで成り立っているので、自己だけについて語ることはもはやできない。自己を語る時には、常にこの自己対象ユニットの状態で考えなければいけない」と言うようになりました。これが自己‐自己対象ユニットです。

ここにはすでに、現在の関係論や間主観性理論の芽が出ている、と私は思います。自己対象とか変容性内在化という言葉は、もはや国際自己心理学会で聞くことはほとんどありません。今はもう、それを発展させた理論が展開しているからです。その代表例がストロロウの間主観性システム理論、**Bacal** の特異性理論、**Beebe & Lachmann** の乳児研究から発展した動的システム理論、**Coburn** の複雑系理論などです。これは精神分析システム理論と呼ばれるものですが、それらをまとめたのが『ポストコフートの精神分析システム理論』です。

2　やり残した仕事――双子対象体験

コフートがやり残したもう一つの仕事が、双子自己対象体験の探究です。これは私の考えでは、人らしさ、人間らしさという体験のテーマです。これが発展したものとして、ストロロウの「トラウマの実在性と文脈性」、ブラザーズの「不確かさ」、そして、理論と言うほどでもないのですが私が述べている「偶然性」があります。

双子自己対象体験と人らしさの問題なのですが、まず双子自己対象転移という概念についてお話ししなければなりません。この概念は非常に曖昧なまま最近まで残されてきたものです。双子自己対象転移という言葉が最初に出てきたのは一九六八年の論文です。その論文は一九七一年の『自己の分析』の一部になっています。そこに双子自己対象転移、双子自己対象体験が出てきます。このときこれは、鏡転移の下位概念として出てきます。独立した自己対象転移ではないのですね。それが一九八四年になって、コフートが亡くなったあとに出た『自己の治癒』では、独立した自己対象転移として格上げされて論じられています。ここにきて初めて、コフートの理論、自己対象理論は三つの独立した自己対象からなるという考え方が確立します。晩年に発展した双子自己対象転移は、定義が非常に曖昧で、私は同僚と共にそれを整理して二〇一二年に論文にしていますが、コフートの著作を概観すると七つもの定義を挙げることができました。それぐらい曖昧なんですね。

七つの定義の中で代表的なのは二つです。一つは「本質的に類似した存在の前にいる実感」です。つまり私は他者と本質的に類似している。あるいは、他者は私と本質的に類似しているというものです。そういう人間の前に私がいることを実感することで、安心感や安定した自己体験を得ることができるというものです。

もう一つの定義は、「人が人に囲まれて生きている」というものです。人に囲まれて生きている実感というのは、私は火星人やエイリアンに囲まれているわけではないという感覚ですので、どこか繋がっていて、基本的な体験を共有できる存在と結びついている、という意味で双子体験というところなのでしょう。ただ私からすると、人に囲まれて生きているという感覚には、人との違いも必ず含んできますので、これは、この人は私と似ているという体験の定義からは随分拡大されたものです。なぜなら、私は皆さんと人であるという点で繋がっていると感じていますが、それは違う考え方、違う性別、違うバックグラウンド、違うオリエンテーションなどを含んだ中で、私は人として皆さんと会っているからです。そのように考えるとこの定義は、本質的に類似した存在の前にいる実感を含んではいますが、必ずしも同じことを意味するものではないと、私は考えています。

3　自己の心理学から人間であることの心理学へ

コフートは自分の精神分析の変化について、一九六八年までは「自己愛の心理学」であったのが、一九七一年以降には「自己の心理学（psychology of the self）」に変わったという主旨のことを述べています。私と同僚は、さらにそこから、一九八一年までに彼の考えは、「人間であることの心理学（psychology of being human）」に移り変わったのではないか、と考えています。

実際にコフートはこれに関係することをいくつか述べていますが、その一つが「精神分析の伝統的な倫理体系は、人間の根源的苦悩を取り違えている」という彼の言葉です。これは、コフートの伝記を書いたチャック・ストロジャーが、亡くなる直前の一九八一年に数回コフートにインタビューしたときの言葉です。この内容は、林直樹先生が翻訳された『自己心理学とヒューマニティ』（金剛出版）の中に収録されています。

インタビューの中でコフートは「人間性、人らしさ、人とは何か」ということばかり話をしています。体がどんどん崩れ、人としての存在感覚が失われていく中で彼はインタビューを受けていますので、こういう話になったのは当たり前かもしれません。彼は言います。「欲望は訓化されなければならないとか、人間は文明化されなければ野獣のままになってしまうという苦悩は、極めて閉鎖的なものである」と。これはフロイトに対する真っ向からの批判ですね。彼は「精神分析は、その倫理体系の中で、人が完全に孤独になった時の非人間的苦悩の意味を問わなければならない」とも言っています。これは非常に重要だと思います。つまり最悪の事態、一番人間にとって苦痛なのは、圧倒的な非人間的環境にいることが明らかになることです。彼は続けます。「宇宙に打ち出されて完全に孤独である、というのが私たちの時代の酷い恐怖なのです。先に紹介した精神病者の夢に見事に現れた象徴が、地球の重力圏から抜け出て、永遠に一人きりになるというものです。敵意ある共感環境の方が、まったく関係の持てない環境よりもはるかにいいでしょう」と。

４　何もないこと・不確かさへの怖れ

これはすでに「自己」という概念を超えていますね。ここで彼が言わんとしていることは、精神分析は、患者さんを取り巻く何か悪いものを探索していた。悪い自己表象、悪い対象表象、統制しなければならない悪いリビドーやアグレッション、とにかく何か悪いものを探索していた。しかし考え方を変えると、人が最も恐れているのは、何もないことかもしれない。悪いものが何かあるなら、まだ何もないよりマシかもしれないということです。世の中は不確実なので、何が確実なのか、何が絶対的なのか、分からない中で私たちは生きています。人が一番恐れているのはそれではないかと、彼の言葉はこういった問いかけを持っています。

そうなると、患者さんがたとえば、アクティングアウトや強迫的な行動、過食嘔吐、リストカットなどをする場合でも、そのような患者さんの言動は患者さんの中にある悪いものがそうさせているのではなくて、何もないこと、何も確かなものがないことが怖いので、それを恐れるがゆえに、確実なものを探そうとする作業の表れではないか、となるわけです。もちろん私も、悪い対象表象とか悪い自己感覚が悪さをするという概念を捨てているわけではありませんし、それが大事なこともよくわかっています。ただ私たちは、何もないことの意味について、私たちは患者さんと議論してきただろうか、ということです。「あなたの中に何もないかもしれない、本当に確実なものは分からないかもしれない」という怖さを議論してきただろうか。そういう問いかけです。

これは翻って、私たち臨床家に対して自分たちの臨床実践を振り返らせる機会を与えるものです。実際私たちの中に週四回カウチで精神分析をやっている人がどれだけいるか分かりませんが——訓練ではやらされますけど、実際にはなかなかありませんよね——、日本で通常行われている精神分析的心理療法は週一回、その中で患者が良くなっていくときに、私たちは、自分たちが転移を解釈したり、何か良いものを提供したりしたので、患者がよくなったのだろう、という理解をすることになっています。しかし考えてみると、たとえば分析家がただ聞いているだけで大したことをしてないのかもしれないのに、変わるというのも不思議な話です。もしかしたら奥さんが変わったので、夫が変わったのかもしれない。ずーと悩みの種だった息子が元気になったから、彼が元気になったのかもしれない。あるいは全然何も分からない中で生きてきたのが、ただ吹っ切れて「まぁいいや」と思えたから元気になったのかもしれない。そういう不確定な要素も含んだ中で私たちは仕事をしているわけです。

これは、分析家が解釈をするとか、抵抗分析をするとか、そういった作業を否定してるわけではない。抵抗分析や転移分析を徹底的にやる、それはもちろん大事です。大事なんですけど、全部がそうではないだろうし、私たちは本当には何もわからない中で手探りで仕事をしているだけなのかもしれない。そうだとすると、もしかしたら私たちが解釈をしたいとき、患者さんにコメントをしたいとき、「あなたの中にこういうものがありますよ」と定義づけたいときは、不確実でよく分からない状況が怖くて、そういう言葉を私たち自身が探していただけかもしれない。そういう側面について私たちは無視してこなかっただろうか、ということです。

5　コフート自身の人らしさの喪失

現代の自己心理学には、大きく分けて、現象学的文脈主義という考え方とシステム理論という考え方の二本柱があります。ここでお話ししていることは、前者にふくまれるのです。先ほどお話したように、関係は不確かさの中に常に置かれていて、私たちが何か言葉を紡ぐ時には、不確かの中に何か確実なものを作ろうとしているのかもしれない、明確な病理構造はないのかもしれないという考え方です。

私たちが臨床実践をするときは、ボーダーライン・パーソナリティとか、ボーダーライン・パーソナリティ・オーガニゼーション、病理構造体がある、といった話し方をします。その方が分かりやすいのです。そういった考え方に意味がないわけではないとしても、そのような考え方をしているとき、何もないかもしれないという可能性まで否定してはいけないと思うわけです。精神分析的な二者関係や行為、アクションとかコメント、解釈は、その場その時の文脈で共作成されているもので、治療者の正しい答えとか正しい考え方とかではないかもしれない。そう考えてくると、患者の不健康さが良くなるとは――つまり、人間らしい体験とは――、不確かな世の中である程度確かさを感じながら、それでも不確かさに圧倒されない程度の確かさを感じることとは言えないだろうか、となります。私たちは、世の中は確実なもので絶対揺るぎがないのだと言う患者がいたら病気ではないかと考えますが、治療者もそうなっていないかと問う考え方です。一方で世の中の確かさを全く信じられないのも、また不健康です。

コフートの人生を振り返ってみますと、彼は人らしさを二回失っている。一度目は、ドイツ人としてドイツの文化を否定された時です。彼は遺伝的にユダヤ人でオーストリア人ですけど、「自分はドイツ文化の中にある自分芸術に深く傾倒し、ドイツ文化の中に存在する人間である」と語っています。ところがナチスドイツが攻め込んできて、「お前はドイツ人ではない。ドイツ文化の中にいる存在ではない」と烙印を押されたわけです。つまり「君は人間でさえない」と言われたわけです。ドイツ人に家を奪われ、医師免許試験も受けてはいけないと言われ、公民権も停止されます。

その後いよいよ〝私〟というものが出来上がって、精神分析で自分を語っていこうと思っているときに、彼はリンパ腫と診断される。本当に象徴的ですね。七一年にやっと本が出たその直後、数週間後に「あなたは病気です、あなたの体はなくなっていきます、壊れていきます」と言われて、十年間生きていました。つまりコフートは、「何も確かなものはない」という感覚の中で、ほどほどの確かさを取り戻すこともできず、「なぜ自分は人なのだろう」ということを確認しなければならなかったのではないか、と思っています。

V　人間であることの心理学

ここでお話しすることは、私が最近の論文で書いたことです。コフートの精神分析を〝不確実な中でどのように人の感覚を築き上げるのか〟と見ると、そこに三つの側面がある、というお話です。

１　人らしさの感覚をもたらすもの①――出会いとかかわりの共有

一つ目の側面は、出会いとその後のかかわりの共有です。私たちが、人間らしい自分が存在している、人である、という感覚を得るときには、自分はどのようにして生まれ、どのように人と共にあり続けてきたのかを確認する必要があります。分析状況でいえば、患者と私たちがどう出会って、どうやって今まで一緒にやってきたのか、を話し合うプロセスが実は大切なのではないかということです。しかし私たちは意外と、出会いの意味が分からないことについて、つまり分からない中で自分が過ごしてきた時間について、私たちは患者と語りあっていないかもしれません。これはコフートがユダヤ人として「お前は人間ではない」と言われたことで、自分はどういう意味でドイツの文化圏に生まれ、その中でどうやって人と一緒に暮らしてきたのか、その土地にいることの意味が恐らく分からなくなったことと関係があるのではないか、と。彼の理論の中に、人らしさの意味をもたらすものとして、どう生まれ、どういうふうに人と一緒にやってきたのかを探索する必要があるという点が暗黙に含まれているのだとすると、それはその体験から発展したのではないか、と私は考えています。

２　人らしさの感覚をもたらすもの②――意味のある正直なかかわり

二番目の側面は、トルストイの『イワン・イリッチの死』という短い小説を引用してコフートが語ろうとしている〝人らしさの感覚〟です。イワン・イリッチはロシアの裁判官です。彼は家を買って普通に暮らしているのですが、その家がすごく好きで手入れを欠かしません。しかし彼は、家の装飾品をいじっていているうちに脇腹を強く打ってしまい、それからどんどん体が動かなくなっていきます。病名は小説の中に書いてないのですが、体の中がどんどん痛んで腐ってしまって、数年かかって死んでいくという話なんですね。その中に登場人物として奥さんとか同僚とか何人かの人が出てくるんですけど、その人たちはイワン・イリッチに正直なことを言いません。彼らはイワンが死んでいくことを知っているのに、「大丈夫だよ」とか「元気そうだよ、顔色よくなったね」としか言わない。コフートは、この状況を取り上げたんです。恐らく、これはコフート自身の状況だったんだと思います。「元気そうじゃないですか」、「ちょっとふっくらしてきました?」と彼は言われたんでしょうね。そういう他者のコメントに対して、いろいろ感じるところがあったんでしょう。

周りの人々はイワン・イリッチに死を考えさせないようにと、何の愁いもない素振りをして彼の世話を続けます。そこに一人の農奴の召使いが出てきます。その農奴はあまり知的に高くないんですけど、本当のことを言うのです。「ご主人さん調子悪いですね」とか「顔色悪いですよ」とか言う。もしその人が彼の側にいて、話しかけ、情緒的に多少とも意味のある交流をすることがなかったなら、このイワン・イリッチの死は惨めなものになってしまっただろう、とコフートは言っています。つまり、周りに嘘を言う人がいて、たとえ善意であったとしても本音で関わらない人に囲まれていたら、彼の死は非常に人間らしくないものになってしまっただろう。だけど本音を言ってくれる人がいて、その人が彼の厄介さ、体調を崩して我がままになってきているのを、「だんな、それはちょっとひどいですよ」とか言うような交流があって、初めて人間らしく死んでいけたのではないか、ということですね。

これをまとめて私は、人らしさの感覚は、嘘がなく、その人のまま情緒的に意味のある関わりを持ってくれる他者との結びつきを通して得られるものだと述べました。コフートは人前で本音を言えず、自分を演じてきた人で、本当の自分を出せず、常に自分がどう見られるのかだけを気にしてきたけれど、正直になりたかったところもあるのではないかと思います。

自己感覚とは、私は活力がある、私は安全である、私自身は安定しているという感覚ですけど、ここで言っているのは、私は存在している、私は生きていることに意味がある人間である、私は物でもなければ宇宙人でもないし動物でもない、私は人としてここで他人と関わっているのだ、という感覚のことだと思いますね。

3　人らしさの感覚をもたらすもの③——私を継ぐものの存在

三番目の側面は、〝双子体験〟についてのコフートの記述にあります。コフートはいくつかの定義の中で、私の論文では七つもある定義の中で、「双子体験とは、少女が台所で母親や祖母の隣で家事をしている姿や、少年が地下の作業場で父親や祖父の隣で仕事をしている姿である」と言っています。お父さんが地下室で大工仕事をやっている側で、小さな息子がのこぎりのおもちゃを持ってきて作業をしている状況をイメージしてください。息子からすると「お父さんとぼくは一緒」という感覚で繋がっているでしょう。同時に、お父さんも昔の自分の姿をそこに見出すような、それがもともとは自分の一部であったかのような感覚で息子を見るだろう、と言っています。

おそらく双子体験というのは、患者が治療者と繋がっていますよ、同じですよ、という体験だけじゃなくて、親あるいは治療者の側に感じる「この人は自分の大切にしているものを受け継いでくれるかもしれない」という感覚を含んでいるのではないかと思うのです。コフートの定義にはそういうものも含まれています。

整理すると、自分の後を継ぐ者を作りたいとか、自分が大切にしているものを次の世代に伝えられるのではないか、という希望ですね、こういうものもコフートの双子体験に入っている。コフートは死の四日前に最後の講演を行なっていますが、デビッド・ターマンやアンナ・オーンスティンは「とにかくコフートは自分の考え方を伝えたかった人だ」と言っています。結果的に話が長くなってうんざりしてしまう人もいたし、その考え方が精神分析主流派とは違うので、困ってしまう人もいた。だけど「彼はなんとかして自分の考え方を次に受け継いでもらいたかったのではないか。だから死ぬと分かっていながら、バークレーへ来たのではないか」と言っていました。リンパ腫が悪化して体力が失われていく中で、彼自身を支えていたものは、次の世代に自分の考え方を受け継がせるということだったかもしれません。

受け継ぐ意思を持った人が私の前にいる、あるいは私の意思を受け継いでくれる人が前にいるという感覚は、私が人であるという体験に関係してくるのではないか、という話です。

4 「人らしさ」の心理学の治療的示唆

これらをなぜ私が大事だと考えるかというと、一番目は、実は私たちが治療場面であまりしていないことではないか、と思うからです。自分が患者といつどう出会って、出会った瞬間に何を思っているのか。この患者さん結構いけるなとか、面倒くさいなとか思うかもしれません。なにか楽しいなと思うかもしれないし、「このケースは私の最初のケースだ」と思うかもしれないし、今までずっと求めてきた解離性障害の人がやっと来たと思うかもしれません。そういう出会いについては、患者は治療者やその出会いに何らかの意味を見出しています。出会ってから、両者は一緒に長年作業していきます。では治療者は「私たちは長年一緒にやってきていますね」を、どのように話しているのだろうか、意外と話してないんではないか。患者の母子関係、父子関係、今までのいじめられた体験、そういうことはいろいろと言っているけれども、転移の意味じゃなくて、「私たちは一緒にやってきましたよね」という感覚、ただそれだけをどこで共有しているか。

二番目は、治療者の方も正直に患者に関わっているかどうか。ここでは、両者がいかに本音で関わっているかどうかを問うています。そしてそれを共有できているだろうか。いつも共有しなくてはいけないというのではないですが、どれだけ共有しているだろうか、ということを一緒に話し合う。「あなたから見て私は正直に見えますか」、「あなたの話を聞いて私はいろいろ思ったかもしれない。それを共有してもいいでしょうか」と。そういう体験をどれだけしているのか。

三番目は、患者と会っていて、治療者が患者の中に自分が見えるかどうか。これを私は大事に思っていて、二〇〇九年の論文に書いたのです。私が以前みていた患者は、私と二十歳くらい歳が離れた若い方でしたが、彼が話す内容は私が興味を持つ話ばかりでした。私は最初それが病的なものだと思っていました。自分を話さず、私が興味をもつ話、たとえば私の世代の映画とか音楽とかを「流行ってましたよね」とか、「映画見ました、先生の世代ですよね」とか話すのです。実際彼にはそういう対人関係が非常に多く、先輩と呼べる人を見つけて、その先輩に気に入られるような話をする。そうすると先輩は彼をいいように使って、時には使い走りにする。私はその反復が起こったと思っていました。それで、「どうしてあなたの話をしないんでしょうね、ぼくの話ばっかりですね」と言っていくと、どんどん彼が悲しくなって意気消沈していくのです。やがて分かったのは、彼が父親から父親を継ぐ者として見てもらえない、という体験に苦しんできたことでした。確かに先輩と彼の関係は厄介で病的なものだったかもしれないけれども、私が「この人は自分と同じ部分を持っているなあ」と感じるような体験を求めていたのだと理解できました。

教育分析などは意外とこれが重要ではないでしょうか。言ってはいけないことになっていますが、教育分析家は、けっこう心の中では「この人は自分と同じものを受け継いでくれるかもしれない」と思っているわけです。スーパーヴィジョンだってそうですよね、自分を継いでくれるかもしれないという感覚をスーパーヴァイザーはけっこう持っていて、その共有によって人間同士が結びついて、次の世代が育っていく。その中で人間が会っているという感覚は、けっこう大事なのではないかと思います。

一番目の出会いの不確かさの確認、二番目の人間関係の真実さというか正直さ、それらをお互いに確認しあうことで、不確実な中に初めて信じられる何かが出てくるかもしれない。そして三番目の、私が今後どのように生きて、どのように展開していくのか誰も分からないけれども、「それは私もたどってきた道だ」と見てくれる存在がいることで、私の将来、未来の中に少し確実なものが見えてくるのではないか。これが、コフートが晩年に彼の中に抱いていた考えではないかと私は考えています。

〜討　論〜

横井　ありがとうございました。何度か富樫先生のお話は聞いていたのですが、今日は全体像を聞かせてもらったと感じています。自分の中で十分に咀嚼できていないと思うんですね、特にポストコフートの部分、それから富樫先生のオリジナリティの部分、これはじっくり考えないと指定討論にもならないかなと、考える材料をいただいたように思います。

なので、コフートの部分に限って思ったことをお話しします。自己心理学の流れから関係論の中に富樫先生がおいでになって、私は対人関係学派の流れから出てきた関係論の中にいて、今それが集積してきつつあると言っても、その臨床感覚とか精神分析が目指すものという感覚の中に、ちょっと違うものがあるように感じていたのです。今日、コフートの生涯を聞かせていただいて、そういう連想を刺激されました。

先日私はサリヴァンの話をしたんですが、共通点が随分あるなと思いました。一つは父親・母親との関係で、コフートの父親っていうのは情緒的には挫折して、コフートの理想化を満たしてくれなかったようなお父さんだったと思いますし、サリヴァンの父親は予め人生に敗れているような人でした。コフートのお母さんは非常に支配的、侵入的、操作的で強力なお母さんで、サリヴァンの母親も非常に支配的な母親、情緒的に不安定な支配的な母親でした。

そういう中で育ってきた二人の理論は、ある種共通のものを生み出したと思うのです。フロイトの両親、特にフロイトの母親は最後まで非常にフロイトを愛して、とっても仲のいい親子だった。二人の母親はそういう親子とは違う母親像だった。そこが似ていると思いました。

もう一つは双子転移の話ですね。モラヴィッツの話と、サリヴァンのチャムシップ、そこが二人の人生を救ったところがある。それも共通しているなと思う。

それから自己というものの捉え方ですね、これは自我と自己で対比できるかと思うのですが、コフートは他者が自分をどう見ているかによって自己ができあがる、他者からの自己対象機能を言っているし、サリヴァンは自己組織、セルフシステムがどうして働くかというと、自己は他者からの評価の総和である、その関係の中で自己が形成される、と言っています。そういう意味で、とても似ていると思うんですね。でも二人の理論構成、精神分析における理論構成が違っていった。それが何かなということを考えました。

コフートの成育歴からは、父母が自己対象機能不全である中でコフートが育ってきて、その修復を自らの人生の中で求めていた側面があると思うのですが、サリヴァンの場合はむしろ、あらかじめすでに自己対象が失われた状態が幼少期にあった。母親が精神的に破綻して、全く機能できなかった時期があったからです。

それらがあるので、コフートには、自己対象機能の不全に治療者が自己対象機能を提供することで、発達の流れがうまく進んでいくだろう、という感覚があるように思います。他方サリヴァンは、自己の中に組み込まれない母親、あらかじめ失われた母親機能があるがために、自己に組み込まれない not me という体験を人間がしていて、それはその後に自己対象機能が現れたら修復できるというようなものではないという感覚で、それは解離ですね。そういう感覚があると思います。なので、自己心理学からの流れの関係論的な治療アプローチと、対人関係学派の流れからの関係論的なアプローチというのは、ニュアンスの違いがある。どういう感覚かうまく言語化できませんけど、分析家が、人が、人生で何を目指して生きていると考えているかに違いがあって、それが精神分析をどのような目標をもって行うかの違いに繋がっているという気がするんです。自己心理学の流れからの関係論の分析家の感性は、とっても希望に満ちているような気がするんですね。一方対人関係学派の関係論の中には、何かある種の悲しみの感覚というか、モーニングワークみたいなことが統合の中で起こっている、という感覚があるような気がするんです。

富樫　ありがとうございます。とても豊かな内容でした。自己心理学は非常に希望に満ちている、とはよく言われます。良いものを探そうとしていると。私の感覚ではこれは間違ってはいないけど、正確ではない。そこで私はいつも、私たちは何もない中に生きているかもしれない、とわざわざ言うのです。

コフートの考え方では、自我心理学が guilty、人間の罪について問う精神分析だとすると、自己心理学は tragic、悲劇についての精神分析です。悲劇性は何かというと、本来あるべきものを失った悲劇性ではなくて、もともと人は悲劇的である。他者がいなければ、私は存在しない。そういう非常に極めて不安定な中に生きている。それをまず認識しましょう、というのがコフートの問いかけです。コフートが罪（guilty）に対してよく shame を言うので、tragic man は恥の人と思われるんですけど、いかに人間が悲劇的か、いかに人間は人がいないとすぐ消えてしまうような存在なのかということを言ったものです。それがまさにこの人らしさですね。

私たちは患者さんとお話ししますが、治療者は実は何も答えを持っていないかもしれない。私たち自身が何もない中で生きているかもしれない。その中でとにかく、手探りで何か分かりやすいものを探している。一番分かりやすいのは人である。人がいると私が明確に見えてくる。そういう中でもがいている存在なんだということをまず認めましょう、というのが自己心理学で、その悲しさを言っているわけです。ですので、サリヴァンの中にある悲しさとはちょっと種類が違うかもしれませんが、自己心理学の中に含まれている悲しさとか悲劇性というのは、私たちの不確実さ、何もなさ、人がいなければ生きられない悲しさというものだと思います。

横井先生ご指摘の not me の部分については、全くその通りだと思います。コフートは常に何らかの形で formulate された心の問題について述べていますから、not me の部分とか formulate されていない体系を理論にうまく組み込めなかったと思います。

それは双極性自己という考え方に繋がってきます。コフートは最初、二つの自己対象体験を軸に考えていました。二つの極なので双極性自己と言います。興味深いのは、コフートが「一方があれば生きられる」と言ったことです。たとえば、人間は理想化が傷ついたら深く挫ける。ミラーリングが得られないと、存在感が分からなくなって挫ける。では患者さんが治療に来るときはどういうときかと言うと、それはどちらも傷ついたときです。一方、たとえば母からミラーリングを得られなかった人は、父に対する理想化を発展することでなんとか生きられる。そういう人は将来先輩に頼ったり、上司に頼ったりするかもしれないけれど、それによって自己感覚が極めて不安定になることはない。父の理想化がうまく成立しなくて、父がアル中で毎日吐いて、それを目撃していて萎んでしまっている人は、「僕のことを見て」という気持ちに注目してくれる人がいる、ミラーリング体験がお母さんとの間にあるならば、なんとなく自分は落ち着いて生きていける。そんなものだと。

コフートの考え方、双極性自己の中には、どちらかがあれば人は何とか生きていけるので、どちらかを育ててあげれば生きられる、それが人間であるという考え方があるので、not me とか存在しないという感覚が理論化されていないのです。それがコフートの伝統的自己理論の問題点で、全くそのとおりだと思います。

サリヴァンとの違いで言うと、自己の多重性を認めるかどうかという話があります。コフートは二つある極のうちの一方があれば、私という感覚がふっと浮かび上がってくると言っていますので、彼にとっての自己というのは基本的に the self、単一の自己です。ただし、これは一九七七年までの考え方で、一九七七年の『自己の修復』が出版されてしまった後には、彼はこの本についてほとんど語っていません。彼の一番有名で分かりやすい本はこれなんですけど、彼は出版したあとにこの本に含まれる問題に気が付いてしまった。その本で述べられている単一の自己理論については、彼はその後語らないのです。その後の彼の話はほとんど、自己の多重性をほのめかすものなのですが、しかし彼はそれについて理論化することなく死んでしまった。現代の自己心理学のシステム理論では、関係論とともに多重性を追及しています。これで少し答えになったでしょうか。サリヴァンの母が非常に大変だったけれど、コフートには救いがあった。なんだかんだ言っても、母は側にいて消えることはなかった。彼の論文には、ずっと駄目な人だと思っていたお父さんがあるパーティの人前で滔々と喋った、おもしろいユーモアを交えて人を笑わせるので、それにすごく感動したというシーンがあるんです。つぶれたお父さんでも、昔のかっこいい姿をたびたび見せてくれていたので、それは彼の救いだったんではないかと思います。

質問者　素晴らしいお話、どうもありがとうございました。やり残した仕事で〝本質的に類似した存在の前にいる実感〟というのは、発達障害の方やその父母で、他の人にも気持ちがあり、自分とは別に人は独自で動いているんだという感覚があまり持てない方がいらっしゃると思うんですね。発達障害との関連で、この概念についてお話していただければと思います。

富樫　この考え方自体が、発達障害に直結するとは思わないんですが、このように考えるとよいと思います。ここで言っている〝本質的に類似した存在の前にいる実感〟というのは、他人が自分と違う主体性を持っているとか、他人は他人なりの考え方を持っているということを体験しつつも、あの人と私がどこかで繋がっている感覚によって、自分が安心するということです。発達障害の方は治療者を見た時に、どこか同じであるという感覚を抱きにくいと思いますし、治療者の方も彼らを見た時に、「どこか繋がってるよな」という感覚を持ちにくいと思います。両親は生まれ出て出会う他者ですが、彼らはその出会いの中で、彼らはなにか繋がりにくいなという感覚を持つでしょうし、両親もそういう感覚を持ちやすいでしょう。単純な育ちにくさに加えて、あるいはそれを超えて、本質的に繋がっているという感覚の持ちにくさを二次的に形成すると思っています。彼らは軽度であっても「どこか違うなぁ」、「世界は違うなぁ」という感覚の中で生きることが多いでしょうから、彼らの臨床でこういう面について注目するのは大事だと思います。発達障害の人たちはこの双子自己対象体験を、私たちの関係の中で全般的に持ちにくい。二次的にそういう傾向を持っていると思っています。

質問者　初めてコフートの理論のお話を聞いたのですが、自己対象モデルを〝他者の体験と共にある自己〟と書かれていて、これは他者との関係ということなんでしょうか。というのも、人と繋がりを感じるというのが、分離した、自分とは違う人との繋がりの中で、関係性の中で、生きているというのが大事というのは分かるのですが、コフートが人とずっと指先が繋がったままの人だったら、自分と人が繋がっているという感覚が生まれるのだろうかと思います。

富樫　わが意を得たりという感じです。それがまさしく、コフートの自己対象ユニットの問題点なんです。他者性といいますかね。他人と繋がりすぎていると、私が分からなくなってしまう。そこを関係論のジェシカ・ベンジャミンたちが批判するのです。自己心理学は差異、違いというものを強調しなさ過ぎて、同質性、つながりというものを強調し過ぎているために、かえって自己が見えなくなっている、という批判です。ベンジャミンは、違う他者の中にいかに私を見つけるか、という考え方をしますから。そういう批判を受けて、双子体験に違いを含まなければ、双子体験は成立しない、と私は言ってるんです。他者との違い、繋がらなさという体験があって、初めて繋がっているという感覚が出てくると思います。「他者の体験と共にある自己」は、実際にそこに他者が存在し、その人との関係の中で私を体験する、というのが核となる。ただこれは患者個人の中の体験ではなくって、〝他人の実際の体験が私の体験に影響する〟という意味です。

二〇一四年五月二十五日　開講

〔編者付記〕本講義の内容は、Togashi, K. & Kottler, A. (2015). Kohut's Twinship across Cultures: The Psychology of Being Human. London & New York: Routledge. に収録されています。

第9講　間主観性理論・関係精神分析と米国の精神分析

吾妻　壮

はじめに

ご紹介にあずかりました吾妻です。今日は急遽私がお話しさせていただくことになりまして、とても丸田先生の代わりにということはできないですが、私のお話できる範囲で、間主観性理論についての講義をダニエル・スターンの乳児研究の話に触れながら務めさせていただきたいと思います。

私は丸田先生には非常に個人的にお世話になりまして、そもそも精神分析に入っていったのは丸田先生のご著書と出会ったこともあって、その後、丸田先生と直接お話しさせていただいたような、そういうご縁もあって、今日は先生はきっと応援してくださっているだろうと思っております。

私は大阪大学医学部を卒業して、精神科のレジデンシーをアメリカのニューヨークのアルバート・アインシュタイン医科大学で四年間しました。いろいろな病棟や外来を回ったのですが、その間に個人スーパービジョンを百時間ぐらい受けながらでしたが、その他にも家族療法とか、いろいろなこともしました。その前のことになるのですが、丸田先生がメイヨー・クリニックにいらして教授としてご活躍されている話を聞きまして、当時は好奇心もあって、じゃあメイヨー・クリニックに見学に行きたいということで、行ったのが一九九八年の冬でした。非常に寒かったのですが、その頃にストロロウやコフートの理論に触れました。それと同時に、関連領域として関係論、関係精神分析にも触れたということもありまして、間主観性理論、関係精神分析、米国精神分析と丸田先生とは、私の中では一体化しているところがあります。長い前置きになりましたが、それでは私がいろいろ感じてきたことか、学んできたことをお伝えしたいと思います。

I　米国における精神分析理論

それでは米国における間主観性理論とはどんなものかということなのですが、まず、大きなピクチャーとして、米国の精神分析というのは非常に多様であると思います。これはまあ、アメリカの国がおそらくそうであるように、アメリカ人は、あるいはアメリカの精神分析はだいたいこうだ、と言えないということがアメリカっぽいんですね。もしかしたら、こうだとは言えない、ということすら言えないのかもしれない（笑）。多様で、ある意味、世界中から人が集まっておりますので、それで一枚岩ということはあまりないですね。さまざまな人がさまざまな精神分析をしている。しかしそれでも自我心理学が非常に中心的だったわけです。

それがですね、近年の流れは今でも自我心理学がやはりかなり重要で、かなりの分析家たちがそれを中心にやっているようなんですが、それでもだんだん絶対的な勢いというのはどうしても減っていて、一つには間主観性理論、もう一つには関係論、これは関係精神分析と呼んでも基本的に同じなんですが、この二つが生まれてきて、それが米国の近年の精神分析の流れを牽引してきたと言っていいと思います。

牽引というのは、完全に引き継いだ、みんな関係論になったという、そんなことはもちろんないのです。そういうことはアメリカではありえないことで、必ず多様化する。ただしバランスは少し変わったということです。ですから、米国では自我心理学があって、あとはクライン派の流れというのもマイナーですが当然ある。間主観性理論の中には自己心理学の主流派からの流れもある。自己心理学的間主観性理論と言っていいと思いますが、自己心理学の中にもよりコフートに忠実な自己心理学の人たちと、それよりもっと場を大切にするストロロウ的なグループがあるということです。

だいたい大きな流れはそういうことです。

1　自我心理学

(i) 厳密なメタ心理学構築を目指す

米国の精神分析は自我心理学が中心だったわけですが、自我心理学とはどんなものかというと、チャールズ・ブレナーという分析家がいたんですが、何年か前に亡くなりましたが、この方はニューヨーク精神分析研究所の人で、まあ精神分析と言えばチャールズ・ブレナーだというくらい、すごくニューヨークで有名な方なんです。私が古本屋で購入した『精神分析の理論』という本があるんですが、基礎的な教科書というかそういったものですね、そういう本を書いています。

彼のセミナーに行ったときに、精神分析は精神の機能についての探求であって科学なんだ、とはっきり言うんですね。サイエンスなんだと言っていた。しかも伊達でサイエンスと言ったんじゃないんですね。少なくとも厳密な理論なんだ、だから言葉で辿って思い出すことができるまでが限界だ、三歳か五歳ぐらいまでのころじゃないと確実にそうだと言えないじゃないかと。だから、それ以前は精神分析の範疇から外れると言っていたんですね。私はすごく驚きました。フロアにいたシニアの分析家が「私はプレ・エディプス期の勉強したんですが」と言ったら、

「私にはあなたが何を言っているのか分からない」とまで言ってて。これは、まあ当然何を言っているか分かっているくせに言っているんだとは思いましたが、非常にびっくりしたということがありました。非常に厳密なメタ心理学を目指していたと、そういうふうに思います。

(ii) 一番意識から近いところから探求を始める

自我心理学は非常に機械論的なんですけど、一個一個辿っていけば飛躍が少ないと思います。なので、一番しっかり近いところから探求をはじめる。それは確実に押さえられること、意識に近いところにある層から始める。深層に至るまではさまざまな防衛の層がありますから、一個一個ほぐしていかないでいきなり深層を言ってしまうと、そこには推論や暗示的要素が入ってしまうだろうと。これはブレナーや、ポール・グレイなどの防衛分析（ディフエンス・アナリシス）を重要視した分析家が言っています。

(iii) 表層から深層へ

たとえば、精神内容のことをポンと言ってしまう。そうすると、私がそう思うからあなたもそう思うはずだとか、分析家である私は知っているんですとか、暗示的要素が伴うわけです。それを排除していくには、玉ねぎの皮を一枚一枚めくっていくように表面から深層へとやっていくわけです。そうすると自我に近いので確実だということです。ただですね、そうすると、やはり扱えないことがどうしても多すぎるんですよね。アメリカの精神分析というのはどうしても自我心理学が中心だったので、カウチを使って週四～五回の面接をするわけですが、それで破綻しないということは、多くは高機能の神経症水準の人が対象の中心になってしまっている。そうすると、その他の学派の人たちからすると、精神分析が終わるクライテリアと始まるクライテリアとが、あまり変らないじゃないかと言うんですね。内省力とか衝動耐性があってこそ精神分析は始められるんだ、とかですね。すると分析が終わった人もそうじゃないか、最初と変わりないじゃないか、という冗談があるくらいなんですね。つまり、狭い病理のところを対象にして、精神機能をうまく開拓していく、それが自我心理学なんですね。

2　クライン派

さらには、皆さんご存知のクライン派の分析があります。言葉になりにくい原始的な心性を扱おうとする。空想を重視して、発達最初期に関する理論で内的世界の現れとしての現実を扱う。そういう、ブレナーの精神分析とは大分違うところを扱うわけですね。これはアメリカでも当然ビオンを重視する動きもあって西海岸で盛んだったわけですけど、なかなか東海岸とかではそれほど盛んにはなっていなかったですね。

これがチャールズ・ブレナーですと、精神分析はチェスに例えられるんですけど、一個一個チェスのようにやっていく。ブレナーとチェスをするようなものだと。精神分析はそういうものだと言います。

3　対人関係論

アメリカには対人関係論というものがありまして、自我心理学に対する反対勢力みたいなものです。それは、今ここでの実際の交流は患者と分析家双方のパーソンの交流そのものであって、患者の内的世界の派生物としてばかり理解するべきものではなくて、実際に二人の人が精神分析で話をしている、それが現実ですよね。だから、患者と分析家双方という実際のパーソンを精神分析の場から除こうとしても無理だということが基本的な発想なんです。

チャールズ・ブレナーという人と分析をしたらですね、やはりカウチに横になったとしても、ブレナー先生という人と分析をしているという現実は無視できるはずがないということなんですね。それを扱う必要があるんですね。つまり、ブレナーに対する反応はブレナーに対する反応であって、内的世界とはまた別の話じゃないか。そういう観点から、直接的・直面的に患者と交流しつつ起こっていることを扱っていく。内的に想定したモデルに頼ることを避ける。それが対人関係論です。

4 関係論・関係精神分析

一方で、関係論・関係精神分析というのがあるんですが、それは対人関係論の反動性に対する疑問というものがありまして、精神内界的なものを含む必要があるんじゃないかという視点で、対象関係論と対人関係の折衷という、完全にそうではないんですが、そういう側面があるんです。他にも自己心理学や自我心理学の流れとも絡んでくるので、分かりやすくするために図に描いてみました。

今言ったことを図式化（図1）しますと、関係精神分析・関係論というのは、欲動というよりも関係性に重きを置いて、かつ精神内界と対人関係の場を含み込んでいる。それが関係論です。精神内界に圧倒的な重きを置くのが対象関係論で、対人関係の場に圧倒的な重きを置くのが対人関係論です。

次のスライド（図2）はですね、これは「場」として考えるならば、内的世界と外的世界をわけて考える必要があるんですが、フロイトもそういう考えを

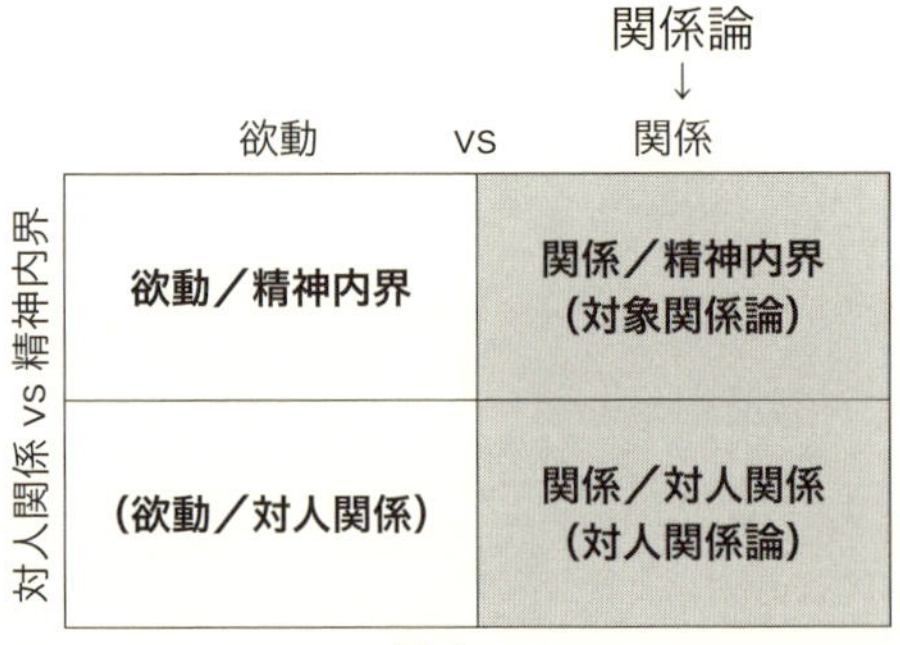

図1

していいるんですが、しかし心の「機能」として考えるならば、外からの刺激なのか内からの刺激なのかということに関して、心の機能というのが分かれているという、そういう考えです。すなわち、空想というものは精神内界の領域に関係する機能であって、現実の体験の知覚というのはまた別の機能だから、場として分けて考えなくてもいいんじゃないかという人もいるんですね。

さて、これらがアメリカの精神分析の間主観性理論以外の理論ですね。だいたい自我心理学とか、クライン派の視点もお話ししましたね。クライン派以外にも、ミドル・スクール、中間学派というのも当然あるのですが、英国の中間学派の対象関係論とは、アメリカは比較的やりとりがあったんです。たとえば、ウィニコットはホワイト研究所に来て講演したことがありますし、クリストファー・ボラスはアメリカ人ですから、しばしばアメリカに来て、一緒にグループ・ディスカッションをしたものだという話を私もスーパーヴァイザーから聞いたことがあります。

Ⅱ　間主観性理論

さて、それでは間主観性理論について見てみたいと思います。このようなアメリカの精神分析の流れがあって、そこから間主観性理論が生まれます。

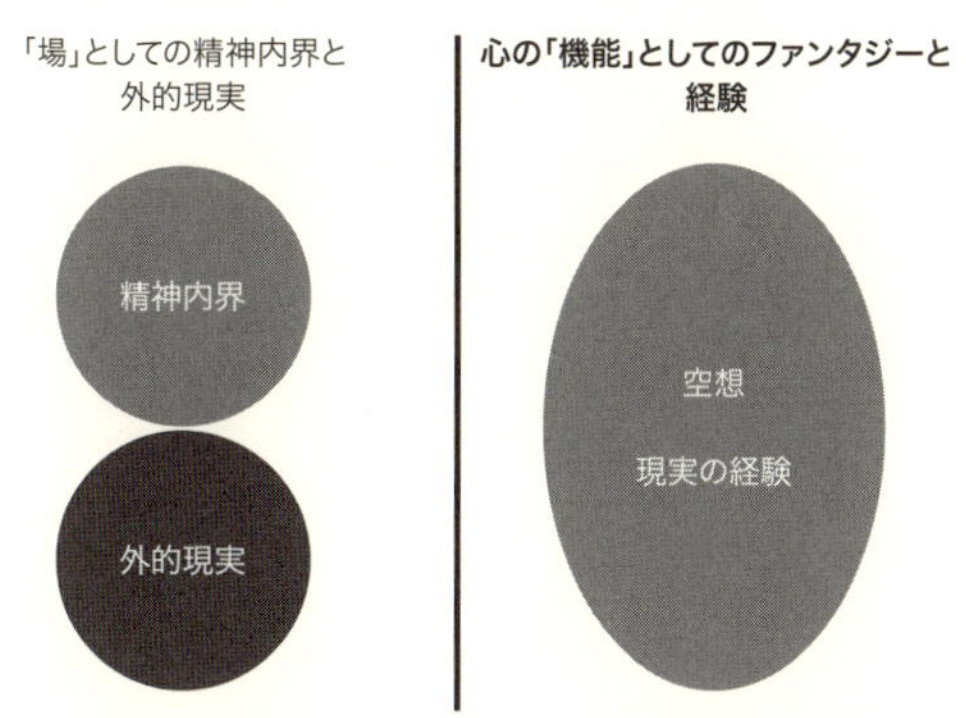

図２

自己心理学を別に扱おうと思ったからなんですけども（編者注：自己心理学については、第8講で富樫公一が論じている）、自我心理学に対する巨大なアンチテーゼとして非常に重要なのが自己心理学ですね。自己心理学について言えば、それがやがてロバート・ストロロウの間主観性理論の方にもつながっていきます。私は自己心理学者じゃないので詳しいわけじゃないんですが、シカゴの自己心理学者たちから広がっていって、別の一大潮流になっているんだと聞いております。

間主観性理論というのは、実は、比較的さまざまな学派の分析家があまり過剰に拒否反応を示さない理論であるという印象を私は持っています。たとえば、対人関係的、対人関係論という言葉は、それぞれ英語ではインターパーソナル、インタパーソナル・セオリーという言葉になりますが、対人関係的精神分析すなわちインターパーソナル・サイコアナリシスというのは、人によっては自家撞着的というか、イントラサイキックすなわち精神内界的なのが精神分析なのであって、パーソナルな人と人の外的な関わりというのはちょっとそれはサイコアナリシスとは違うんじゃないかという違和感があるようなんですね。関係精神分析というのも対人関係論の流れがかなり濃厚に入っていますので、それでいうと、関係論・関係精神分析と対人関係論はかなり近いですね。

ところが、インターサブジェクティビティ（間主観性）というのは、インターパーソナルじゃないので、主観性と主観性の間ですから、内的な話だと言いやすい。まあこれは言葉の語感の問題であるんですけど、ある種の共通項というか、精神内界的なものから関心が外側に広がっていって、クライン派の先生とかも、中間学派の先生も、対人関係論者も、自己心理学者も、間主観性という言葉は比較的皆さん受け入れているんじゃないかという印象があります。イギリスとかアメリカの精神分析家と話をすると、インターサブジェクティビティまでは受け入れている感じですね。でも、インターパーソナルとなると受け入れがたい感じが増すようです。

間主観性理論というのがそれだけ受け入れられるのは理由があると思うんですけど、それは何故かというと、実はそこに一杯いろんなものが入っているからです。それを分かりやすく分類するということをちょっとしてみたいと思います。

1　遍在する相互交流としての間主観性――ロバート・ストロロウの間主観性

ご存知の方も多いかと思いますが、まず一つは「遍在する相互交流としての間主観性」というものがあります。これはロバート・ストロロウの間主観性理論です。これがどういうことかというと、すべての人間関係において見られる相互交流の場における相互調整の総体というものがあるという考え方ですね。これは実は、インターパーソナル・フィールド、対人関係の場というものにかなり近いと思います。

精神分析は、観察者も観察されるという点において特異な科学です。精神分析は、二つの異なる人間の間の間主観的領域においておこる科学であるということです。ですから治療者のパーソンとか、あるいは患者さんのパーソンとか言うことじゃなくて、二人で作るもので、どっちかだけというのはありえないのです。

治療というものを少し離れて眺めてみると、やはり患者さんが治療者に話をしに来るのですね。だから、必ずその間に二つの異なる人と人の間の領域、これは中間学派のウィニコットのいう移行領域と同じになっちゃうといけないんですけど、つまり間主観的な領域ですね、それがあってそこに起こる科学なのです。それを端的に表した言葉の一つに、「隔離されたマインド神話」というものがあります。これは隔離された心があるものとして考えていて、たとえば、「怒りのもとにあるのはあなたの内的な怒りなんだ」と言っているわけです。でもそれは神話で、そうじゃなくて、コフートが自己愛障害の修復に関しての議論の中で言っているように、怒りは二次的に共感不全から発生すると間主観性論者たちは考えるんですね。これはカーンバーグの一次的な攻撃性に関する考え方とは違います。そこに端的な違いがあるわけです。怒りというのは患者の心の中にあるんじゃなくて、こちらが何かをした、そしてその結果生まれた相互交流の中で場に怒りが生じるんだというんです。

ロバート・ストロロウの間主観性理論はですね、ハンス・ゲオルグ・ガーダマーという解釈学者がいますが、ガーダマーの解釈学の影響を受けているんです。すべての解釈は、解釈者自身にとっての伝統という歴史的マトリックスの内部に埋め込まれたパースペクティブからなされる。したがって、理解は常に解釈者のオーガナイジング・プリンシプルによって規定されたパースペクティブからなされるんです。オーガナイジング・プリンシプルというのはストロロウの言葉なんですね。そのまま、オーガナイジング・プリンシプルと訳されていますが。

したがって、そこには、常に「偏見」が混入するというんですね。偏見というのは、つまり、治療者というのは治療者のパースペクティブを持ち込まずに治療の場を理解することはできないということです。そして、治療の場によって逆に、今度は、解釈者のオーガナイジング・プリンシプルが影響を受けます。そうするとそれによって、今度はまた場が変わってくる。つまり、解釈の循環というんですね。その結果、治療者と患者の偏見ないしプリンシプル同士がぶつかって、そこに地平融合、ドイツ語でHorizontverschmelzung、英語でfusion of horizonsというものが起こる。ここに照準をあてるんだとガーダマーは言っているんです。そしてこの視点が、ロバート・ストロロウの間主観性理論の哲学的なバックグラウンドになっているわけです。そういう意味で、遍在する間主観性という考えがあります。

2　他者性の認識としての間主観性

次に、もう一つ、他者性の認識の間主観性というのがあって、前者が自己心理学系の流れであるのに対して、これは対象関係論とか対人関係論の相互交流と関係があります。この間主観性がどういうものなのか、見ていきたいと思います。

(i) フッサールの間主観性

この間主観性の考え方は、フッサール哲学やハーバーマスなどの間主観性に影響を受けているんです。竹田青嗣さんの説明では、フッサールの間主観性は、「世界は他者の主観性とともに構成されていく」ということなんですね。つまり「間主観性とは、〝他我が〈私〉と同じ〈主観〉として存在し、かつこの「他我」も〈私〉と同じく唯一同一の世界の存在を確信しているはずだ〟という〈私の〉確信を意味する。間主観性とは、〈私〉と〈他者〉の相互関係を言うのではなく、〈私〉の確信のある構造をさしているのである」(『現象学入門』竹田青嗣　NHKブックス、一九八九年）ということになります。ここは、ちょっとガーダマーやストロロウ的な視点とは違うと思います。

(ii) ハーバーマスの間主観性

次に、ハーバーマスというドイツの思想家がこんなことを言っています。フッサールの理論では他者がまるで道具のように扱われている。他者は自分と同じ主体をもつものであって、コミュニケーションが大切だと。ちょっと長くなりますけど、中岡成文さんは次のように説明しています。「人格間の交流が第一にあって、個々の主観もそこからはじめて分節化されていくと考えるのが、間主観性の思想である。……ただし、この間主観性は、自己と他者が個性をなくして融合してしまうということを意味せず、つねに言語的に媒介された緊張関係を保っていることに注意しなければならない」(『ハーバーマス――コミュニケーション行為』中岡成文、講談社、一九九六年)。フッサールはあまりにも抽象的で分かりにくいと言われていたんですが、ハーバーマスは分析家の中にも参照している人も結構いるんじゃないかと思います。

さてそれでは、他者の認識としての間主観性理論を論じている分析家にはどんな人がいるかというと、一人はダニエル・スターンで、もう一人はジェシカ・ベンジャミンです。その話をちょっとしてみようと思います。

(iii) ダニエル・スターンの間主観性

さて、ダニエル・スターンですね。スターンによれば、間主観性というのは、乳児研究から導きだされた、相手が自分と同じように心を持つ存在であることを認識する能力のことです。これは、生後九カ月から十二カ月にかけてできてくるんです。つまり、自分には心があってかつ他者にも心があるということを発見する。これは先のフッサールの話にちょっと似ていますよね。別にスターンはフッサールからとってきたんじゃないと思うのですが、スターンのいう私と他者の相互関係というのは、先ほどの竹田青嗣さんの表現、すなわち〈私〉の確信のある構造、それに近いものです。どんな構造かというと、相手も私と同じく世界を確信しているということです。スターンとフッサールでは違う点も多々ありますが、共に、他者にも心があって、それが共有可能だということを言っていると思います。そして、いかにして主観的状態が共有可能かということを考えるわけです。

スターンは、間主観性には間注意性、間意図性、間情動性の三つが区別されると言っています。ですから、スターンはこころのさまざまな機能を考えて、それらを区別します。相手が安全だと思ってくれたら自分も安全だと思えるとか、自分が意図したら相手も意図を汲み取ってくれるだろうとか、自分がある情動を感じたら相手もそれを感じているんじゃないかとか、そういう機能を考えるわけです。その中でも、情動調律は、間情動性として区別されるものであり、最も重要だと、そういう話をしています。

ダニエル・スターンという人について

それではダニエル・スターンとはどういう人なのか、ここでお話ししたいと思います。彼は一九三四年にニューヨーク市に生まれ、ハーバード大学を卒業した後にアルバート・アインシュタイン医科大学を卒業し、コロンビア大学精神科でレジデンシーを修了しました。その後、コロンビア大学精神分析センターで精神分析の訓練を修了して、同大学インストラクター、アシスタント・プロフェッサーを経て、コーネル大学に発達プロセス科主任として移ります。その後、准教授、教授をして、身体を悪くしたためだと私は聞いたんですが、一九八七年にスイスに移住して、ジュネーブ大学の心理学科教授になります。そして、二〇一二年に七十八歳でジュネーブにて亡くなりました。

スターンは、本をたくさん書いているんです。有名なのは『乳児の対人世界（一九八五）』（岩崎学術出版社、一九八九）です。これはものすごく有名な本です。他に『親‐乳幼児心理療法――母性のコンステレーション（一九九五）』（岩崎学術出版社、二〇〇〇）、『母になるということ――新しい「私」の誕生（一九九七）』（創元社、二〇一二）、『プレゼントモーメント――精神療法と日常生活における現在の瞬間（二〇〇四）』（岩崎学術出版社、二〇〇七）、『解釈を越えて――サイコセラピーにおける治療的変化プロセス（ボストン変化プロセス研究会、二〇一〇）』（岩崎学術出版社、二〇一一）などがあります。『解釈を越えて』は丸田先生が訳されています。スターンは『解釈を越えて』を著したボストン変化プロセス研究会のメンバーでした。

今のモーメント

スターンが言っている最近の臨床トピックに「今のモーメント」というのがあるんですが、それについて、後でエナクトメントという概念が、今のモーメント、さらには出会いのモーメント、ローカルレベルといった概念に絡んでくると思いますので、ここで触れておきたいと思います。

まず、今のモーメントとは、馴染みがなく、予想外で、何とも落ち着かず、奇妙で、何が起こっているのか、どうして良いのか、およそ見当がつかないようなモーメントを指します。行き詰まりになってしまうこともありますが、チャンスとも取れるような、未知の未来を秘めているモーメントです。それをキャッチして順調に行けば、それは「出会いのモーメント」となり、順調に行かなければ「損われた今のモーメント」となる、そういうものだというんですね。これだけでは、何のことか分かりにくいかもしれませんが、それは、伝統的な治療的枠組みが壊されそうな時に起こるんだと言います。確かに、行き詰まりとかエナクトメントとも関係ありそうだという感じがします。

ローカルレベル

これも『解釈を越えて』の中に述べられていますけれども、ローカルレベルというものへの注目が大切だというんです。間主観的な観点からスターンはこれを強調しています。それは、患者と治療者との間の秒単位のやり取りや、何らかの発言、沈黙、ジェスチャー、体位や話題のシフトなど、言語的・非言語的なやり取りをすべて構成する関係的な動きです。やり取りはすべて、ローカルレベルを持ちます。それはこれまでとは別なレベルの分析です。しかしそれは、マクロなレベルにある、伝統的な精神力動的記述にとって代わるものではありません。

これはですね、私は非常に新しくて重要かつ難しい領域だと思います。今日のお話で多分重要なことの一つは、ローカルレベルのそういう非言語的な、伝統的な精神分析技術にはのせられないようなレベルのことを扱うという動きがあります、ということです。

もう一つは別のですね、これもまた間主観性という言葉になるんですけど、精神内界とは別の、ローカルレベルとも別の、主体と主体のぶつかりとも違うものですね、主体と主体の他者性の認識をめぐる領域に間主観性はありますよ、ということです。それがすなわち、精神内界の分析と、ローカルレベルの相互交流の分析と、もうちょっとマクロな他者性の認識をめぐる問題と、そういうものがあって、精神分析が扱いたい領域、臨床的に扱うべき領域というのが広がりつつあるということです。さてこのあたりで、ダニエル・スターンの話は終えて、ジェシカ・ベンジャミンの話に移りたいと思います。

(iv) ジェシカ・ベンジャミンの間主観性

ジェシカ・ベンジャミンの間主観性も、他者性の認識の間主観性の一つのバージョンとして分類しました。これはどういうものかというと、ダニエル・スターンと同じようなものですけど、他者が心をもつというのを認識することは発達的な達成なんだということなのです。他者の主観性を相互に認識する。これはスターンと同じですね。ただし、ダニエル・スターンは乳児研究からそれを導き出しているんですけど、ジェシカ・ベンジャミンは、発達の直接的な観察からそれを引き出してきているわけではない。もっと臨床的なところから、また理論的なところから持ってきていると思います。

彼女は、ドイツで哲学を勉強してきた人です。それで彼女の間主観性理論は、ヘーゲルの哲学とか、先ほどのハーバーマスの間主観性理論に依拠した精神分析的な間主観性理論になっています。確かに、哲学的な間主観性理論を勉強した精神分析家という感じがします。彼女の間主観性理論はストロロウの間主観性理論とは大分違うものです。ウィニコットの理論とはかなり関係があります。ジェシカ・ベンジャミンはウイコットを非常に重要視しているのです。

ベンジャミンはこんなことを言っています。「間主観性は、西洋哲学と科学の中心をなしている主体と対象の論理と対比させようとの意図をもって作り出された。それは、他者が単に自我のニード／欲動、あるいは認知／知覚の対象であるのみならず、別個のそして同等の自己の中心をもっているという体験あるいは理論の領域を示している」（Recognition and Destruction: An outline of intersubjectivity. 1990）と言うのです。

「認知と破壊——間主観性のアウトライン」

それはどんなものなのか、「認知と破壊——間主観性のアウトライン Recognition and Destruction: An outline of intersubjectivity」（Benjamin, 1990）という論文をもう少し見てみましょう。この論文の中でベンジャミンはこんなことを言っています。精神分析においては、対象は、自我のあるところに副次的に生じるものとしてしか捉えられてこなかった。これはですね、ジェシカ・ベンジャミンはフェミニストですので、女性というのはお母さんであっても、あなたはお母さんねって、お母さんだけやっているわけにはいかないんだ、ということなんです。妻でもあったり、男性にとっての親密な女性であったり、娘だったり、姉、妹とか、同僚であったり、実にさまざまな面がある。女性にとって、私は一体どういうものなのだろうということが、精神分析にはなおざりにされてきたんじゃないのか。そうすると、それは分析家の主観性というもの、たとえば分析家を単なる母親的なものとして見るという分析家のメタファーというものと、そういうものとつながっているんじゃないだろうか。そういった構造を解体する必要があると、ジェシカ・ベンジャミンは考えたわけです。ベンジャミンはこの論文の中で「対象のあった所に、主体をあらしめよ」と言っていますが、それはそういうことです。

分析家と患者の間の関係性の問題は、主体としての患者と対象としての分析家という対の問題として見るべきものであるだけではなく、一個の主体とそれに関係するもう一個の主体との関係性との問題としても検討される必要があるというのですね。そうすると、どういうふうに見えてくるか……。

マーラーの発達論とベンジャミンの間主観性理論との違い

マーラーの発達論とベンジャミンの間主観性理論との違いを見てみますと、マーラーの十カ月の乳児というのは、世界の探求に専心していて、母親をときどき振り返りはするものの、それは単に安全性を確認するだけの行為であると理解されているわけですね。お母さんはまだそっちにいるかなとか、いわゆる分離‐個体化の過程ですね。去っていって、練習して、再接近するということです。ただ、ベンジャミンはここに乳児の間主観的能力の発達という観点を入れたんです。乳児が母親と関わるのは、安全性という単なる一つの機能を持っている母親ということだけじゃなくて、母親の観点からみてもただそれだけじゃないんですけど、単に安全性を保障する機能として母親がいますというだけじゃなくて、乳児の方から見ても、母親という他者が気持ちを共有してくれることを確認するためでもあるんじゃないかとベンジャミンは考えました。

これはですね、ちょっと臨床的なことに話は飛ぶんですけど、要するにただ単に安全であるというだけじゃなくて、分析家が、患者の主観性を分かりましたと思いつつかつ患者に自分の主観性をぶつけて衝突が生じるという、それが問題になってくる、そういうことがそのうちに臨床的に顕わになってくるということなんです。

母親は子どもの心に触れることに喜びを感じ、同時に乳児と母親は他者の心に触れるという喜びを共有する。単なる安全性の機能だけじゃなくて、同時に、乳児は他者の心に触れるのを感じて喜びを感じる。そこに何か認識を与えてもらって、心と心が触れるということが、本質的にも理論的にも重要だということなんです。臨床的に言うと、たとえば、私は自己開示は一律に素晴らしいなどとは全然思わないんですが、時に治療者のパーソンというのが治療に重要になってくるのは、治療者も人なんだというそこに患者が触れたときですね。そういうことを、しばしばではないですが時に経験しています。分析家にも何か自分の脆弱性みたいなものがあって、分析家の機能だけではないような、分析家のパーソンみたいなものと患者さんのパーソンが何か触れたような感じがあって、それが洞察の提供だけでは解明できない触れ合いの機会になるような、それが治療的に重要だったのかもしれないなと後で思えば感じることがあります。そういうものと、このベンジャミンの間主観性理論とは、スターンも同じようなことは言っていたんですが、関係しているんじゃないかなと思います。

ウィニコットの仕事とベンジャミンの理解

ウィニコットは、「対象の使用と同一化を通して関係すること」という論文を一九六八年に書いています。これは有名な論文で、この中でウィニコットは主体と対象の関係のあり方として、「対象と関わること」と「対象の使用」とを区別しています。主体と対象の関係のあり方を考えるうえで、「対象と関わること」の段階から一段進んだ情緒発達の段階が「対象の使用」の段階なんだと、ウィニコットは論じています。それをベンジャミンは取り上げようとするわけです。

実際にウィニコットが言っているのは、「対象の使用」の段階に至るには、主体は対象を破壊して、しかし主体の破壊から対象は生き残って、そのことによって、対象は単に主体の投影によって作られたものではなくなり、万能的コントロールの領域外に置かれることになる、そのことが必要である、そこで達成されるものが「対象の使用」だ、ということです。これがウィニコットの図式なわけですが、ベンジャミンは、このウィニコットの図式を、対象と関わることから対象を使用する段階へと移行する一連の順序だった流れとしてだけではなく、むしろ「他者の否定と肯定の間の基本的なテンション（a basic tension between denial and affirmation of the other）」（Benjamin, 1990）として理解されるべきだと言ったんです。

攻撃性に関する間主観的な理解

ベンジャミンは、攻撃性は、他者によって生き延びられない場合に問題と化すと論じました。そもそもウィニコット（一九六九）は、攻撃性とは「外部性というものの質を創り出す（creates the quality of externality）」ものであると述べています。精神内界的な意味で理解される自我というのは、外界から現実を押しつけられているというふうに理解されます。これは基本的にフロイトがだいたいそういうふうに考えているんです。外界は常に葛藤的に感知されるものだと。快感原則と現実原則の間の葛藤があると。快感原則というものに外界が入ってきたので、現実原則というものが導入されて、外界に影響を与える、自我で何とか処理する、というようになっていく。精神分析では、外界というものを、そういうふうに何か押しつけてくるまずいものとして捉えてきたわけです。

間主観的な自我は、これはウィニコットの理論とそのままつながるところなんですけど、現実にむしろぶつかっていくんだ、そうやって現実を見つけるんだ、とベンジャミンは考えました。これはストロロウとも緩くつながっている感じになりますね。現実はそこにあって、心の中にもあって、衝突するものとしてあって、でもまずいものじゃなくて、二人の人間がいて、そこにできているものだと。これはストロロウ的な意味でもそうだし、ウィニコット＝ベンジャミン的な意味でもそうです。現実というものは、攻撃性が生き延びられることによって、その質が創られていく、そういうものだと言ってるんですね。それは非常におもしろいところだと思うんです。ただ、だんだんとややこしい話になっていきます。

ベンジャミンは、内在化を主とする心の動きは、間主観的な緊張がうまく維持されない場合に、防衛的に動員されると言っているんです。でも、私はこれがどういう意味なのかなかなか分からなくて、大分悩んだんですが、今でも悩んでいるからちゃんと理解しているか分からないですが、内在化を主とするというのは、精神分析で内在化というのは基本中の基本ですよね。インターナライゼーション（内在化）の過程には、まず、原始的なイントロジェクション（取り入れ）があって、それがメタボライズ（代謝）されて、アイデンティティ（同一性）を形成するに至る。これが自我心理学でも論じられている基本のところです。それが内在化というものの大きな枠組みで、その中にイントロジェクションからアイデンティフィケーションまであるわけです。誤った内在化というものをどういうふうに扱うかっていうのが基本的には精神分析がずっと取り組んできたことです。

外的なもののイメージ、それはもちろん心の中の欲望などによって彩られたりとか、逆に内側から出てきたりする無意識のファンタジーというものが外側のものになったりということがあるんですけど、そういうものの心の動きとは別の領域として間主観的な領域というのがあって、内在化に関する心の動きというのは、その間主観的な緊張がうまく維持されないと防衛的に動員される。すなわち決着をつけないということがうまくいかなくなってしまった場合に内在化するということが起こる。そうすると悩みが生じるわけですね。たとえば、先生にこう言われて先生は厳しいと思った、とか、指導者は自分のことを批判したので悔しい、とかですね。自分が見捨てられたなどという悩みが生じるのは、それは相手である先生という他者と自分がどうやって折り合いをつけたらいいんだろうかっていうことの緊張をうまく処理できない場合に、それが内的な心の悩みになってくるんだとベンジャミンは言っているわけです。

それがベンジャミンが言っている間主観的な精神分析の作業として、まだ充分に触れられていないところなんですね。一九九〇年ですからかなり前のことですが、そういうことを言っている。それがベンジャミンでした。

じゃあどうするんですかという話を、一回区切って、次は実際的な話をしたいと思います。

Ⅲ　間主観性理論の技法

1　内容の分析からプロセスの分析へ

さて、間主観的な領域で仕事をするというのは何をするのかということについてお話ししたいと思います。基本的には、精神内界の理解はもちろん大切なんです。誤解のないように強調しておきたいのですが、間主観性理論を勉強することは、一者心理学を否定することではないんです。精神内容の分析、こちらに一者心理学的理解が役に立ちます、それとプロセスの分析、こちらに間主観性理論が役に立ちます、この両方が大切だろうと私は思います。私の個人的な考え方なんですが、精神分析は、基本は精神内容の分析で終えられたらそれはそれでいいんです。でも大体そんなふうにスムーズにはいかなくて、プロセスが問題になってくるし、そちらの方がむしろ難しくて、精神内界の分析はそれほどなされずに終わっていたり、あるいはそもそもそんなに問題にならなかったりする。そんなところがあるんじゃないかと思います。精神内界の探求をするためには、プロセス的なものも同時に扱わざるを得ない。プロセス的なものの扱いというのは、患者さんの心の中であなたは私をこう体験しましたねとか解釈するのはその一つですが、必ずしもそれだけじゃないだろうと思います。もっと広い意味での視点、それが間主観的な領域としてベンジャミンが考えていたもので、私もそうだなと思っています。

ですから、間主観的な営みとして精神分析を考えるということは、別に自我心理学を否定するというものではなくて、精神分析の勉強をしようと思ったら、臨床に使えることであれば何でも勉強すべきなんじゃないかというのが私が常々思っていることです。私が関係性理論や間主観性理論を勉強したということ、そのこと自体は、別に患者さんにとってはあまり重要なことじゃないわけです。患者さんの精神分析が何を必要としているかが大切で、それに精神内容の分析とプロセスの分析の両面があるということで、どちらかだけではなく、患者さんに必要なものはとにかく必要だと私は思っています。

これから精神内容の分析やプロセスの分析はこうしましょうという技法論的な話にどうしてもなるんですが、先に確認しておきますと、技法論としてできてきた順番というのは、やはり精神内容の分析の方が先で、プロセス的なものが後から発展したというのは、ちょっと否めないんじゃないかと思います。フロイトの最初のモデルは局所モデルだったわけですから、精神内容の解釈をすることを中心にその技法を発展させてきたわけです。それからだんだんと、防衛は自我の機能だけれどもその中に無意識化されているものがあるから、と、構造論的に考えて自我の分析が重要になってきたわけです。さらに転移があってそれが最大の抵抗となるので大変だということになって、完全な意味ではプロセス分析というわけじゃないですが、分析がある種の相互交流的な方向に広がっていったと思います。

プロセス分析とは何か。その一つの理解の方法ですが、たとえばビオンのアルファ機能とかウィニコットの抱えることというものがあります。もちろん、アルファ機能と抱えることは全然違うわけなんですが、アルファ機能の方が認識論的に特異な要素を持っていると思います。衝動とかそういうものを言葉にするというだけではなくて、治療者が直接扱う、こちらが処理する。これはかなり新しい観点です。あなたの心でこんなことが起こっていますよ、ということじゃないんです。あなたの心で起こっていることが私の心にやってきて、それをこちらが代わりに考えるとか抱えるということをする。最終的には、言語的な形で返すことをやるんですけど、それはプロセス化に近いものです。

でも今言ったことは、もっと広いもの、治療者その人というのとは、ちょっと違う。お母さんという人はどうだったんだろうか、あるいは治療者という人はどうだったんだろうか、治療者の主観性はどうなっているんだろうか、というようなこと自体を扱うのとは、ちょっと違うわけです。アルファ機能や抱えることといったモデルでは、治療者の主体性というのは、結局はっきりとは示されていないんですね。治療者の主体性はなくて、治療者は反応者である。治療者の主観性というのは、それは患者に反応したのであって、治療者がどういう人間であるかは基本的には関係ないということです。極端に言うと、一般的な、ジェネリックな分析家というのは、これはスティーブン・ミッチェルという分析家が言っているんですけれども、手は触れるんだけれども指紋を残さないというか、指紋のない分析家です。それは一般的な手ではあっても、指紋はない。

しかし間主観的な領域の作業というのは、指紋を伴うんです。ベタベタ触ればいいのかというと、それは別で。あまりにも指紋が残るとなれば、大抵皆さん嫌になりますから。でも指紋というのはどうしても残ってしまうものであって、残すことはあるけれど、ジェネリックじゃない分析家がより広い連想を自分自身の中に喚起されて、広い意味での相互交流に関係して、さらにより狭義にプロセスを扱うということになるのです。

2　プロセスの扱い——間主観性理論と関係論

さて、プロセスの扱いとして、間主観性理論と関係論の両者のプロセスの扱いについて、それぞれ理解と提案を示していきます。プロセスには二つの側面があって、①たまに生じるかなり大きな相互交流、そしてもう一つ、②基底状態としての相互交流、とに分けられます。

「たまに生じるかなり大きな相互交流」として、一つは「エナクトメント」があり、もう一つは「今のモーメント」という、スターンもメンバーになっている「ボストン変化プロセス研究会（ＢＣＰＳＧ：ボストン・チェンジ・プロセス・スタディ・グループ）」というグループが提唱している概念があります。スターンのところでも触れた「今のモーメント」ですね。これは、通常と何か異なることが明らかに起こっているという事態のことです。

一方で、「基底状態としての相互交流」というのがあって、大きな行き詰まりとか、治療者が遅刻してしまったとか、そういう大きな出来事じゃなくて、いつも起こっているようなことです。それは、基底状態として常に起こっている、分析家とアナリサンドの間の無意識的な相互交流です。これを embeddedness、すなわち分析家とアナリサンドが完全に「埋め込まれているということ」、あるいは「小文字のエナクトメント（enactment）」という言い方をする人もいます。

小文字のエナクトメントに対して大文字のエナクトメントというのもあって、この二つには若干の違いがありまして、たまに起きること、たとえば治療者が遅刻してしまうとか、時間を間違えるとか、あるいは通常以上にきついことを言ってしまうとか、そういうことを大文字のエナクトメントと言い表しています。小文字のエナクメントというのは、いつも起こっているものです。これを言い出すと、実は分析家は皆いつでもエナクトメントしているという人もいます。なぜかというと、エナクトメントというのは、完全に意識化されていないものが場に影響する、それぐらいの意味なんですね。ですからそれは当然いつもあるわけです。だから、分析家であってもいくら分析されても、完璧にはならない。もちろん患者さんは完璧じゃない。そこには必ず言語的に処理されてない諸々の無意識的なものがあって、それがいつも絡み合っている。それをミッチェルは、「関係性のマトリックス（relational matrix）」と呼んだんですね。スターンは「ローカルレベル」という概念を用いています。これはマクロレベルではなく、局所レベルですね。

3 エナクトメント

関係論に触れてしまうのですが、エナクトメントについてもう少しお話していきたいと思います。エナクトメントとはどういうものか。これは、間主観的領域において起こることとして理解されるものです。

エナクトメントとは、「当人が必ずしも意識できないような個人的動機が、行動により表現されること」(Renik, 1999 In: Chused et al, 1999 Four Aspects of the Enactment Concept: Definitions, Therapeutic Effects, Dangers, History. Journal of Clinical Psychoanalysis, 8(1): 9-61) とされていますが、岡野先生は、ここでいう「行動」は多くの場合治療者の行動の意味であって、その中には、言葉、仕草、沈黙、空想あるいは思考などが含まれ、その意味ではエナクトメントは「逆転移の行動化」に近いとしています(岡野憲一郎「エナクトメント」『精神分析事典』岩崎学術出版社、二〇〇二)。

それで、私が今日言っておきたいのは、基本的にエナクトメントは治療的に有害の場合が実はかなり多いということです。たいていの場合は、単なる、問題となる逆転移の行動化と考えた方が無難ではないかと思います。何故かというと、エナクトメントが治療的な経験ではないかと思えるためには、治療者も相当に自分のことを知っておかないといけないんですね。自分がなにか失敗してしまったときに患者さんのせいにしたり、治療者がただ単に自分の問題を持ち込んだだけだと思いたくないために、自分自身の中でのスクリーニングがきちんとできていないのにエナクトメントを自分に都合のいいように解釈してしまう、といったことが起こってしまうので、慎重になったほうがいいです。

ただし、エナクトメントが治療的にも大切な場合はもちろんあります。エナクトメントという概念はセオドア・

ジェイコブスという人が一九八六年に最初に導入したんですけど、治療者側の問題は通常の分析技法の範囲に十分に収まる範囲内でも現れるので気をつけなさいと、ジェイコブスは言いました。すなわち、普通に解釈しているように一見みえるのだけれども、実はきつめの解釈をしているとか、ある一面から見た解釈だけしていて、それが治療者の逆転移の表れだったということがあるので、それに治療者が気づいていない可能性があるから気をつけましょうということです。

ジョセフ・サンドラーは、「自由に漂う応答性」という概念について論じていますけれども、ジェイコブズは、それは確かに患者から分析家への非言語的メッセージおよびそれへの分析家の応答の手掛かりとして重要だけれども、それでもなお分析家に由来する逆転移要素を含んでいる可能性がある、と警鐘を鳴らしているんです。すなわち、分析家は否応なく常に逆転移というものに晒されている、そういう要素を含んでいるから気をつけましょうと言っているんです。

ジェイコブスのエナクトメント論というのは、分析家側の、エクストラの気付くべき問題、要素なんだということです。エナクトメントを扱うというのは、プロセスを扱うということになりますが、プロセスには「狭義のプロセス」と「広い意味でのプロセス」があります。私が言っている「広い意味でのプロセス」というは、相互交流全体（防衛の解釈とか、先ほど言ったビオンのアルファ機能、衝動そのものを扱うプロセスなどを含めた広い意味でのプロセス）です。一方、「狭義のプロセス」というのは、いわゆる間主観的な相互交流です。主体と主体のかかわりです。ですから、もしエナクトメントが、ジェイコブスが言っているように、分析家の側の、エクストラの気づくべき問題であるとそのまま文字通り取れば、エナクトメントを扱うということは、通常の分析の技法の範囲内で対応が可能だと思うんですね。逆転移に気づいて、ああ、私はこういうふうに思っていたんだと気がつくということで。

ところが、最近だんだんと関係論者の間で、間主観性論者が論じているエナクトメントもそうですが、エナクトメントってなんかいいものだ、的なニュアンスがあるわけなんです。それはなぜかというと、主体と主体のぶつかりというものの契機になることがあるからです。そういう意味で「特異なモーメント」という位置づけを与えられたんです。そこで、逆転移というものを常にスクリーニングして、そうならないようにしているのだけど、どうしてもそこに、ミッチェルが言っていたように、分析家のその人らしさ、すなわち指紋が現れてくることがある。手を洗っても指紋は残りますね。指紋を通して、心と心が触れ合うことになるわけです。それがエナクトメント、モーメントというものだろうと思います。でもエナクトメントは、それが起こるといいというわけじゃなくて、どうしてもそうなってしまうということなんですね。なってしまったものを通して、ああ自分はなんか完全に気づいていなかったけど、こういう面があったのか、それを患者さんの方が先に気付いたかもしれない。そこで心の交流が起こる、としているんです。

エナクトメントは、治療者の主観性のあり方と非常に密接に関係しています。治療的な変化が起こるためには、ここは実は意見が分かれるところなんですが、単に患者さんの心について何か指摘してやればいいってもんじゃない。治療者が自分の主観性を何らかの形で用いることが必要だろうと。これは、ただ単に私の指紋はこうでしたから、というのとは、ちょっと違うんです。それは乱暴ですね。あなたはこうですからと指摘してやるというふうに進むようなものではないだろうと思うのです。あなたはこうだから、私はこうだとか、あなたは私をこういうふうに感じさせてくれる、みたいなものは、間主観的な交渉とは違うんです。むしろ、それは内在化の方向に行く。ああ、先生は私のことを思ってこう言ってくれているのだ、と。そういう場合は、ウィニコットが言っていることなんですけど、患者さんの攻撃性を治療者が生き延びないことになるかもしれない。そうじゃなくて、あなたの問題として考えなさいとなると、あなたの方の問題になってしまう。もちろん、ここで気をつけなければいけないのは、あなたの攻撃性を患者さんに返してはいけないのか、という点です。それも決まっていないのです。精神内界的な作業と間主観的な作業は常に緊張関係になければいけないんです。だから一方的に、あなたのことは関係ありませんというのもおかしな話だし、全部患者さんであるあなたの問題ですというのも、精神分析の一部の作業をスキップすることになりかねないわけです。そのバランスはさまざまであっていいと思います。これはどういう治療になっているのかというと、まさに患者さんと治療者の間で決まるんじゃないでしょうか。ですから、間主観性理論を大切に思っている治療者は常にオープンでないといけない、などと決める必要はないわけです。

実際に、これは面白いもので、自己開示というものが分析家の持っている理論とどういう関係があるのかいろいろ調べてみたけれども実はあんまり関係なかったという報告があります。自己開示する人はするし、しない人はしないんですね。大切なのは、治療者が、自分がどういう人かというのを知って、患者さんがどういう人かというのを知って、その間でいつの間にかできていく間主観的な領域と精神内界的なバランスなんだとしか言いようがないような気がします。

4　二者的な解離的現象としてのエナクトメント

関係論者がエナクトメントをどう論じているかについて、お話ししたいと思います。フィリップ・ブロンバーグの著書（**The Shadow of the Tsunami, 2011**）が『関係するこころ』と題して翻訳が出ますが（同書邦訳『関係するこころ――外傷、癒し、成長の交わるところ』吾妻壮他訳、誠信書房）、そこで書かれていることとして、エナクトメントは解離を通して分析家と患者がつながり合う二者的な出来事だというのです。ポイントは、分析家と患者はつながり合うということです。キーワードは「二者的」なんです。そこで、分析家は、患者の「私ではない **not-me**」（ブロンバーグはサリヴァンの影響を受けている）体験に、共有された現象としての表象的意味を与える、と考えるのです。サリヴァンの考えは、人間が対人関係のパターンを通して、内的に分かれてしまうという考え方です。サリヴァン的に言うと、心は一つじゃないわけですね。対人関係の数だけ自分があるという極端なことを言っていますね。

それはまずい。それで、こういう自分は認めたくない、こういう自分を認めると大切な人間、たとえば母親とか治療者とかに見捨てられると思うと、「そんな自分はいません」と捨てるわけです。それは抑圧とは違うものです。もっと強度なものです。それが、解離という現象です。「私でない私」が治療の中に入っていく、それがエナクトメントです。そこで分析家の主観性に、患者さんの解離された主観性に対応する分析家の内的世界における解離された情動的体験を通して、今‐ここでの状況における「私ではない not-me」ものが、暗黙のうちに入り込むことが始まる。そうすることで出会いが生じるわけです。意識化されると象徴的にコミュニケーションができてコントロールできるのですが、でも、そうじゃないもの、無意識の交流というものが暗黙のうちに入ってくるんですね。前の話につなげると、それが分析家の主観性に触れるということなんですけれども、それが喚起されるということなんです。

そうなったとき、じゃあどうしたらいいのか。エナクトメントとか「今のモーメント」、あるいは間主観的な領域での主体と主体のぶつかり合い、これをどうしたらいいのかというのは、非常に難しいんです。なぜかというと、これは一般的な、ジェネリックな解決法が基本的にあるはずがないからです。あるいは、解釈だけでうまくいかないことも予想される。というのは、基本的に、起こっている事態というのは、たとえると、指紋と指紋のぶつかり合いなんですね。分析家と治療者の二人の関係の数だけその状況は違うわけです。だから、ある種モデル化すると、そこにある交流性はすでに失われているんです。じゃあ何でもありか、あるいは何もできないかというと、そういうわけでもない。そうすると、残るのは、治療者がそういう不確定な状況に関心を持って、その状況を耐え忍ぶこと、そういう状況を生き抜くことだということです。曖昧な言い方になりますけれども、曖昧になってしまうのは、それ以上曖昧さを取ろうとすると、大切なものも必ず失われてしまうからです。

それをもうちょっとハードな言い方で言うと、「分析家と患者の双方の諸現実を含むような関係性を持ったコンテクストが構築される必要がある。それが起こらない限り（中略）助けとなるべく論理的にその人自身の現実を取り出し、それをより良い現実――その『他者』の現実――で置き換えようとしている何らかの『他者』がいるだけ」（ブロンバーグ『関係するこころ』邦訳、二百頁）になってしまうんです。そうなってしまう。

たとえば、こうだからこうで、今起こったことはこうですからと言うと、これは私（分析家）の現実なんです。そうすると、それはいわば、先ほどのベンジャミンの言葉でいえば「内在化」を助長するだけで、かつより良い現実（私の思ってるこのコンテクスト）の方がいいんだから、そうしたらどうですか、みたいな感じになってしまう。それは他者であって、分析家はそういう今まで通りの他者なんですが、患者さんはそういう他者との間で傷ついてきている。そこで病理を発症したわけだから、それの繰り返しになってしまう。そうじゃないんだ、とブロンバーグは言うんですね。取り換えるんじゃなくて。それは難しく言うと、先ほどの、「分析家と患者の諸現実を含めた関係性を持ったコンテキストが構築される」となるんです。

これもブロンバーグが『関係するこころ』の前の著作の "Awakening the Dreamer"（2006）で言っていることなんですが、エナクトメントは患者の内的対象の世界における戦争の外在化であると言っています。これは分かりますよね。患者の中の、この戦争の実際の戦場は、エナクトメントによってオーガナイズされている精神内界の関連する内容（associative content）を言い表すことで達することができない。むしろ作用の場所は、エナクトメントが起こる対人関係の解離的な文脈（dissociative context）であるとブロンバーグは言っています。

5　今のモーメント

次に間主観性理論の話をもう一回やりたいと思います。「今のモーメント」と「ローカルレベル」については先ほどもすでに言ったところですけれども、さらにもう一回振り返って詳しくお話したいと思います。関係論者、たとえばいまお話ししたブロンバーグと、ボストン変化グループの分析家たちとは、直接のつながりというのはグループ的にはもっていないのですが、似通った概念化をしています。

たとえば、ダニエル・スターンは「我々の立場は、ミッチェル（一九九三）やストロロウとアトウッド（一九九二）のそれに似ている」とはっきり言っています。「間主観的環境のほとんどが関係性をめぐる暗黙の知に属することを念頭に、彼らの主張に追加すれば、二者関係状態の変遷は、治療の流れの中で、共有された暗黙の関係の中へと組み込まれていく」と述べています。

ここは分かりやすいと思いますが、「追加すれば」ということですけれども、暗黙の関係といっていることが、関係論者とボストン変化グループとで違いがあります。ボストン変化グループのスターンらは乳児研究から始まっていて、一方で自己心理学とか間主観性理論の周辺は実証研究の方を大切にするグループと関係があるんです。赤ちゃんを実際に観察してそれを記述していくということは、たとえばブロンバーグもそんなことしないです。ミッチェルもそこまではしない。ストロロウも乳児から観察する方ではないと思うんですが。

スターンらは、乳児研究から始まっていますので、サイエンティフィックな理解を大切にするようです。そうすると、その暗黙の手順（たとえば自転車の乗り方）とか、暗黙の知（たとえば楽器に関する暗黙の知識）、暗黙の関係的知識（私とあなたの関係はこういうふうになっているだろうというものをめぐる暗黙の知）は、これらは明示的な知と対比的に使われていますが、そういうものは暗黙の関係の中へと組み込まれていく。そういう言葉の使い方というのは、スターンらが得意としているところだと思います。

スターンらはさらに、自分たちのユニークさを、エナクトメントを論じる関係論者たちとは異なって、情動的に高まったモーメントのような特権的なモーメントへつながる段階を、「今のモーメント」から「出会いのモーメント」への変遷として詳しく記述した点であるとしています。それでも、スターンらの「今のモーメント」という概念は、エナクトメントとかなり似たものではないかと私は思います。

スターンらはさらに、『解釈を越えて』というボストングループの本で、次のように述べています。「臨床的にも、また、主観的にも、治療者と患者が〝今のモーメント〟に踏み入った』、『これは普通の現在のモーメントとは違う』と分かるのは、その形、そのタイミングでのモーメントには馴染みがなく、予想外で、何とも落ち着かず、奇妙だからである。何が起こっているのか、どうしたら良いのか、およそ見当がつかないことも少なくない。そうしたモーメントは、未知の未来を秘め、行き詰まりとも、チャンスとも取れる。現在が、〝(闘牛の)とどめの一突きの瞬間〟同様、主観的に非常に濃い感じになる」(『解釈を越えて』二十四頁)。

さらに、「(「今のモーメント」が)もしキャッチされ、すべてが順調に行けば〝出会いのモーメント〟となり、順調に行かなければ、損なわれた今のモーメントになる。」、「今のモーメントは、伝統的な治療的枠組みが壊される危険にさらされるか、壊されるか、あるいは壊されるべき時に起こる。」(同書二十五頁)とも言っています。ここが面白いですね。やっぱり〝枠〟なんですね。これはやはりどんな治療者でも、最終的には〝枠〟というものをどこかで体験しているのであって、そういう意味では治療構造というのは非常に大切だということです。治療構造をなんか楽にしましょうとか、自由にしましょうというのでは全然なくて、むしろその重要性が増すぐらいのものなんじゃないかと私は思います。

「今のモーメント」論は、関係論的なエナクトメント論のように、心の解離状態を前提としていなくて、心の解離状態は全然認識していないんですね。

6　ローカルレベル

ローカルレベルについてもまた振り返りですが、分析過程においてプロセスを扱うことが重要な局面はエナクトメントや今のモーメントだけに留まらないのであって、エナクトメントや今のモーメントが大きなプロセス的高まりであるとするならば、ローカルレベルは小さな動きだけれども、遍在し、少なからぬ重要性を持つ、というのがスターンらの考えです。

ただですね、私が思うのは、ローカルレベルというのは変数が非常に多いです。ですから、そのローカルレベルのことを扱う治療者になるのは、なかなか大変なことじゃないかと思います。それはどういうことかというと、スターンとかの変化プロセスは、普通の今まで勉強してきたような分析の構図にのってこないようなやりとりの記述になっていて、ああこれはもう分析とは違う、やっぱり別のものだという考え方が生じてくるくらいなんです。なぜかというと、非常に難しいわけです。大きな物語についてはわれわれは結構勉強してきて、大きな物語、ナラティブを作ることを分析の技法から学んできたんですけども、こういうローカルレベルというものは、顔の表情とかノンバーバル・コミュニケーション（視線とか顔色その他のノンバーバル・コミュニケーション）を含んでいるので、こういう目で患者さんを見るとかは、なかなか大変だと思います。ただ、文献を読むことによって意識が高まりますよね。自分が気づいたらこういう姿勢になっていたとか。その変数を増やしていって、悩みは増えるかもしれないですけど、治療者にとって少なくとも邪魔にはならないのではないかと思います。ただ、すぐできるかというと、なかなかできないものだなと思っています。

じゃあ、そこからスターンらの言っていることに入っていきましょう。「ローカルレベルは、患者と治療者の間の秒単位のやりとりで、それは、何らかの発言、沈黙、ジェスチャー、体位や話題のシフトなど、言語的／非言語的な出来事が構成する関係的な動き（relational moves）から成る。」、「やりとりはすべて、ローカルレベルを持つ。」（『解釈を越えて』一〇一頁）、「ローカルレベルで考察するプロセスは、今の時点では、精神分析的プロセスを理解するための収斂レンズとして捉えることもできる。それは、これまでとは別のレベルでの分析であり、もっとマクロなレベルにある伝統的な精神分析力動的記述に取って代わるものではない。」（同書一〇二頁）。こんなことを言っています。

そういうローカルレベルとマクロレベルというのがあって、これは間主観性ボストングループのオリジナルな論点だと思います。関係論が論じていることは、よりマクロなレベルの物語の間主観的な領域におけるぶつかり合いです。それが間主観性領域の一つの作業であるとすると、ローカルレベルの作業というのは、もう一つの交流レベルです。それらを含んで、それがスターンとベンジャミンらの間主観性理論の理解とそれの臨床的応用だと言えるでしょう。

ストロロウ、ベンジャミン、スターンが考えていることを概観してみました。今まで話してきたのですが、アメリカの精神分析は、やっぱり大分多様化してきていて、ますます進んでいってるんだろうなと思います。今日のところは、だいたいこれくらいにしておきます。ありがとうございました。

～討　論～

横井（指定討論）　皆さん、吾妻先生のお話を聞いて、どうでしたでしょうか？　先生のお話と皆さん自身の頭の中でいろいろと湧き起こったことが、なにか混沌として動いているのではないかと思います。おそらく、間主観性というのは、そういうようなもので、私自身も吾妻先生のお話を聞いて、自分の中でいろいろと感じていたものがあります。そこでできあがったものが間主観性だと思うので、私自身の間主観性をお伝えしたいと思います。

まず、間主観性というのは、間主体性、インターサブジェクティビティーということですから、原則というか基本として、臨床の場には、あるいは人間と人間の出会いの場には、主体と主体がいるということを前提とした上での理論なんだと思うんですね。間主観性の理論が難しくなるのは、サブジェクトという概念とサブジェクトという概念のさらにメタ概念としての間主観性理論があるものだから、ストロロウやベンジャミンやスターンという人たちが、それぞれの立場を伝える時に、間主観性のさまざまな考え方、それに付随した治療技法論が出てきているところの、混乱が現れているのではないかと思います。

そこで、人と人との出会いは主体と主体の出会いであり、治療の場面というのは主体と主体の出会いであるという感覚というのは、これが一番今回の話の前提となるところですが、これまでの精神分析の中ではその感覚が乏しかったという歴史があると思うのです。

吾妻先生が、今日、最初に紹介してくださいましたが、それまでの精神分析、自我心理学、クライン派などの精神分析では、主体と対象という感覚だった。たとえば、セラピストは主体である患者さんが転移してくる対象であり、分析はそれを扱うという主体と主体ではない関係、つまり主体と対象という相補的関係であったと思うし、解釈においてはセラピストが主体であり患者さんが対象であるという関係もあり、それがさまざまに反転しながら精神分析が営まれていたと思うのです。結局そこでは、主体と主体という関係性が成立しない状況の中で精神分析の営みが行われていたと思うのですが、ただ、それは有効だったと思うんです。それは、解釈という、セラピストという主体の側が持っている知識というものが対象の側に移譲されるということによって、対象が知識を得てなんらかの洞察をもって理解をしていくという、非常に有効な相互交流だったと思うんです。ただ、それだけでは説明しきれないことがあるということなんですね。なんらかの変化のプロセスがそれ以外にもあるという視点が、間主観性理論だと思うんです。

今の精神分析は、かなりそういう視点も広がっているというところのことを、今日、吾妻先生がお話くださったと思います。ここから連想ですが、かつて丸田先生がお話してくださったことで、丸田先生がアメリカで親しい友だちとバーベキューをしていた時に、とても楽しくて「ワハハ……」と笑った時に、友だちが「トシ、君の笑顔はとても素敵だね」と言ってくれたというエピソードがあって、そのときに丸田先生がおっしゃったのは、「その笑顔は私のものではないんです」ということなんです。「私固有の笑顔ではなくて、私とその人の間での間主観性の中で出てきたものを、私という個体を通して表現されたものなんです」と、おっしゃたことを思い出しました。間主観的体験というのは、個人のもののように思われるけれど、そこに表現されるものだけれど、実は、関係の中で生まれてくるものだということをおっしゃったと思うんです。

その間主観性学派の理論を、どう臨床的にもっていくかというところですが、これまで精神分析は主体と対象という相補的な関係で展開していると理解されていた。解釈をとおして知識であるとか、真実であるとか、分析家が持っている患者さんには見えてない何かを、解釈という形で与えるという治療機序があったかと思うんですけど、実は、これも主体としての分析家の解釈という関わりだと思うのです。間主観性学派というのは、主体と主体との関わりの中から何か治療的な契機が現れてくると考える。その現れ方がどういうものかという捉えかたが各学派の違いで、それをどう利用するのかということも、さまざまな間主観性学派の中で多少の違いがある。そうなると、それをどう利用するかは各々の分析家の好みによるのだと思うのです。ですから皆さんも、それぞれ好みの理論の中で、臨床を行なっていただいていいのではないかというふうに思ったということで、討論の口火を切らせていただきます。

吾妻　ありがとうございました。一つ思ったことは、解釈だけでいいんだという意見もあって、一方で、でもそれでよくなっているのかというコフートなどの視点もあるんですね。自己心理学的な視点ですね。それまでは、解釈だけで分析をしているのか、そうではないのかを真剣に考えてくれる視点はなかったんです。これは、解釈そのものというより、何かがそこに起こっているんだと思いますが、それはより本質的なところでは関係的なローカルレベルのモーメントが起こっているということで、自分は精神分析的な枠の中でそのようなモーメントを扱うことをやっているんだろうと思うんです。その中で、物語的な、伝統的な捉え方というのは、参考として置いておいて、そこを行き来しながらやっているんだろうなと思います。それが、私の個人的なやり方ではあるんですが。いろいろなものに開かれていていいと思うのです。ただ、フロイトという人は圧倒的な存在感があって、その分析家としての経験も分析の内容も凄まじかったという印象がありますね。

大矢（司会）　フロアからいかがでしょうか。また分からなくなってきてしまったんですが、今日、転移ということがほとんど語られなかったんですけど、関係精神分析というのは、そういうものなのでしょうか。逆転移の関わりの中でエナクトメントを説明されたのですが。エナクトメントについて、もう少し噛みくだいてご説明いただけますか。

吾妻　そうですね。エナクトメントを二者的な解離現象としてのエナクトメントとして考えていただくと、分かりやすいと思います。どういうことかというと、転移や逆転移というものが、自分では意識化できていないものが患者さんや分析家の中にはあるんですが、それら意識化ができていないものがはからずも治療の場の中に入ってきてしまって、それがいかにも微妙な形であらわれてくるのがエナクトメントになるということなんです。より分かりにくい形で入ってくるような、分析家と患者さんの意識化されていないものですが、意識化されていないものというのを他の言い方で表現すると逆転移、あるいは転移というものになると思います。

質問者　先生のお話を伺って、これから自分がどう面接を行なっていったらいいのかと考えさせられたので、質問します。以前、高橋先生の訳された本の中で、分析家は自分が受けた分析家の影響をうけて面接をしていると教わりました。それには理論と実際の体験とその両方があると思うんですけど、実は分析家その人との体験が基盤になっているということを聞いたことがあるんです。今日の、先生のお話の中でも、パーソンとしての分析家との出会いと体験というのを痛感したんですが、一方で、自分が受けてきた訓練のなかでは、枠の中で、時間と場所を限定する中で、患者さんがそこにどんなものを入れてくるか、そこでの対話も含めて、ことばとことば以外で自分が感じる体験というものを、そこで何が起こっているかということを、ことばで表現するのが大切であるということを教わってきました。そこでは私のニーズで何かをしているんだなという感じがあったんです。関係論的には患者のニーズをより大切にするというお話を以前にお聞きしたことがあるんですけど、どうも私はこちら側のニーズで話をきいて、ものを見ているんだなと思ったのです。そうしたら、私として、これから面接をする時に、間主観的な関わりの中で、何にもう少し注意した方がいいのかというのを教えていただければ……。

吾妻　ありがとうございます。関係論というのが私のニードを優先するというのも、逆に患者さんのニードを優先するというのも、それは誤解です。患者のニードに合わせて何でもするということはないし、それはしてはいけないことです。それは単なる逆転移に過ぎないからです。分析家のニードのかわりに患者さんのニードを優先するというのは、その方が分かりやすいからそうなるんでしょうが、でも基本的には、患者さんのニードはもちろん大切なんですけど、そこでの折り合いのつかなさそのものを対象にするということが大切なんですね。患者さんに好かれるために気に入られることをするということではないんです。私が言いたいのは、自我心理学とか対象関係論とか自己心理学とか、いろいろ理論を勉強するのは、単にそれは精神分析の臨床的要請からなんです。間主観性理論も、自分のパーソンが患者さんのパーソンとどういうふうに繋がっているのかと考える上で大切になるんです。解釈しない分析というのはありえないですから、枠組み、患者さんから持ち込まれてくるもの、言語的に抱えるということにも同時に目を向けていきたいと私は思っているんです。よろしいでしょうか。

大矢　時間がきたようでございます。吾妻先生には、急遽、お願いしたにもかかわらず、これだけ濃いご講義をしていただけましたことに感謝申し上げます。ありがとうございました。

二〇一四年六月二十二日　開講

（編者付記）第9講は、丸田俊彦・森さち子により「スターン：乳幼児観察からの挑戦」と題して行われる予定であったが、丸田俊彦の病気療養のため、急遽、吾妻壮を講師として開講された。

特別対談

「精神分析を生きること」

狩野力八郎×松木邦裕

大矢（司会）　第十六期大阪精神分析セミナー（二〇一二年度）は「精神分析家の生涯と理論」を基本テーマにして、福本先生のフロイトから始まり、中村先生のアンナ・フロイト、鑪先生のエリクソン、飛谷先生のクラインン、館先生のウィニコット、松木先生のビオン、横井先生のサリヴァン、富樫先生のコフート、吾妻先生のスターンと各精神分析家の生涯と理論を紹介して参りました。本日今期最終回を迎えるに際し、私たちのセミナーのSupervisorでもある狩野先生と松木先生に特別対談をお願いしました。狩野先生には体調の優れぬ中、また関西では、祇園祭や天神祭などの最中、最も暑い折にご来阪いただきありがとうございました。

まず、狩野力八郎先生をご紹介します。慶応義塾大学医学部ご卒業後、同大学精神科学教室に入局、桜ヶ丘保養院、東海大学医学部精神科学教室、現在はないのですが、アメリカのメニンガー・クリニックとメニンガー精神医学校およびトピカ精神分析研究所へのご留学を経て、ご帰国後は東海大学に戻られ、昨年まで東京国際大学大学院の教授をなさっていました。また日本精神分析学会の会長もお務めになりました。

一方、松木邦裕先生は熊本大学医学部をご卒業後、九州大学心療内科、福岡大学医学部精神科を経て、ロンドンのタビストック・クリニックに二年間留学なさった後、恵愛会福間病院等にご勤務、現在は京都大学大学院の教授をされています。

お二人とも、皆さんご存知の通り、論文はもちろんたくさんのご著書を刊行されておられます。さて、どう口火を切られるかは、松木先生にお任せしたいと思います。よろしくお願いします。

松木　「精神分析を生きる」ということで、二つのことを私は考えました。一つは人生を生きるとの過程に於いて、あるいは過程の中で精神分析を生きるということ、もう一つは精神分析セッション（面接）の中で精神分析を生きるということです。

後者については、皆さんの臨床経験でお分かりと思います。患者（クライアント）によっては自分を見るという作業をせず、また自分を考えようとしない患者さんもいて、そういう人たちにわれわれが精神分析的に関わり続けるという、すごく難しい経験をなさっている方もたくさんおられると思います。そうしたセッションをどう生きるか、アクティングアウトに巻き込まれたり、クライアントの理解に繋がる解釈をするよりも、何か説明をしたり教育をしたり、時には弁解をしたくなるという分析からの逸脱の動きが私たちの中に起こってきます。そうすると、治療設定は精神分析的なのですが、私たちは精神分析的に生きていないことになるでしょう。

一方、精神分析家、精神療法家であることとは、日常生活の中心が精神分析セッションになり、加えて研究会やスーパービジョン等での事例の検討、書物その他で学ぶという生活になります。精神分析セッションの中で自分が適切に機能するということにおいて、日頃の生活状況がかなり影響すると認識しています。たとえば私は睡眠時間が短いと駄目なんです。セッションの中でこころがほどよく機能できなくなるので、睡眠はしっかりとるようにしています。私は七時間はとるので、仕事があっても途中で止めて寝ます。そういう形で分析のセッションで機能する自分を維持しようと努めています。分析セッションを生活の中心において、それを充実させることが自分の人生のあり方として納得のいくと感じるのでそうしています。単に快だけでなく、ある種の節制と満足がそこにあると思います。傍から見たら単純なつまらない生活に見える可能性もあります。

たとえばローゼンフェルドは自己愛的な患者に、その患者はビジネスでヨーロッパ中を移動している人でしたが、「あなたはずっとここに座っていて、何と可哀想な生活だ」と侮蔑的に言われたことを書いています。もちろん、これは転移関係での発言です。それはともかく、精神分析場面で、私たちはいろんな人の心の世界、心の宇宙と言ってもいいのですが、そういうものを見たり一緒に過ごしたりする機会を手に入れています。それは他に代えがたい冒険であり満足であると思いますし、そこに精神分析の大きな魅力があります。たとえば、今から二百年前頃、地球は探検ブームでした。アフリカとか南米とか未開の地が多かったのです。ただもう外界、すなわち地球上は、地下に潜む洞窟以外は、おおよそどこも開拓されました。けれども心の世界、心の宇宙はまだ未開で探検の余地があります。われわれは精神分析という方法を持っているので、そこへ行きつけると思います。

狩野　不思議なんですよ、声は出ますね。椅子の高さによって出たり出なかったり。一番いいのはここに横になっているとよく声が出るのですが。肺への血流の問題なのですが、今は酸素を入れていて、そういう状態になっています。大体座っていると声がでるので、可能な限りこのようなセミナーに出ています。さて、今日のテーマですが、松木先生が二つに分けて明快に整理して仰っていただきました。前半の方は精神分析技法論というのになるのか、もう一つはもっと自分の生活ということになるのかもしれません。大矢先生から、今日は自己開示を含めたお話をしてもらえると嬉しいと言われましたが、今日お渡ししたレジメの通り、私が精神科医になったのはとても偶然で、そもそも医学部に入ることすら考えていませんでした。高校三年の時、ほとんど思いつきで医学部進学を決めました。

僕は満州で生まれ、二年間逃げ回り難民キャンプにいました。満州の難民を、ＧＨＱのおかげだと思いますが、日本に帰そうという船が出て、佐世保に降りることができ、日本に帰ってきました。ですから、私の同朋は満州で死んでいるか、残留孤児になっています。

私は小学校の時に母の故郷、北海道の知床半島の斜里に住んでいました。私の父が営林署の医者だったので、普通の人には入れない知床の自然林に営林署の人に車で連れて行ってもらっていました。運転免許をとってからは、観光客を乗せてガイドもしました。孫は信じないが、こんな大きいオニヤンマがいるのですよ。もともと、父親は軍医を選ぶか、満州国の国立療養所で働くかと言われ、日本人ですね、軍医を選びました。私の父親は日本人だが、フランスのナンシーで医師免許をとり、あと満州国の医師免許も持っていて、ハルピン医大の先生をしていました。軍医を選んだため、終戦後はシベリアに四、五年抑留されました。私の叔父が関西にたくさん住んでいて、この子を斜里に置いておくときっと我がままになってダメだから、他人の水を飲ませるためってことで京都に移りました。

京都の中学を出て、その頃はいろんな経験をしました。何になりたかったかと言うと、一つは歴史学者。私が小学校の頃、一番愛読していた本が、フランス革命物語だったとかの影響でした。父は父で、フランス語でカルテを書いていて、ル・モンドとか取り寄せて読んでいて、そういう子ども向けの本をくれたので愛読していました。また下宿していた叔父は狩野久と言いますが、京都大学の大学院生で、平城京を最初に発掘したメンバーの一人、ずっと墓堀をしていました。その影響を受けて歴史学を勉強したいと思っていましたが、当時の京大の先生が言うには中学や高校時代に歴史好きはたくさんいるが、大学を出て彼らがモノになった試しはないという助言がありました。精神分析もそうだと思います。精神分析に惹かれて始めてもモノにならず、ちょっと屈折した流れから、偶然きて精神分析をやっちゃったという人はいます。

次は宇宙物理学。これは中学の時の別の叔父が、彼は父のフランス留学の仲間なのですが、その知り合いに金子光晴という詩人がいました。彼は第二次大戦中にエロチックな詩を書いていましたが、僕の話をよく聞いてくれる「聞き上手」な人でした。彼と話していると、じっと目を見つめられて話がとめどなく出てくるのです。宇宙物理学の話ばかり十分話し尽くして、もう宇宙物理学ではないと思いました。もう一人の関西の叔父は実業家ですが、日曜の午後など、時に人間はぼやっとして、空想することが大事だと言っていました。これらは精神分析にまだ関与してないのですが。

高校時代は東京にいて、大学と言ったら東大しかないというイヤな高校の生徒でした。予備校の先生にこの成績だったら受かると言われて安心した訳ではないのですが、東大を滑りました。一年浪人して予備校で勉強し、慶応大学に入りました。これも一種の挫折のようなもので、何をやっていいかわからない。医学や人間の身体に関心がある訳じゃなかったのです。ある日、日吉の図書館で二冊本を借りました。秋元波留夫のわかりやすく精神学を解説した本。もう一冊はシュヴィング夫人の『精神病者の魂への道』（小川信男訳）を読んで感動しました。そうか、そういう道があるのかと。先ほど話した叔父たちと話したそれまでの体験が一気につながってきました。父親は反対しませんでした。現実の現実ではなく、夢とか空想に価値観をおくというそんなところからスタートしたのです。だからと言って、大学時代一所懸命勉強した訳でもなく、遊びや好きなことに没頭していました。ですから、慶応の学生時代に小此木啓吾という人がいるとは知りませんでした。小此木先生は、卒業後入局してから知りました。大学の話に戻りますが、保崎先生の授業に出た際、認知症と精神症状のあるケースを供覧されたのが進行麻痺だとすぐわかってしまった。というのは秋元波留夫の本に書いてあったからです。一度きりで授業には出なくなりました。

松木　狩野先生がどのようにして精神分析に出会われたか、というお話を初めて伺いました。いろいろ幻滅されていたのですね。安心して幻滅できるという環境におられたのだと思いました。幻滅で傷つくだけでなく、幻滅の体験が心の豊かさにつながるような、ある種味わい直せるような幻滅ですね。この話を狩野先生は展開されなかったのですが、幻滅から屈折して、心の痛みを感じないではおれない人間、自分の歪んだところを見つめる人間が精神分析を取り込めるようになるのではないでしょうか。狩野先生を見ていて、そんなに屈折なさっているようには見えないのですが、今までの話に出ていないところに屈折したのがおありなんでしょう。皆さんも、そうですよね。以前、北山先生とも、藤山先生とも対談したことがありました。お二人とも屈折した話をなさいました。私も屈折していて、ある時妻から「知ってはいたけど、こんなに屈折しているとは思わなかった」と言われました（笑）。自己の屈折を見つめ、そこからどう世界を見直すか。精神分析は苦痛なものを見なければならないという私の感じたところをちょっとお伝えしたかったのです。ところで、狩野先生にとって、小此木先生の最初の印象はどんなだったのでしょうか?

狩野　あのね、記憶にないんですよ。というか正しく記憶してないんです。一九七一年に入局した時、学園紛争と医局解体で研究室とか教室が解体していました。当時の教授は保崎先生です。ニュートラルで政治的にもそういう方で、精神神経学会の理事長をしていて苦労されていました。僕らは、病棟で患者さんを診ていて、臨床はしていました。レクチャーも受けていました。小此木先生はやたら親切で、何でも教えてくれて、年間を通してケースの助言もしてくださいました。だからと言って、小此木先生が大家だとは全く知りませんでした。保崎先生とは、分厚い英語の本を読んで勉強していました。僕にいろいろ教えてくれたのは相田先生だと思っていましたが、相田先生は僕に教えてもらったと言います。僕らはそういう仲でした。相田先生はラジカルな闘争家のリーダーで、学長室を占拠したこともあり、四谷警察から目を付けられていました。一年浪人して、その時土居先生の授業を受けていました。小此木先生は素晴らしい学識の持ち主で、宝の島というか、問えば何でも答えてくれる。教えることがお好きな先生でした。

入局する時に保崎先生に何をやりたいかと聞かれて、精神病理学以外のものをやりたいと答えていました。誰か先輩、あるいは偉い人に同一化して学んで行く。医学、特に精神分析にはそういうところがあります。でも、人に同一化して学んで行くのはインチキじゃないか?　同一化の対象がなくなったらパーでしょう。同一化が生命線である。だけど、同一化がなくたってちゃんと身につけられる技術、知識、それが本物だと思っていました。だから小此木先生の価値というのは、小此木先生に「リキちゃん」と妙になれなれしく呼ばれて、ちょっとイヤだったけど、こちらがそういう姿勢さえ維持して行けば、知識、勉強の仕方まで限りなく教えていただけた。もう一つ、当時の私には大人世代への呑み込まれ不安や恐怖があった訳です。当時学生運動もあったので、そういう自覚はありました。まあ、そんなふうにして付き合っていました。

松木 私が小此木先生と一番身近に接したのは、岩崎学術出版社の『精神分析事典』に携わった時です。一九九六年頃でしたか、小此木先生、北山先生、藤山先生、妙木先生らと、三日ほどホテルに合宿しました。その時に小此木先生の博学にはびっくりしました。何かの用語が出てきたら小此木先生が説明されて、そのまま原稿になります。実際のところあの事典の四割から五割は小此木先生が書いておられます。小此木先生の知識があってこそ出来上がりました。

今の狩野先生の話を伺っていて思ったのは、先生の周りには悪いお友達がたくさんおられたじゃないですか。相田先生とか皆川先生、丸田先生ら、そんな悪友達との切磋琢磨といいますかお互いに影響し合ったといいますか、学び始めての数年間というのはお互いに刺激し合ったり影響し合ったりすることが多かったと思うのです。その辺りのお話をお伺いしたいです。

狩野 僕の精神分析の勉強の上ではとても大事なことなのです。その前に松木先生のお話から思ったのですが、その後、弘文堂から『精神医学事典』も出ました。これは三分の一が分析の用語だったのです。編集者は慶応から保崎秀夫、小此木啓吾、東京医科歯科から宮本忠雄、もう一人、京都の笠原嘉先生。ここら辺の人が編集して作ったのです。東大からは出ていない。当時東大紛争がひどかったので、東大を入れると企画がパーになるかもしれないという危惧があったのでしょう。その時、小此木先生が「保崎先生は僕より詳しい。僕の知らない分析用語まで全部知っている」とおっしゃっていました。多分、保崎先生と小此木先生で出来上がったのです。当時、小此木先生の人を見る目は凄かったのです。どこをどう見ているのかはわからないが、先生が「この人は」と目をつけた人は必ず重要な指導者になって行きます。彼が拒否する人は大成していません。当時、松木先生は尖がっていて、西園先生とは喧嘩しているし、九州では孤立なさっていました。でも小此木先生は松木先生を買っていらした。そのことを僕は知っていたので、松木先生のどこを見ているのかを考えればよかったのですが、この点が一番、傍にいて小此木先生から学びたかったことです。ところで、『精神分析事典』に僕も編集に名を連ねていましたが、出たり入ったりしていました。どうしてかと言うと、ともかく大学の仕事は忙しいし、博士論文を書かなくてはいけないし、大学でやっているのは診療研究マネジメント、それだけでなくアンダーグラデュエイトの責任者をやったりしていました。もう一つは僕が一番力を入れて治療していた方が自殺したのです。それも何年も診ていて、統合失調症でとても良くなっていたのですが、経過オーライと思っていた矢先、患者さんが割腹自殺したのです。編集はちょうどその頃で、一種の軽い抑うつ状態（mild depression）になっていたので、事典どころでなかったんです。

悪友の話ですが、相田先生と私と渡辺明子先生と一緒に小此木先生のスーパービジョンを受けながら、一緒に勉強しました。初期の頃は小此木先生に教えられ、そもそも最初から、相田先生と対等な契約のもとにこの勉強会をする。だから上下関係はない。慶応の卒後研修の一環だから優劣をつけない。そこで生産される論文の権利、版権はスーパーバイザーが持つ。盗作はいけない。皆さんご存じでしょうが、フロイトは結構弟子の業績を盗作しています。ですから、後で問題を起こしていました。僕にとってこういう仲間がいたというのは大きいことでした。精神分析の勉強は仲間と一緒にやるのが健康的です。丸田先生、皆川先生は同級生だけれど、卒後はちょっと日本にいただけで、すぐに海外へ行ってしまったので少し距離があります。

ついこの間、僕が書評を書きましたが、ダニエル・スターンのグループがボストンで『解釈を越えて』を出しましたが、誰がリーダーという訳でなく、七、八人の仲間が共同で書き上げたものです。悪友は大事です。お互いに言いたいことを言わないと生産的なものになりません。

大矢　小此木先生の話が出てきて、松木先生も小此木先生との関わりがあり、「精神分析を生きる」ということについての松木先生のお話は、とても先生らしいなと思ってお聞きしていました。日常生活そのものがセッションを機能させるために成り立っている。狩野先生は仲間での作業を強調されましたが、松木先生はその点はいかがでしょうか？

松木　私は精神分析を身につけたいと思って、最初は九州大の心療内科に入りましたが、そこでは学べないと判断し福岡大精神科にかわりました。そこでは福井先生がほぼ同期でした。福岡大の今の教授の西村先生が私より一年上におられた。西園先生が有名な方だったので、人が集まり、少し遅れて門田先生が長崎から来て、川谷先生もいらっしゃって比較的世代の近い仲間が集まり、切磋琢磨しました。私たちの上級には、ラッカーの『転移と逆転移』やスポトニッツの『精神分裂病の精神分析』を翻訳された坂口先生、そしてウィニコットの紹介者牛島先生もおられました。われわれの世代は前田先生のところに分析を受けに行くようになりました。

私がロンドンにいた間に、福井先生はメニンガーにいて、旅行でロンドンに来ました。そのとき福井先生の志向に似ていて向いていると思い、パトリック・ケースメントの『患者から学ぶ』の翻訳を勧めました。が、その頃、福井先生はグリーンソンの有名な技法論の本の翻訳を抱えていました。そうこうするうちに、私はハンナ・シーガルの『クライン派の臨床』を訳したあと、ハーバート・ローゼンフェルドの『行き詰まりと解釈』を訳していました。北海道の世良先生と一緒にやっていましたが、版権が押さえられていて翻訳は完成したものの出せなくなりました。想定しなかったこの事態は私には大きなショックで、気持ちを立て直すために何かをする必要を感じました。福井先生に尋ねたところ、『患者から学ぶ』の翻訳に彼は気乗りしていない様子で手を付けていませんでしたので、代わって私がケースメントの『患者から学ぶ』を訳出しました。そういう付き合いの仲間がいました。

大矢　さて、お二人の留学体験についてお話を聴かせてください。

狩野　父の話をしましたが、父は高校卒業後、直接フランスのナンシーの大学に行ってしまった。でも父は、教育や語学に関しては英語を勉強しろと言っていましたので、留学はアングロ・サクソン系だと思っていました。僕は何か行動する時には、後先を考えず、ポーンとやっています。でもメニンガーに行ってみて、とても不安になりました。当時、メニンガーではお家騒動があり、そこは解体状態でした。高名な人たちがメニンガーを乗っ取ろうとしたようですが、失敗に終わり、東部や西部の大学へ散ってしまった。そうすると、こちらが理想としていた人がいなくなっていたが、しばらく居ると、そこで行われている臨床の素晴らしさをつくづく感じ、精神科医であることについて改めて考えました。日本では否定の論理です。患者を閉じ込めて劣悪な精神医療の状況を作っているのは精神科医である、と学生時代から徹底的に叩き込まれていた。自分を徹底的に否定しないと何も見えてこない。しかし、メニンガーは違った。そこでの治療は非常に明るいのです。一番驚いたのは、病棟のレクリエーションを僕のボスが、先頭に立って楽しそうにやっている。ボスに尋ねたら、「いろんな苦痛を持っている患者さんがいて、その生活を提供している病棟医長が、明るく振る舞わないでどうするんだ?」と言われて、その当たり前のことに納得して、初めて精神科医であることに肯定的になれました。精神分析に関心はありましたが、分析家になろうとは思っていませんでした。ともかく、こういう職業を実践することに始めて肯定的になったのは、留学体験でした。付け加えて言うと、医者として尊敬されました。留学体験は僕にとっていいことばかりでした。ですから日本に帰ってきて、土居先生に留学の話をすると、とても驚かれました。留学から帰るとかなり明るくなっていたと思います。

松木　私はもともと、精神分析に関心を持っていました。当時の福大精神科での分析的な臨床経験により、精神分析で一番重要なのは転移で、転移をどう扱うかが一番の軸であると改めて実感するようになりました。福大は力動精神医学の場であり、面接は対面であり、カウチを使うことはなかったのです。福大で五、六年経ってからでしょうか、もっと精神分析らしい精神分析があるのではないか、外国に行くならそれがあるのではないかと考えました。

転移が臨床の中心に置かれているのは、アメリカではマートン・ギルが転移に関心が大きく、『転移の分析』という本を出していました。英国ではクライン派が転移中心の分析を実践しているけど、文化的にはアメリカの方がずっと身近でした。イギリスと言えば、ビートルズ等を知っている程度でした。私の上司だった牛島先生がモズレイ病院に行かれ、ウィニコットを中心に学んで来られていました。その影響も大きくて、どちらに行こうかと迷っていましたが、最終的に英国を選択しました。ギルに断られたら困る、彼は一人ですから。クライン派にはそれなりの人数がいるので、一人に断られても、次の人のところに行けばいいやと思いました。

そこには私の特性が反映されています。私は知り合いのいない所に行くのですね。大学も高校の同級生が行かない所でした。九大心療内科も知り合いはいませんでした。福大精神科も誰もいません。ロンドンに行くときも知り合いは、誰もいなかったのでした。現在の京都大学も然りです。それが私の屈折したところの表れなのです。

ロンドンには衣笠先生がおられて、衣笠先生とはロンドンで初対面でした。鈴木龍先生も居られました。タビストックの周囲には、フロイトの住んでいた家があり、ロンドンの分析家の八割ぐらいがその周辺にオフィスを持っていたり、住んだりしていました。そういう場所でした。だから、タビストックでパブリックレクチャーがあると、精神分析サークルの人たちが出席していました。そういう小さいけれども精神分析の文化があり、そこの中で過ごすという体験でした。英国ではこちらが求めない限り、何も言ってもしてもくれません。私の方からハンナ・シーガルにコンタクトをとり、スーパービジョンしてもらったり、ハーンにコンタクトをとってセミナーに入れてもらったり、ベティ・ジョセフに会いに行ったり、タビストックの内と外の両方で学ぶ機会を見つけることができました。タビストックにはいろんな分析家がいて、切れ味のいい人も完全に調子はずれの人もいました。分析家はいろんなタイプがいていいんだ、その人なりの精神分析があっていいんだ、ということを実感する機会が、ロンドンにいた時期にあったなあと思います。

私は帰国後、自分のめざす精神分析を現実化したいと思いつめていましたから、狩野先生が言われたように、尖っていて角ばかりぶつけている人間と分析学会関係者から見られて、誰からも相手にされなかった時期もありました。

もう一つは、私がロンドンで見つけたのが、ビオンでした。当時ビオンはもう亡くなっていて会えませんでしたが、奥様だけにでも会っておけばよかったなあと心残りです。住所はきっとクラインの伝記に書いてあったと思います。いずれにしても、学ぶ対象としてのビオンを見つけたのは大きかったです。

大矢　ありがとうございました。お二人のお話を聞いていると、私の話なのですが、断片的にあの時、ああいうことがあったよなぁという出来事が、まとまって行くという面白い体験をさせていただいています。

さて、フロアに館直彦先生がいらっしゃいますので、ひと言お願いしたいと思います。

館　今日は久しぶりに狩野先生が大阪にいらっしゃるというので、お話を静かに傾聴しようと、聞きに行ってもいいかと聞くと、何かコメントしろと言われました。お二人の対談なので、お話を促すという意味でいいのかなあと思ってお話します。お二人の話を伺っていて、大変面白かったです。テーマが「精神分析を生きる」ということなので、狩野先生はシステムを含めて対話の場、それを強調されていました。松木先生からは、精神分析は一歩踏み出すことなんだ、松木先生に教えられ続けていることなのですが、大阪に引っこんでいると一歩踏み出すのはなかなか難しいことなのですが、いろんな意味で一歩前に出ないと分析にならないんだというメッセージを伝えられたと理解しました。この二つは、精神分析を考える上でとても重要なことだと思いますが、他にあるとしたら、何があるのかなあと、お教えいただけたらと思います。

大矢　今の館先生からのコメントをお受けになってのお話をお願いします。

狩野　多分、館先生が私に問いかけられたのは、『対話とその場』というテーマだと思います。私が一番重視しているのは、治療構造、自分自身の生活も含めて構造設定していくということですが、あまりその話をしていなかったですね。松木先生は自分の健康を維持すると述べられて、一週間のタイムスケジュールを決められています。基本的にその枠で動いてられます。たとえば、週四回スーパービジョンを入れてスケジュールをたて、それを崩したら大変でしょう。去年（二〇一三年）、私は東京国際大学を早期退職しました。その前の検査で経過は順調で体調もいいし、もうひと働きできるだろうと思いました。大学は辞めて、分析とスーパービジョンにエネルギーをそこに注ぎたいと、昨年四月からのスケジュールを作ったのですが、その矢先に第二の肺がんが見つかって、大きくスケジュールが狂いました。その一つ一つを今後どうするのか、療養生活のストラクチャーは重要で、それがしっかりしていないといけません。出るものは出る、休むものは休むと決めますが、こちらの予測通りに行かないのが悩ましいです。私が常に考えているのは、場の設定。こういうのを徹底してやるのは、留学から帰ってからです。でも、親戚の冠婚葬祭とか、不義理もしますが、専門家としてパブリケーション、必要な工夫も要ります。

松木　館先生が踏み出すことと言われましたが、自分はそういうことを言っていたのだなと改めて思いました。狩野先生も言われましたが、精神分析を実践するというのは、孤独な作業です。犠牲を払う活動です。夜の懇親の場やコンサート等の人間関係の楽しいことを断念して、精神分析セッションのために使います。人間関係での孤立です。狩野先生は社会人として常識的な方なので、ダイアログ、対話を前面に出してお話されておられます。私はエキセントリックな人間なので、孤独、孤立が感覚としてより感じられるのです。実際精神分析を実践していると、いろいろ不義理をします。通夜にしても、夜九時頃までセッションをしているので、ご遺族がすでにくつろいでいる十時や十一時にしかお悔みに行けないこともあります。精神分析を考える上で、他に重要なことがあるかと館先生がおっしゃったのですが、犠牲を払うということはあります。精神分析を始めた以上は、それを辞める訳にいきません。

京都大学にまいりましたが、九州の人間が京都人には決してなれません。それらしく振舞っても真似にすぎません。それなら、京都に住む私はどうすればいいかと考えました。京都での生き方の一つは観光客のそれがあります。楽しそうですが、私は観光に興味がないから、観光客にはなれません。もう一つは、京都はお坊さんが修行に来る場だから、そのやり方が合うのではないか、赴任期間を修行だと考えればいいのだと思いました。ですから、私の生活の場は、大学の位置する洛中の北東四分の一の区画で最北が大学という範囲に限られていました。私は京都のどこへも行ったことがありません。去年の京都での分析学会で講演してもらったシュルマン先生をどこかにお連れしないといけないから、派手なところがいいだろうと金閣寺だけは行きました。大変美しいところでした。ある種の禁欲的といいますか、ある部分で犠牲を払う生き方を選ぶと、それは裏表なのですが、もう一方で自分のやりたいことを実践する時間が確保できます。分析やスーパービジョンをしたり、研究会を開いたりできます。

精神分析が教えてくれていることの一つは、断念するということです。断念したものをモーニングワークすることは当然ながら必要だと思いますが、手に入る物は限られているのです。合格しても一度にいくつもの大学は通えないように、他のものを断念しなければなりません。フロイト自身が「断念の術を覚えれば、人生はいくらか生きやすくなる」と言っています。これは別に精神分析に限りません。サッカー選手でもサッカーの技術を上げるために、たくさんのものを断念していると思いますし、料理人だってそうでしょう。プロフェッショナルになろうと思えば、一つのことに専心して何かを断念することだと思います。そういう志を持つということを、私は生き方として肯定的にとらえたいと思います。もちろん、人生は一回しかありませんから人生のいろんなものをいろんな形で楽しみたい方もたくさんおられるでしょう。ただ私には自分らしい生き方として、精神分析を学び実践し、それを通して生きている人を知ることに充たされるところがあります。精神分析が教えてくれたものだと思います。

大矢　ありがとうございます。欲と道連れの私は何と言えばいいのか分かりません。京都に住んでいますが、松木先生のように金閣しか知らないということはありません。

松木　京都で大矢先生とばったりお会いしたことがありますが、自転車で大学に通うのにどの道を通れば早いのか探っている時に、大矢先生が家から出て来られてばったり会いました。結局、あの道はやや遠回りになるということがわかりました。

大矢　今の話を聞いていて、狩野先生は構造の話をなさって、松木先生は断念というお話をなさいました。その二つに共通項はあると思いますが、もう少し詳しくお話しいただけますか。

狩野　構造設定をするということは、断念を含む、あるいは対象喪失、その通りだと思います。たとえば今日の一時から二時に誰と会って何をするかということには、目標目的があります。たとえば、昼食を一緒にするとすれば、それ以外のことを断念する。目的は食事を楽しむことだから、そこで論文を書く訳には行かない。構造設定するということは、メンバーもやり方も目的も全部設定した時点で決まってきます。単一の場合もあれば、複雑な場合もあり、曖昧な場合も明確な場合もあります。それを意識しながら作って行く。また、スーパービジョンには時間があり、目標はスーパーバイジーの教育であったり、あるいはスーパーバイジーが自己スーパービジョンできるようになるのを助けたりすることです。やり方は、一対一、週一回、一回五〇分と決める。それだけではなく、隠された目的を見つけて行くのが面白いのですね。隠された目的というのは、私自身にとっても刺激的だし、新たな発見をして行く。これは何らかの役に立ちます。今度は大きなグループ、大学でゼミ生の勉強会、その時にこういう本を読んで行こうとかこれは教育の一環だから、ゼミ生のためにやるのだが、私にも役に立たないと面白くない。だから何を選択するかという時、そういう視点で選択します。これは小此木先生のテクニックから学びました。小此木先生は自分が勉強し尽くしたのはなさらない。フレッシュマンと勉強会を始められて以来、自我心理学とかは一切なく、当時の最先端の流れのメラニー・クライン、ウィニコット、ビオンと勉強して行く。小此木先生は、僕らと一緒に勉強しながらやって行かれました。専門家教育というのは、ある種わくわくしたり刺激を受ける、そういう工夫をする構造設定する側の主体性を相当発揮して、いろんな工夫をする楽しさがあります。

松木　狩野先生がおっしゃるような構造を設定してそれを守るというのは、私が言っている断念ということの裏表だと思うのですが、構造化したところで何かを真剣にやり続けていると、ある時点で突破、ブレイクスルーが起こります。自分でこの時にブレイクスルーが起きたと気がつくものではありませんが、ある時点で見え方、捉え方が変わっている事態が発生しており、それに気づきます。私の個人的な感覚かもしれませんが、いろんな融通を利かしていると、そういうブレイクスルーは起こりにくいのです。そうではなく、一芸は道に通ずると言いますが、構造の中に留まって壊さないように維持していると達成できる本質的なものがあると思います。それが私たちの臨床家としての技術や考え方が飛躍することに直接つながるのではないかと思います。

狩野　今の松木先生の経験と認識が、まさに分析的だと思います。私は大学教育で学生による授業評価を作っていた時期があります。特に東海大にいた時に、理工学部の先生にそれの得意な人がいて、ミニッツペイパーと言って、結構お金がかかるのですが、一枚の紙を授業の終る寸前に学生に配って評価してもらい、読み取り機にかけると結果がすぐ出ます。それでミニッツペイパーと呼びますが、これを何回かやるとわかってくるのは、同じ講義、授業でも一年目二年目三年目、評価が上昇する。しかし四年目になるとドーンと下る。つまり、やる方がマンネリになるのです。聞く方は変わる。そこで松木先生の言われたブレイクスルーは起こらず、むしろ退行が起きる。そういう現象があるので、三年経ったら変えなくちゃいけない。しかし、精神分析では起こらない。精神分析をずっとやって行くとブレイクスルーは起こり、一つの構造を退屈であっても維持し続けるのは精神分析なのかなあ。

大矢　もっとお二人のお話を聞きたいと思うのですが、このあたりでフロアからコメントやご質問など、ございませんでしょうか。

川野　川野と申します。このセミナーを最初から支えてくださっているお二人の先生が精神分析について語ってくださっているのは、とても感慨深いと思っています。先生方にあえて伺いたいのは、精神分析の何に魅了されて続けていらっしゃるのか、教えていただけますでしょうか。

松木　人間の真実に出会うことだと思います。人のほんとうの在りよう、人というのはこうなんだと感動する機会に出会うことだと思います。日常生活では、それこそカタストロフィックな状況が発生した時には見えてくるかもしれませんが、普通の日常では見えないのではないかと思います。精神分析の中で、もちろん、毎回のセッションでそれが起こるのではまったくなくその逆なのですが、精神分析というものが私に与えてくれる貴重な体験であると思います。私の個人的な感覚ですが。

狩野　改めて何に魅了されているのかということを考えると、ちょうど松木先生のおっしゃったことと裏表になるかもしれませんが、人間の身体的な生活も精神生活も、分析的に考えてみると無駄なものは何もないと言えると思います。こういう世界で、現実と空想、幻想でもいいのですが、これについて明確な基本価値を教えてくれ、理解する方法を提示してくれているのは精神分析ですよね。これはもう尽きない話題になりますが、そういう中から真実とは何かを追って行くのは面白い仕事で、他の手段では恐らく絶対に得られないものだと思います。今日の冒頭で出自に関わる話をしたのですが、二歳まで難民キャンプ生活をしたこととかは記憶にないので、その真実は何なのかと聞かれても答えられませんが、分析のプロセスの中で、いかに大きな外傷体験かということはよくわかるし、そういうことからお話をしました。叔父たちどの何気ないおしゃべり、これも無駄じゃなかったと思います。僕は結構井戸端会議が好きなのですよ。美容院に行くのですが、家内に言わせると、髪の毛を切りに行くのでなく、男の井戸端会議に行くのでしょうとからかわれるのです。そういうのも無駄ではないと思います。そんな些細な理屈をサポートしてくれるのが精神分析ですから、これは何にも代えがたいものだと感じています。

大矢　もう時間が迫っていまいりました。今日は司会を務めるに際して、とても不安でした。失礼を承知で申し上げますが、前回狩野先生にお話していただいた時は、失礼な言い方になりますが、呼吸も大変という印象でしたが、今日は、はきはきとお話しいただく姿を拝見できてとても嬉しく思いました。お二人の話を聞いていて、精神分析を生きることを通じて、臨床を考えると、大事なことは、構造を設定しそれを守るということ、あるいは自分のしたいことを断念するということ、それは患者さんの健康を引き出すということに結びつき、同時に私たち治療者の健康ということにまで影響していると感じました。

長時間にわたり、お二人の先生のご対談を拝聴させていただきまして、本当にありがとうございました。（拍手）

二〇一四年七月二十七日　対談

おわりに

大阪精神分析セミナーは、それまで精神分析の理論と実践を身近に学ぶ機会のなかった大阪の地に、体系だった精神分析を学ぶ場を立ち上げようと、川野由子ら数名の初学者が行動を起こしたことを契機に成立したセミナーです。代表に大矢大を迎えて、小此木啓吾先生の指導のもとに日本を代表する精神分析家を講師陣としてお迎えすることで、大阪に本格的な精神分析のセミナーが起動いたしました。

一九九八年一月二十四日付の「大阪精神分析セミナー」設立（案）には、セミナー開催にあたっての目的と意味として「臨床において必要な理論の習得と臨床家としての自己覚知を目指す」と謳われ、プログラム案としては、「①フロイト、フロイト以後の精神分析理論（クライン、ウィニコット、カーンバーグ、ビオン、コフート、フェアバーン、スターン、マーラー等）を学ぶ。②精神分析的発達理論を学ぶ。③精神療法、心理療法としての精神分析的理解・技法を学ぶ」と記載されています。構成は、午前に二時間の講義、そして午後に三時間の症例検討としてスタートしました。講師・スーパーヴァイザーとして協力・賛同してくださった先生方として、岩崎徹也先生、牛島定信先生、小此木啓吾先生、狩野力八郎先生、衣笠隆幸先生、斎藤久美子先生、成田善弘先生、西園昌久先生、松木邦裕先生のお名前が挙げられています。

第一期大阪精神分析セミナーの初回は、一九九八年九月に小此木啓吾先生をお迎えして、「精神分析の動向――乳幼児精神医学と精神分析」のタイトルのもとに開催されましたが、そのときの模様は「はじめに」で大矢が述べているとおりです。小此木先生の本セミナーにかける熱い思いは、スタッフはもとより大阪の聴衆にありありと伝わったことだろうと思います。以後、二〇一七年度の第二十期大阪精神分析セミナーに至るまで、日本の精神分析を牽引する先生方のご協力のもとに、年十回のセミナーを継続して開催することができました。

その間に、ご講師としておいでいただいた先生方は、小此木啓吾先生をはじめとして、狩野力八郎先生、岩崎徹也先生、成田善弘先生、松木邦裕先生、牛島定信先生、衣笠隆幸先生、斎藤久美子先生、西園昌久先生、岡野憲一郎先生、中村留貴子先生、丸田俊彦先生、藤山直樹先生、北山修先生、小倉清先生、高橋哲郎先生、深津千賀子先生、相田信男先生、菊地孝則先生、川畑直人先生、木部則雄先生、妙木浩之先生、館直彦先生、平井正三先生、一丸藤太郎先生、皆川邦直先生、川谷大治先生、森さち子先生、舘哲郎先生、横井公一、祖父江典人先生、東中園聡先生、大矢大、福本修先生、鑪幹八郎先生、飛谷渉先生、富樫公一先生、吾妻壮先生、高野晶先生、鈴木智美先生、皆川英明先生、池田暁史先生、岡田暁宜先生の諸先生方（御登壇順）です。長い期間にわたる先生方の厚く変わらぬご支援に深く感謝いたします。

大阪精神分析セミナーの二十年の歴史は、大阪に精神分析が根付き、芽生え、育ち、そして大きく実を結んだ二十年間の歴史と重なるものであると自負しています。そしてこの二十周年を記念して、大阪精神分析セミナーで講師の先生方が残してくださった貴重なご講義を、広く皆様のもとに届けたいという思いのもとに、今回、本書が企画されました。ご講義は二〇一三年度の第十六期から「精神分析家の生涯と理論」のテーマを選びました。精神分析を生み出しそして発展させた精神分析家たちの生涯と思想を、日本のそれぞれの学派の代表的な研究者であり臨床家である先生方が御自身の言葉でそれに向けての思いを語ることによって、精神分析家それぞれの生涯と理論の結びつきと、そしてそれを学ぶことのもつ深い意味合いとが重なりあって読者のもとに届けられるのではないかと期待しています。

大阪精神分析セミナーは、大矢大、岡達治、川野由子（事務局）、鈴木千枝子、手塚千恵子、横井公一、清野百合の各運営委員が企画・運営にあたり、また狩野力八郎先生、松木邦裕先生、館直彦先生には顧問としてお力添えいただきました。扇喜美子さまには総務としてさまざまに煩雑なお仕事を引き受けていただきました。そして一人ひとりのお名前を挙げることはできませんが多くの若い学徒たちに「お手伝いスタッフ」として運営を支えていただきました。そして最後になりましたが、これまで大阪精神分析セミナーにお越しいただいた参加者の皆様に、何よりの感謝をささげたいと思います。参加者の皆様とともに学びを深めることのできた二十年の年月は、われわれスタッフ一同にとっても何よりも貴重な年月でした。そしてこれからも変わらぬご支援を賜ることができますよう心からお願い申し上げます。

人名表記の統一などの編集は大阪精神分析セミナーで行わせていただきました。本書の企画から実現に至るまで、岩崎学術出版社の長谷川純さまには一方ならぬご苦労をおかけいたしました。おかげさまでこの規格外の書物が世に出ることができました。ありがとうございました。

第二十期セミナー修了の記念を間近にして

編集代表　横井　公一

富樫公一（とがし　こういち）
2001～2006年　NPAP精神分析研究所，TRISP自己心理学研究所（NY）留学
2003～2006年　南カリフォルニア大学東アジア研究所　客員研究員
2006～2012年　広島国際大学大学院准教授（2007年まで助教授）
NY州精神分析家ライセンス，臨床心理士，NAAP認定精神分析家，博士（文学）
専　攻　精神分析・臨床心理学
現　職　甲南大学文学部教授，TRISP自己心理学研究所ファカルティ，栄橋心理相談室
著訳書　Kohut's Twinship Across Cultures: The Psychology of Being Human（共著，Routledge），不確かさの精神分析（誠信書房），関係精神分析入門，臨床場面での自己開示と倫理（以上共著，岩崎学術出版社），ラックマン他＝乳児研究と成人の精神分析（誠信書房，監訳），ストロジャー＝ハインツ・コフート（金剛出版，共訳）など

吾妻壮（あがつま　そう）
1970年　宮城県生まれ
1994年　東京大学文学部第三類ドイツ語ドイツ文学専修課程卒業
1998年　大阪大学医学部医学科卒業
2000～2009年　米国アルバート・アインシュタイン医科大学，コロンビア大学精神分析センター，ウィリアム・アランソン・ホワイト研究所留学
国際精神分析協会正会員，日本精神分析協会正会員
現　職　神戸女学院大学人間科学部教授，精神分析プラクティス
著訳書　関係精神分析入門，臨床場面での自己開示と倫理（以上共著，岩崎学術出版社），精神分析における関係性理論（誠信書房），ブレーガー＝開かれた心（共訳，里文社），ビービー他＝乳児研究から大人の精神療法へ（共訳，岩崎学術出版社），ブロンバーグ＝関係するこころ（共訳，誠信書房）

狩野力八郎（かの　りきはちろう）
1945年　満州に生まれる
1971年　慶應義塾大学医学部卒業，慶應義塾大学医学部精神神経科学教室入室
1976年　東海大学医学部精神科学教室
1981～1983年　メニンガークリニック，メニンガー精神医学校およびトピカ精神分析研究所に留学
1987年　国際精神分析学会正会員
2001年　東京国際大学大学院臨床心理学研究科教授
専　攻　精神医学，精神分析学
2015年　逝去
著訳書　性格の障害（異常心理学講座，分担執筆，みすず書房），青年のひきこもり（共編著，岩崎学術出版社），重症人格障害の臨床研究（金剛出版），方法としての治療構造論（金剛出版），オグデン＝こころのマトリックス（監訳），ベイトマン他＝メンタライゼーションと境界パーソナリティ障害（監訳），ギャバード＝精神力動的精神療法（監訳，以上岩崎学術出版社）他

飛谷渉（とびたに　わたる）
1964年　大阪府高槻市生まれ
1991年　大阪市立大学医学部卒
1996年　同大学院博士課程修了，医学博士
2001年　大阪市立大学神経精神医学教室助手
2004～2008年ロンドン・タヴィストック・センター思春期青年期部門留学，思春期青年期臨床課程修了。同時期にクライン派精神分析家に師事し精神分析を学ぶ
現　職　大阪教育大学保健センター准教授
著訳書　精神分析たとえ話（誠信書房），メルツァー＝精神分析過程（共訳・解題，金剛出版），リカーマン＝新釈メラニー・クライン（岩崎学術出版社）

舘直彦（たち　なおひこ）
1953年　東京に生まれる
1981年　大阪大学医学部卒業
1995年　東京慈恵会医科大学講師
2004年　天理大学大学院臨床人間学研究科教授
2014年～　大阪市立大学生活科学部特任教授
現　職　たちメンタルクリニック，個人開業
著訳書　境界例（共編著），現代対象関係論の展開，ウィニコットを学ぶ（以上岩崎学術出版社），ボラス＝精神分析という経験，ボラス＝対象の影（以上監訳，岩崎学術出版社），エイブラム＝ウィニコット用語辞典（監訳，誠信書房），その他多数

松木邦裕（まつき　くにひろ）
1950年　佐賀市に生まれる
1975年　熊本大学医学部卒業
1999年　精神分析個人開業
2009年　京都大学大学院教育学研究科教授
専　攻　精神分析学
現　在　精神分析個人開業，京都大学名誉教授，日本精神分析協会正会員（訓練分析家）
著訳書　対象関係論を学ぶ，精神分析体験：ビオンの宇宙，耳の傾け方（以上岩崎学術出版社），私説対象関係論的心理療法入門（金剛出版），分析実践での進展，不在論，こころに出会う（以上創元社），ケースメント＝患者から学ぶ，あやまちから学ぶ，人生から学ぶ（以上訳・監訳，岩崎学術出版社），ビオン＝ビオンの臨床セミナー（共訳），再考：精神病の精神分析論（監訳），メルツァー＝クライン派の発展（監訳，金剛出版），その他

横井公一（よこい　こういち）
1957年　香川県生まれ
1982年　金沢大学医学部医学科卒業
1993～1996年　アルバート・アインシュタイン医科大学トランスカルチュラル・サイカイアトリー・フェーローおよびウィリアム・アランソン・ホワイト研究所に留学
1996年　大阪市立総合医療センター児童青年精神科
2003年　関西福祉科学大学大学院社会福祉学研究科
専　攻　精神医学・精神分析
現　職　微風会　浜寺病院
著訳書　関係精神分析入門，臨床場面での自己開示と倫理（以上共著，岩崎学術出版社），ミッチェル＝精神分析と関係概念（訳），グリンバーグ，ミッチェル＝精神分析理論の展開（監訳），ミッチェル＝関係精神分析の視座（監訳，以上ミネルヴァ書房），ボラス＝精神分析という経験（監訳，岩崎学術出版社）

編者（大阪精神分析セミナー運営委員・顧問）一覧

大矢　　大〔代表〕（医療法人　おおやクリニック）
岡　　達治（医療法人　岡クリニック）
川野　由子〔事務局担当〕（大阪母子医療センター／たちメンタルクリニック）
鈴木千枝子（帝塚山学院大学大学院　人間科学研究科　臨床心理学専攻）
清野　百合（パークサイドこころの発達クリニック）
館　　直彦（たちメンタルクリニック）
手塚千恵子（心理室森ノ宮）
横井　公一（微風会　浜寺病院）

著者略歴（掲載順）

福本修（ふくもと　おさむ）
1958年　横浜生まれ
1982年　東京大学医学部医学科卒業
1990年　静岡大学保健管理センター助教授
1993年　タヴィストック・クリニック成人部門留学
2000年　タヴィストック・クリニック成人精神分析的精神療法課程修了
現　在　国際精神分析協会正会員，日本精神分析協会訓練分析家
専　攻　精神医学・精神分析
現　職　代官山心理・分析オフィス／長谷川病院
著訳書　現代クライン派精神分析の臨床（金剛出版），精神分析の現場へ（誠信書房），ヒンシェルウッド＝クリニカル・クライン（誠信書房，共訳），ビオン＝精神分析の方法Ⅰ（法政大学出版局）・Ⅱ（同，共訳），キノドス＝フロイトを読む（岩崎学術出版社，監訳）

中村留貴子（なかむら　るきこ）
1948年　茨城県に生まれる
1972年　日本大学文理学部心理学科卒業
　　　　山梨日下部病院，慶應義塾大学医学部精神神経科教室を経て
1988年　千駄ヶ谷心理センター共同開設
2001年　東京国際大学人間社会学部教授
専　攻　臨床心理学，精神分析学
業　績　摂食障害の治療（『今日の心身症治療』金剛出版），母娘関係の展開（『精神分析研究』36巻1号），ハルトマンの時代とその自我心理学へ（『自我心理学の新展開』ぎょうせい），他

鑪幹八郎（たたら　みきはちろう）
1934年　熊本生まれ
1962年　京都大学大学院博士課程　修了
1964年　ウイリアム・アランソン・ホワイト精神分析研究所の訓練生
1967年　大阪教育大学助教授，1971年 広島大学助教授・教授，1998年 広島大学名誉教授
1998年　京都文教大学教授，2017年 京都文教大学名誉教授
専　攻　心理臨床学，精神分析学
現　職　ふたばの里精神分析研究室
著訳書　著作集1-4（ナカニシヤ出版），試行カウンセリング，心理臨床家の手引き（以上誠信書房），夢分析入門，日常生活の夢分析，心理療法と夢分析（以上創元社），エリクソン＝洞察と責任（誠信書房），ガセイル＝夢分析の手引き（創元社），その他

連続講義 精神分析家の生涯と理論
ISBN978-4-7533-1138-5

編 者
大阪精神分析セミナー運営委員会

2018年7月30日　第1刷発行

印刷・製本　(株)太平印刷社

発行所　(株) 岩崎学術出版社　〒101-0062　東京都千代田区神田駿河台 3-6-1
発行者　杉田　啓三
電話 03(5577)6817　FAX 03(5577)6837